首经贸法学评论

第二辑

Capital University of Economics and Business Law Review

主　编 / 张益铭
执行主编 / 付正佳

编委会

张益铭　付正佳　李依朔　李佳伟　吉天娇

中国法制出版社
CHINA LEGAL PUBLISHING HOUSE

做时代的书记员

喻　中

在法律人共同体中，很多人都有做书记员的经历，书记员是很多法律人共享的职业记忆、身份记忆。笔者在检察院就有一年这样的经历。一方面，司法过程离不开书记员。司法实务的从业者可能担任书记员，通过书记员的记录，一个个案件固化成为了可以查询、验证的卷宗。另一方面，法学理论研究者其实也是书记员，他们虽然不做询问笔录、庭审笔录，但是，他们是时代的书记员，通过他们的记录，一个时代的精神浓缩在一篇篇法学论著里。

如何才能理解一个时代？譬如20世纪80年代或50年代，譬如18世纪后半期，譬如朱熹的时代，譬如春秋战国时代……面对这样的问题，人们最容易想到的答案，是阅读那个时代的史书，像《史记》《汉书》这样的正史，是人们理解一个时代的基本资料、常规资料。进入现代社会以后，人们既可以通过年鉴之类的资料理解一个时代，也可以通过报刊、视听资料理解一个时代。随着微博、微信的兴起，这些新媒体也成为了记录时代的新工具。

在各种资料中，学术思想论著对于时代的记录功能、阐释功能尤其值得注意。因为新闻报道、年鉴汇编给世人、后人展示的主要是一个时代的现象或表象。即使是所谓的“深度报道”，通常也只是报道一个事件背后更深层次的利益纠葛；即使是秉笔直书的“正史”，通常也只是记录一个时代发生的所谓重大事件——事件依然只是事件。相比之下，学术思想论著则是关于时代精神的记录。因而，要理解一个时代的精神实质，学术思想论著的价值与意义不容忽视。

譬如，倘若我们要理解中国19世纪上半叶，可以看《清史稿》中的相关章节，但是，我的一点私见是，龚自珍的作品精准地反映了19世纪上半叶的时代精神，很难找到出其右者。龚自珍的著作可能是更逼真、更清澈的时代精神的镜子，因而，通过阅读《龚自珍全集》能够更好地理解19世纪上半叶的精神实质。再譬如，倘若我们要理解汉武帝时代的精神实质，董仲舒的著作也许比班固的《汉书》更加值得阅读，汉武帝时代最为核心、最为紧要的问题，都可见之于董仲舒的作品。也许正是这个缘故，《汉书》大段地摘录了董仲舒的论著，这也是班固的高明之处，也是班固史识的证明。试想，绕开了董仲舒作品便难以解释汉武帝时代的精神？

从表面上看，学术思想著作没有或较少记录一个时代的具体事件，可能没有数字，可能没有细节，甚至可能很抽象、很枯燥，不那么“接地气”，但是，学术思想著作的抽象性，源于它对时代精神的高度概括，是对时代精华的萃取。抽象的学术思想著作，正是学者们、思想家们去粗取精、去伪存真、由表及里阅读时代凝聚的结晶。

在各种各样的学术思想论著中法学论著对于时代的记录具有特殊的功能。法学论著的形式虽然五花八门、形形色色，但是，所有的法学论著，都是对一个时代文明秩序的表达、说明、分析、批判。分别来看，部门法学论著聚焦于文明秩序的细节或褶皱，是关于一个时代文明秩序的近距离的记录——譬如马克思的《关于林木盗窃法的辩论》。相比之下，宪制理论著作、法政哲学著作侧重于描绘文明秩序的原理，勾画出一个时代蜿蜒起伏的轮廓，因而是关于一个时代的文明秩序的远距离的记录——譬如马克思的《黑格尔法哲学批判》。远观与近看，反映了法哲学与部门法学记录时代的不同方式。关于法学论著与时代精神的关系，我们还可以换个角度来审视：探讨微观法律技术的论著，记录的是一个时代的“毛细血管”，它可以让一个时代纤毫毕现。研究中观法律制度的论著，记录的是一个时代的基本骨架。至于阐释法律思想的法哲学论著，记录的则是一个时代的灵魂与精神——康德的《法的形而上学原理》、费希特的《自然法权基础》、黑格尔的《法哲学原理》都可以归属于这样的法学论著。把各种各样的法学论著汇聚起来，足以反映一个时代的各个侧面。因而，一个时代的法学论著实为一个时代的一面镜子。

笔者一直在琢磨一个问题：对于一个法学研究者来说，为什么写作？为什么创作法学作品？人们会说，研以致用是为了解决实际问题，是为了服务于这个时代的法治实践。这样的说法固然不错。但是，创作法学作品的意义还不止于此。法学论著既有助于解决实际问题，同时也是在记录一个时代。时代正是因为有记录才成为文明。正是在这个意义上，法学论著的创作者或法学理论的研究者，可谓一个时代的书记员，亦是“斯文在兹”的见证人。

时代在寻求文明，时代需要记录，因而，我们这个时代需要更多的时代精神的书记员。为了培养、造就我们这个时代的书记员，首都经济贸易大学法学院的研究生、本科生共同创办、编辑了这本《首经贸法学评论》，作为首经贸法学院的学生成果记录册，以之作为首经贸法学院青年学子与社会各界相互砥砺的平台。在这本成果记录册初生之际，希望能够得到各方面的支持与帮助。同时，也期待这本成果记录册的主事者们持之以恒、守先待后、薪火相继，以首都经济贸易大学法学院的名义，以时代书记员的名义，以“斯文在兹”见证人的名义，惟精惟一，编好记录时代精神、时代文明的每一篇、每一卷。

于首都经济贸易大学法学院

目 录

【法理研究】

【民商前沿】

【经济法论】

【环境公益】

【财税国际】

法理研究

村规民约的司法适用性研究

陈若尘*

【摘要】制定村规民约是实现农村区域治理和村民自我管理的重要手段。而村规民约该如何在司法实践中加以运用仍存在着许多问题。由于村规民约自身具有“准法律规范”的属性和其作为村民自我管理的规范性文本，其司法适用性不容否定。在司法实践中，对于村规民约的适用应秉持坚持村规民约的司法适用地位、区别对待村规民约涉及的村民人身和财产权利和加强对村规民约在司法中的审查救济三项原则。

【关键词】村规民约　司法适用　适用原则

在全国人民代表大会发布的“十三五规划纲要”中对于如何增强社会的自我调节功能，进行了如下的阐述：“加强行业规范、社会组织章程、村规民约、社区公约等社会规范建设，充分发挥社会规范在协调社会关系、约束社会行为等方面的积极作用。”① 其中，对于广大农村地区实现有效的自我管理与自我调节最为基础也最为重要的一种社会规范，便是村规民约。

而何谓村规民约呢？村规民约又称乡规民约，二者在学术研究上已属通用概念，目前习惯上多使用村规民约这一概念。笔者认为村规民约可以定义为同一区域内的村民依据法律与国家政策，以自我管理为目的的具有一定约束力规范的总和。而发展至今，村规民约大多采用的形式是村民自治章程。②

---

* 陈若尘，首都经济贸易大学硕士研究生，法理学研究方向。

① 全国人民代表大会：《中华人民共和国国民经济和社会发展第十三个五年规划纲要》，http：//sh. xinhuanet. com/2016 - 03/18/c_ 135200400_ 18. htm，2016 年 10 月 17 日。

② 参见张明新：《从乡规民约到村民自治章程——乡规民约的嬗变》，载《江苏社会科学》2006 年第 4 期。

本文的主旨在于探讨村规民约的司法适用性，将该问题一分为二则是讨论村规民约的性质及其在司法适用中应秉持的原则。

一、研究村规民约司法适用性的价值

关于村规民约的研究，我国的许多学者，尤其是法理学者对此做出了十分深入的讨论，并形成了一些十分有见地的学说与观点。其中梁治平教授所主张的“知识传统说”，朱苏力教授所提出的“本土资源说”和郑永流教授所倡导的“行为规则说”较为有代表性。[①] 然而这些对于村规民约的研究与讨论大多是从文本背后的文化角度入手来探寻中国农村发展的路径。而对于村规民约该如何运用于司法实践的探讨则显得较为不足。即使有相关的讨论，其重点往往也是放在民俗习惯的司法适用上。[②]

何为村规民约的司法适用呢？无非就是司法机关，尤其是基层法院在面对涉及村规民约的法律纠纷时，是否以村规民约为裁判依据。而对村规民约的司法适用进行研究本身有着极大的价值，笔者认为其原因主要有三：其一，通过司法对于村规民约的适用可以使国家有效调节农村区域自治的内容与范围，有效界定中央权力与地方自我管理及立法权限的边界。鉴于我国所采取的单一制国家结构形式，厘定中央和地方权力的边界，尤其是较为准确地把握中央授予地方权力的范围是不容马虎的。因为“中央对立法权划分的最后结果起着决定性的作用”[③]。而通过司法手段来矫正村规民约中与国家法律法规相冲突的条款，对于解决村规民约制定中存在的问题是十分合理且高效的。其二，即使如朱苏力教授所言，司法不是社会公平正义最重要的防线。[④] 但它确实是在国家体制内的最后一道保障手段，而从法学的角度对社

---

① 参见刘志奇、李俊奎：《中国乡规民约研究80年》，载《北京师范大学学报（社会科学版）》2016年第2期。

② 对于民俗习惯的司法适用问题研究，《法律适用》期刊在其2008年第5期中专门刊登了以“民俗习惯的司法适用”为主题的系列研究论文。熊云辉、吕复栋和常淑静等学者对此也有专门的讨论文章。

③ 封丽霞：《中央与地方立法关系法治化研究》，北京大学出版社2008年版，第168页。

④ 参见朱苏力：《中国司法的规律》，载《国家检察官学院学报》2009年2月。

会问题的研究也不应轻易超出国家法制体系的范畴。村规民约是涉及我国众多农业人口切身利益的规范，而司法能否有效解决村规民约在社会管理中造成的矛盾冲突是关涉公平正义能否在广大农村地区实现，农村社会能否稳定并繁荣的重要问题。如果广大的基层法院的司法工作者对村规民约的司法适用不能实现较好的把握，则极有可能导致农村的群体性事件和暴力冲突的产生。其三，通过对于村规民约司法原则的探讨可以最大程度上避免在基层司法工作中存在的对村规民约司法适用上的不统一和不确定。在基层司法工作中，对于村规民约是否能够作为司法裁判的依据存在着不同的认识。而在判定村规民约是否与国家法相冲突的问题上，则是存在着更大的自由发挥的空间。这在研读司法案例的过程中是不难发现的。①

而对于村规民约的司法适用能否提出一套“放之四海而皆准”的标准呢?这恐怕是难以做到的。其根本原因便在于语言本身的不精确性，而法律用语也只是较为精确而已。否则，法律解释学便无存在的价值了。正如卡尔·拉伦茨所言：“由是，法律解释的任务就在于：清除可能的规范矛盾，回答规范竞合及不同之规定竞合的问题，更一般地，它要决定每项规定的效力范围，如有必要，并须划定其彼此间的界限。”② 因此，之于村规民约的司法适用，法官们更需要的是较为准确的司法裁判原则。这样便可保证我国法律体系稳定的同时，又可以让法官有足够的自由裁量的空间以应对纷繁复杂的村规民约的司法适用难题。故而可以说，对村规民约司法适用的原则加以研究是十分必要的。

二、村规民约的性质

想要确定村规民约能否成为司法裁判的依据，必须对村规民约的法律性质做出判定。即村规民约是一种国家立法权自上而下的授予所产生的国家法，抑或是村民之间以意思自治为基础而形成的一种自治契约，或者是兼具

① 笔者通过“北大法宝”的案例检索工具以“村规民约”为关键词，得到8910个相关案例；以“乡规民约”为关键词，得到540个相关案例。仅以其中提供的30篇“经典案例”来看，对“村规民约”持否定态度的多达21篇，占比为70%。

② ［德］卡尔·拉伦茨：《法学方法论》，陈爱娥译，商务印书馆2015年版，第194页。

二者性质的社会组织的自治规范。① 简而言之，便是需要判断村规民约的“公”“私”性。

而笔者的观点是更倾向于村规民约是一种通过国家立法权对村一级行政单位的授予而产生的类似于规范性的法律文件。想要探讨一份规范性文件必须将其置于整个国家法律体系下进行考量。依照凯尔森的理论便是寻找其是否存在更高级的法律规范的认可。“一项法律规范如果已得到另一项更高层次的法律规范的认可，那么这项法律规范就是有效的。”②

对于村规民约的法律地位进行承认的最主要的法律规范便是2010年修订的《中华人民共和国村民委员会组织法》（以下简称《村民委员会组织法》）。其中第二十七条最为重要。这一条文在笔者所研究的三十篇司法案例中被引入判决的多达十篇，所占比例高达三分之一，而且无一例外地都是用来否定村规民约的适用的，堪称法官“斩杀”村规民约的“尚方宝剑”。由此可见该法条对于理解村规民约在司法适用中的重要性。该条文的第一款写道：“村民会议可以制定和修改村民自治章程、村规民约，并报乡、民族乡、镇的人民政府备案。”这一款说明了村规民约的制定主体，即村民会议。③ 而制定之后则需报上一级的政府备案。“备案”一词的含义不仅仅是对村规民约等规范性文件的简单保存，而且含有一种以报备而实现对规约内容的审查的含义。结合本条后两款的规定来看，该条直接对村规民约的制定附加了违法审查制度。④ 即规定了乡、民族乡和镇人民政府有权对村规民约的内容进行更改。这是一种超越了对村规民约制定的程序和形式上的审查，是对具体内容进行实体审查的权力。而依据权责统一的基本法律思想，乡、民族乡和

---

① 关于第三种村规民约属于社会组织规范的性质的说法可以参见刘笃才：《中国古代民间规约引论》，载《法学研究》2006年第1期。

② ［美］E. 博登海默：《法理学：法律哲学与法律方法》，邓正来译，中国政法大学出版社2004年版，第131页。

③ 关于何为村民会议可以参见《中华人民共和国村民委员会组织法》第二十一条和第二十二条的相关规定。

④《中华人民共和国村民委员会组织法》第二十七条第二、第三款规定：“村民自治章程、村规民约以及村民会议或者村民代表会议的决定不得与宪法、法律、法规和国家的政策相抵触，不得有侵犯村民的人身权利、民主权利和合法财产权利的内容。村民自治章程、村规民约以及村民会议或者村民代表会议的决定违反前款规定的，由乡、民族乡、镇的人民政府责令改正。”

镇人民政府对于村规民约内容的合法性应负有切实的责任。而这在某种程度上相当于承认了村规民约具有了国家制定法的性质。而比之于我国立法法中对于地方性法规、自治条例和单行条例等的立法规定，可以看出，虽然我国立法法的修订晚于《村民委员会组织法》，但其中关于地方性法规和村规民约的制定程序与模式所采用的表述十分类似。① 所体现的中央对于地方立法权限的授予和村规民约的制定有许多的相似之处。虽然村规民约不属于立法法中明确规定的国家立法体系中的一部分，而且也没有相关法律明确村规民约可以作为司法裁判的依据，但其仍不失为重要的具有地方性效力的规范文件。由于在司法审判的实践中，司法机关对于村规民约的承认，使得村规民约在司法审判中变得具有价值。②

众所周知，由最高人民法院作出的司法解释和相关会议记录虽然不属于国家法律体系的构成部分，但往往是各下级人民法院在审判实践中所要参考的重要标准。③ 而参考最高人民法院对于村规民约的态度和认识对于本文的研究主题有着极为重要的意义。最高人民法院 2009 年发布的《最高人民法院关于建立健全诉讼与非诉讼相衔接的矛盾纠纷解决机制的若干意见》一文中提到："有关组织调解案件时，在不违反法律、行政法规强制性规定的前提下，可以参考行业惯例、村规民约、社区公约和当地善良风俗等行为规范，引导当事人达成调解协议。"④ 而最高人民法院 2014 年发布的《最高人民法院关于进一步加强新形势下人民法庭工作的若干意见》中写道："充分发挥调解在化解基层民事纠纷中的独特作用，对适宜调解的民事纠纷要依法先行调解。积极总结不同类型案件的特点，在法律规定框架内，恰当借助乡规民约，尊重善良风俗和社情民意，创新调解工作方法，力求从根源上彻底化解矛盾。"⑤ 通过以

---

① 可以参见《中华人民共和国立法法》第七十二条至七十九条的相关规定。

② 参见《尹荷玲诉台州市国土资源局椒江分局土地行政批准案》，http://www.pkulaw.cn/case/pfnl_1970324838753172.html? keywords = 村规民约 &match = Exact，2016 年 10 月 18 日。

③ 《中华人民共和国立法法》明确了我国的国家法律体系应由宪法、法律、行政法规、地方性法规、自治条例和单行条例、规章等构成。

④ 最高人民法院：《最高人民法院关于建立健全诉讼与非诉讼相衔接的矛盾纠纷解决机制的若干意见》，http://news.xinhuanet.com/legal/2009-08/04/content_11824109.htm，2016 年 10 月 18 日。

⑤ 最高人民法院：《最高人民法院关于进一步加强新形势下人民法庭工作的若干意见》，http://www.law-lib.com/law/law_view.asp? id =475716，2016 年 10 月 18 日。

上文本可以看出，最高人民法院在司法调解工作中，将村规民约的适用安置在法律规定的框架之下。也就是说在不同上位法相抵触的情形之下，村规民约是可以作为司法调解的重要工具的。而最高人民法院之所以做出这样的意见必然是基于司法工作的经验。这样的规定一方面有助于司法调解的工作展开，一方面从客观上确定了村规民约在司法工作中的地位。

基于以上的分析，笔者认为村规民约是一种通过国家立法权对村一级行政单位的授予而由村民制定并对其产生拘束力的类规范性法律文件，同时具有可适用于司法的重要特性。

三、村规民约司法适用的原则

村规民约的制定除了受到上级行政机关的干预外，一些以往遗留下来的民俗习惯往往也是村规民约内容的重要来源。在制定村规民约的过程中，这些地方的民俗习惯往往难免和国家制定法存在一定的冲突，相应地也反映为村规民约和国家制定法的冲突。[①] 这便导致了在村民通过村规民约自治的过程中往往会有诸多与国家法律冲突的情形出现。

在司法实践中确实常常遇到村规民约涉及公民权利义务的纠纷。而法官是认为该村规民约属于合法合理的自治权限范围并作为裁判依据，还是认为其与现行法律法规存在不可调和的矛盾，需要以《村民委员会组织法》第二十七条来加以否弃则是不容忽视的司法难题。对于村规民约的任意否弃，使得村民的这一民主权利可能遭到践踏，不利于基层民主的发展；而对于村规民约中的不合理之处也加以承认，则往往容易造成对于村民个人权利的侵犯，同样有违现代法治精神。对于这一问题，笔者提出如下三项村规民约在司法适用中应秉持的原则。

（一）坚持村规民约的司法适用地位

基于上文对于村规民约性质的分析，笔者认为村规民约在司法适用中的

① 参见王旭：《有关〈物权法〉所规定之“村规民约”的思考——以徽州社会调查为基础的研究》，载《山东大学学报（哲学社会科学版）》2008年第6期。

首要原则应该是在村规民约存在合理的适用空间的情况下，法官不仅仅是可以适用，而是应该对其加以适用。村规民约作为法官裁判的依据是充足的，其最为重要的理由便是其由《村民委员会组织法》授权而获得的一种“准制定法”的身份。同时，村规民约司法适用的地位得到了最高人民法院的认可并在司法实践中得到了贯彻。可以说，村规民约在合法的前提下得到适用是一种“常态”。对于此，司法机关应该予以承认并在审判中加以运用。

有一点值得注意的是，在司法适用中需要对村规民约和民俗习惯加以区别。虽然村规民约和民俗习惯在很大程度上存在重合之处，民俗习惯也是村规民约的重要来源，但是对于村规民约适用的司法原则，未必能够直接适用于民俗习惯。笔者认为在司法实践中，尤其是在司法裁判活动中，对于村规民约的原则是以整体适用为主，剔除其与国家制定法冲突的条款为辅，虽然民俗习惯运用于司法裁判得到了《中华人民共和国民法总则》认可，但是将民俗习惯作为法官裁判的依据在司法程序上本身就存在着很多问题。① 对于民俗习惯司法适用的合法性上，有的学者从主权者意志、意思自治、国家法和民俗习惯的交融和民俗习惯的“规范性”角度加以论述。② 其中村规民约司法适用的制度基础在于国家法对民俗习惯的认可或吸收，而其逻辑起点则在于民俗习惯的“规范性”本身。依据上文的分析，笔者认为村规民约是具备了民俗习惯进行司法适用的制度基础和逻辑要求的，民俗习惯却未必都具备这些条件，故而在司法适用中应对村规民约和民俗习惯加以区别。

简而言之，在司法实践中，尤其是司法审判中，对于村规民约应该尽量适用；而对于民俗习惯的适用则需审慎对待，应以获得制定法的授权为标准。而即使这样，民俗习惯引入司法中仍存在民俗习惯的提出、证成、过滤与适用的多重难题。③

---

① 对于民俗习惯的司法适用效力，在《中华人民共和国民法总则》第十条中规定为：处理民事纠纷，应当依照法律；法律没有规定的，可以适用习惯，但是不得违背公序良俗。同时，有些单行法也肯定了习惯的司法效力，如合同法第一百二十五条就允许用交易习惯解释合同的歧义条款；物权法第八十五条允许在没有法律、法规的情况下，可以按照当地习惯确定相邻关系；物权法第一百一十六条规定，在没有约定或者约定不明确的，按可以照交易习惯取得法定孳息。

② 参见吕复栋、于佳虹：《民俗习惯司法适用的理论基础》，载《中国社会科学院研究生院学报》2014 年第 5 期。

③ 参见广东省高级人民法院民一庭、中山大学法学院：《民俗习惯在我国审判中运用的调查报告》，载《法律适用》2008 年第 5 期。

（二）区别村规民约涉及的人身和财产权

由于村规民约在制定之后，仅仅交由上级乡、镇政府备案。因此，村规民约与我国的现行法体系之间的矛盾便往往隐而不彰了。其中一些依程序制定、貌似合理的规定却难免对宪法法律所赋予的公民权利造成一定程度的侵犯。面对二者之间存在的冲突，司法中所应坚持的原则便是要否定村规民约的效力，维护国家法律秩序的稳定。因为司法除了维护法律的公正之外，还在于保持法律秩序之稳定。秩序乃是法律存在的首要价值要素。正如张文显教授等人所言："因此，秩序不仅是法定的基本价值之一，而且，在法的所有目的价值中，秩序还构成了实现其他各种目的价值的平台。"①

对于村规民约的司法适用问题，侯猛教授曾提出了两个相当有价值的判断村规民约是否与宪法法律相抵触的原则：一是坚持宪法中规定的对于农村集体权益的相关条款；二是严格保护宪法法律赋予村民个人的人身财产权利。② 基于以上的认识，笔者认为对于村规民约中涉及村民人身权利和相关身份的条款，如与现行宪法法律相抵触，有违现代法治精神者应严格依照宪法法律的规定裁判；对于村规民约中涉及对集体或村民个人财产进行调整的条款，属于村民自我管理中必要权限的则应在司法适用中予以认可。笔者通过对上述的三十篇案例的研究和统计，发现农村中涉及村民的最为重要的两项财产权就是土地经营承包权和村办企业的股权分红（见表1）。二者相加的占比竟达到涉及村规民约案件的70%，可见对于这一问题的把握成为了整个村规民约司法适用的重中之重。作为农村中最为重要的财富之源，村民们围绕土地和村集体企业展开相关的纠纷也就不足为奇了。

表1

案件类型	涉及土地	涉及股权分红	其他
数量（件）	17	4	9
占比	56.7%	13.3%	30%

① 张文显主编：《法理学》，法律出版社2007年版，第335页。

② 参见侯猛：《村规民约的司法适用》，载《法律适用》2010年第6期。

而引起村规民约与国家法之间冲突的最为常见的导火索便是“出嫁女”现象带来的土地和分红纠纷。在司法实践中，各基层法院起初对此类案件是不予受理的，后来，各地法院的态度比较复杂。[①] 而在实行立案登记制之后，各地法院对此问题避无可避，需认真加以裁判。对于造成“出嫁女”相关问题的原因有学者归纳为：我国现行法律规定不明确、传统观念和地方保护主义作祟以及村规民约同法律法规相抵触。[②] 笔者以为“出嫁女”问题之所以能够成为土地和权益纠纷最为直接的原因即是在于村规民约对于村民身份权和社员权认定与宪法法律之间存在冲突。因此，对于村规民约中侵犯村民身份性权利的条款应坚决予以否弃。

而对于村规民约中可能涉及侵犯村民财产权的处罚条款，应对其属于赔偿性或是惩罚性进行区别。对于具有赔偿性质的处罚条款，应予以适用；而具有惩罚性的处罚条款，在不超过必要限度的情况下也应予以认可。如若村规民约不具备任何强制力的保障，那么村民的自我管理恐将流于形式。因此，笔者认为在司法实践中对于村规民约中侵犯村民人身性权利的条款应予以否弃，对于自我管理中必需的可能涉嫌侵犯村民财产权的处罚条款应予以适度认可。

（三）重视司法对村规民约的审查作用

我国的宪法学者呼吁建立违宪审查制度已有多年，意在使宪法具有可诉性，进而将更多的社会问题划入司法解决的范畴。在司法实践中，宪法的可诉性问题也被反复提及。[③] 这一贯行于欧美的重要法律制度能否在中国大地生根发芽尚属未知之事，而法院以对个案的裁判实现对法律规范之间存在的矛盾予以揭示已属制度化之常态。[④] 虽然我国目前尚无司法审查的相关说法，

---

① 详见何立荣：《“出嫁女”土地权益保护的困境与出路——从民间法角度切入》，载《河北法学》2008 年第 9 期。

② 参见于雅璁：《农村“外嫁女”在集体经济组织中的权益保护》，载《吉林大学学报（社会科学版）》2014 年第 6 期；参见管洪彦：《村规民约认定农民集体成员资格的成因、局限与司法审查》，载《政法论丛》2012 年第 5 期。

③ 司法机关对于“齐玉苓案”的反复态度表明了宪法的司法问题仍有待探讨。

④ 参见黄金荣：《法院对上下位法冲突处理规则的适用及其限度》，载《环球法律评论》2016 年第 2 期。

但是由于法官在适用法律之时的选择往往会具有“先例”的导向性，并且事实上是一种司法判断，实质上对法律法规具有了一种司法审查的性质。配合着司法机关拥有的司法建议权，司法机关在面对村规民约与法律法规冲突的情况下，拥有了对违法条款进行纠正的能力。

因此笔者认为，在司法裁判中是否适用某项村规民约的意义不应该仅仅局限于对个案的判断，同时司法机关还肩负着审查村规民约合法性的相应职责。村规民约的制定，依据法律的规定是要报乡镇人民政府备案的，这一事前审查的模式在现实情况下难以起到事前预防的效果。① 因而，这一重担势必将落到司法工作者的肩上。法官在审判中发现村规民约与法律法规相冲突之时，不仅应该依法作出裁判，而且可以通过司法建议权的方式提请相关政府责令乡村对村规民约作出修改。如此一来才能真正做到“案结事了”。

四、结语

从国家法与民间法研究的角度来看，村规民约的存在的基础在于国家管理能力难以有效及于乡村，因而村民间的自我管理成为了一种必然。② 而探讨村规民约的司法适用性问题，对于我国的农村法治建设有着十分具体而且迫切的现实意义，对于农村地广和农业人口众多的西部地区而言则更为重要。

对村规民约在司法中的适用问题的研究，以法教义学的方法对现行法律体系和司法案例进行分析是十分必要的方式，而想要对这一问题进行更深层次的解读则需要从国家与地方之间立法权的分配、国家集权与地方自我管理的更高层次的法律理论进行探讨。可以说，本文对于村规民约的司法适用性的解读，仅仅是对于这一问题进行研究的开始。

---

① 参见孟刚、阮啸：《村规民约的司法审查研究》，载《国家行政学院学报》2011 年第 3 期。

② 参见冒蓓蓓：《乡规民约与国家法的互动》，载《江苏警官学院学报》2007 年第 1 期。

私人规制的法律控制

——基于自媒体平台对用户的规制

袁嘉阳*

【摘要】自媒体在带动网络空间民意表达自由的同时，也产生了一系列问题亟待规制。与自媒体相伴相生的自媒体平台，基于技术等资源而拥有了一定的社会私权力，并且在规制自媒体时显现出不可比拟的优势。由于对技术的权力属性认知存在偏差、封闭的传统行政法体系以及配套法律制度的空白的原因，平台展开私人规制也存在与用户之间地位不平等、与公权力主体权责不明晰的问题。因此，推动开放行政法体系、完善程序法的控制机制以及司法审查的机制，是我国推进自媒体平台私人规制的发展的重要进路。

【关键词】私人规制　自媒体平台　治理

一、问题的提出

随着 Web2.0 时代的到来，网络空间早已不再是与我们的现实生活两相隔离的存在，互联网也不再仅仅扮演“通道”的角色，而是正在不断地融入我们的生活、沁入社会的血肉之中。这在一定程度上提高了当前风险社会的风险指数，并对我们的规制任务提出了挑战。

对此，我国前后相继出台了一系列法律法规，并且都规定了平台对其用户的监管职责。在这样的背景下，原本属于平台企业作为私主体进行自我规

---

* 袁嘉阳，首都经济贸易大学硕士研究生，法理学研究方向。

制范畴中的内容便多了一层公权力的色彩。对此，有人认为这会使平台责任异化，存在私法被公法不合理遁入的风险[①]。但同时也有学者认为，平台“在网络生态中处于相对强势的地位，应当承担更多的责任”[②]。以上两种围绕平台责任而展开的对立观点，事实上正反映了当前法律规定与现实问题之间存在罅隙。而随着社会公共领域中主体的多元化以及事务的复杂化、专业化，问题亦会变得更为复杂、不确定，这对行政任务的完成、规制目标的实现都提出了挑战。并且使得平台作为私主体将面对一系列关于合法性等的拷问，其对平台用户进行监管的行为，是否已行使了公权力？是否应当遵循行政法的规定？现行行政法中的法律空白又应该如何填补？

二、自媒体治理中的私人规制

私人规制并不是一个陌生的概念。大陆法系中德国和日本“私人行政”的概念便与私人规制相似，而在我国行政监管的过往经验中亦不乏第三方参与行政任务的例子[③]。但鉴于自媒体所具有的一系列特征、网络空间发展的现实情形以及传统行政监管力量角色的变化，当前平台企业对自媒体所展开的私人规制并不能与之进行简单地类比，而是有着自身独特的价值与意义。

（一）自媒体治理中私人规制的规制进路

“规制”这一概念事实上很难有一个精确的定义[④]，但关于规制的定义都

① 参见丁道勤：《网络交易平台提供者第三方责任及其异化研究——基于私法被公法不合理遁入的考察》，载《电子知识产权》2015年第6期，第44页。

② 周辉：《平台责任与私权力》，载《电子知识产权》2015年第6期。

③ 《北京市控制吸烟条例》中即对禁止吸烟场所的经营者、管理者设定了一系列的法律义务，而这原本并不属于其业务内容，而是卫生部门的行政任务。参见袁文峰：《负法定转移义务的私人及其规范的合法性》，载《当代法学》2016年第6期。

④ 日本知名规制经济学家植草益认为，规制“是指依据一定的规制，对构成特定社会的个人和构成经济的经济主体的活动进行限制的行为”。参见［日］植草益：《微观规制经济学》，朱绍文、胡欣欣等校译，中国发展出版社1993年版，第1页；美国法学家塞尔兹尼克则认为，规制指“针对共同体认为重要的活动，由公共机构施加持续的、集中的控制”，Philip Selznick, Focusing Organization Research on Regulation, in Roger G. Noll, Regulatory Science and the Social Sciences, University of California Press, 363 (1985).

肯定了其具有“干预、控制”的特点。而私人规制作为规制的一种，它能够突破私主体之间的平等地位，而对其他私主体的行为进行干预和控制，施加类似于公权力的影响，其权力来源的正当性便显得尤为必要。不同的权力来源如同基因一般，塑造了私人规制的类型，决定了其具体的规制进路。

具体而言，目前私人规制的类型主要可分为：合同型私人规制、授权型私人规制和自主型私人规制这三种。[①] 然而，我国自媒体规制中的私人规制则显得较为复杂，它在现行法律法规中更多地扮演着行政义务承担者的角色，并通过与用户签订协议，借助合同具有约束力的合同机制施加直接的强制力[②]，同时以市场机制的作用自主形成规制力量，因而并不能被简单地归为某一种类型。

与复合的规制类型相对应的，我国自媒体平台展开私人规制的进路亦是多重并进的。以新浪微博和腾讯微信为代表的自媒体平台公司，首先，在准入门槛上，平台通常并不会设置过多的限制性条件，这同互联网开放、共享的特质相符。其次，在对用户进入平台后展开的活动进行规制的过程中，它们纷纷选择了协议作为规制工具。这份协议是平台与平台用户基于自愿、平等协商的原则签订的，它通常由平台提供、且通常由格式化的内容组成，预先规定了协议双方的权利义务。在这里有必要强调的一点是，这份协议事实上也是平台对其用户施加强制力、展开有效规制的起点。再次，根据协议条款的具体规定，平台用户则将受到不同程度的约束。比如，在微博上发表日志内容需接受微博后台审查标准的限制，如不符合标准，日志便无法上传至微博平台上。此外，微博对转发的字数也作了限制。而在另一典型的自媒体平台——微信中，微信公众号在使用平台的“推送”功能时也需接受腾讯公司对推送文章的内容审查标准、字数以及频次的限制。最后，在违约处理方面，主要为屏蔽、删除相关内容的链接以及封号等措施。以微信公众号为

① 合同型私人规制主要通过签订合同的方式来获得“规制权”，授权型的私人规制则是基于其作用逐渐开始被认可和接受，而开始获得法律的授权或者是行政机关的授权或委托。而自主型私人规制，则是从成立之初或在发展过程中，便具备了规制因素。参见胡斌：《私人规制的行政法治逻辑、理念与路径》，载《法制与社会发展》2017 年第 1 期。

② See N. Ducbury, “Robert Hale and the Economy of Legal Force”, Modern Law Review, Vol. 53, No. 4 (July, 1990), p. 430.

例，其便在《微信软件许可及服务协议》中明确规定了平台在“发现或收到他人举报或投诉用户违反本协议约定的，有权不经通知随时对相关内容进行删除、屏蔽”。并可“视行为情节对违规账号处以包括但不限于警告、限制或禁止使用部分或全部功能、账号封禁直至注销”。[①] 同时，对于用户是否存在违法违约行为的判定权也在平台一方。

基于以上对平台私人规制进路的阐述，在我国当前自媒体平台的私人规制中，平台与用户之间的协议构成了其中关键的一环，其或可看作规制进路中的起点，其他规制进路则由此而生发。

（二）自媒体治理中私人规制的出现缘由

1. 基于自媒体的特征

微信公众号作为典型的自媒体，其注册十分简便易行，且成本几近于零。理论上，每一位微信用户只要签订《用户协议》便可申请得到一个公众号，也就是说，每一位微信用户都可以成为一个自媒体。这也就使得自媒体的分布呈现出点状的形态，并且体量庞大。而根据腾讯公司2018年8月公布的财报显示，微信和WeChat的合并月活跃账户数达到10.58亿[②]。此外，任一自媒体，都可根据其自身定位来决定发布内容的类型，从日常休闲娱乐、学习经验交流，到包括金融、法律等方面，都属于它的覆盖范围。同时，依赖于互联网技术，其发布的内容一经上传便可为广大网民看到。并通过强大的搜索引擎和运行、储存空间得以持续地保留在互联网上，使其影响力具有一定的持续性。

2. 传统公权力机关对用户的监管显疲态

基于自媒体的上述特征，传统行政监管部门在履行监管职责时则显得颇为被动，并且其完成行政任务的成本和难度都大大增加，具体可表现为三个方面：第一，自媒体虽呈点状分散，但在意见相同时，却能够借助网络的力量打破空间的限制，迅速聚合成为一股团状的力量；第二，如此日益多元化

---

① http://weixin.qq.com/agreement?lang=zh_CN，最后访问时间：2018年8月21日。

② http://tech.163.com/18/0815/18/DP95H51I00097U7R.html，最后访问时间：2018年8月20日。

的内容的确能够更好地满足民众的需求，但海量又纷繁的内容却使传统行政监管部门在展开监管时常常一筹莫展；第三，自媒体所发布的内容即使因违反法律规定而被删除或断开链接，其已造成的影响都难以抹去。相反，极易诱发民众的误解直至发酵为不良情绪、团体性事件，与公权力形成对立之势。

此外，作为公权力的代表机关，政府监管部门在执行规制任务时必须遵循合法性原则、比例原则的要求，同时接受行政实体法与程序法的约束，以确保其干预的确定性与有限性。这也在一定程度降低了规制的效率。而若是选择诉诸直接的刑事严打，虽具有立竿见影的效果，但其“差评”也同样会在互联网空间得到发酵和放大，反而给国家治理带来更大的政治负资产①。

三、从自媒体平台的监管看私人规制中存在的问题

要讨论我国私人规制中当前存在的一系列问题，“网络空间中各大主体之间的关系架构”应当属于一个先决问题。对此，许多学者都曾做过探讨，袁文峰教授此前曾提出过直线型和三角型两种类型②，但个人认为，这两种规范程式尚不足以概括平台经营者对自媒体展开私人规制所产生的一系列复杂关系。例如，《即时通信工具公众信息服务发展管理暂行规定》的第5条规定，“即时通信工具服务提供者（以下简称“服务提供者”）应当落实安全管理责任”“保护用户信息及公民个人隐私”“及时处理公众举报的违法和不良信息”。第8条规定，“服务提供者”“对违反协议约定的即时通信工具服务使用者”应当视情节采取不同措施，“履行向有关主管部门报告义务”。这两条规定实际上便暗含着一种四边型的关系结构，即行政部门—平台经营者—普通平台服务提供者—平台服务使用者。

① 田飞龙：《网络时代的治理现代化：技术、管制与民主》，载《苏州大学学报》2015年第1期。

② 参见袁文峰：《负法定转移义务的私人及其规范的合法性》，载《当代法学》2016年第6期。

（一）平台与用户地位不平等

在网络空间中的所有行为都无法绕开代码而进行，因而对代码控制力的大小，一定程度上也就意味着在网络生态中拥有话语权的多少。故若将平台与平台用户看作是网络空间的“链接节点”，那么他们便是“枢纽节点”和普通节点①，显然两者之间的地位并不平等。

这一地位的不平等，主要体现为两点：第一，两者之间存在明显的信息不对称。就平台与用户之间签订的服务协议而言，一方面，平台在法律与计算机方面的知识具有相当高的专业度，对于大多数服务使用者而言，足以构成知识壁垒而使其并无法充分理解条款内容的真正含义、甚至识别出可能存在的风险点；另一方面，平台依托庞大的客户群，能够得到足够的数据以支持它对条款内容进行调整完善，而这对于用户这一端而言显然无法实现。

第二，平台与用户存在机会的不平等。首先，签订服务协议的选择机会不平等。一方面，平台以用户同意服务协议作为用户进入平台、使用平台服务的条件。而随着互联网产业的飞速发展，人们的生活早已很难从互联网中剥离出来。因此，对于用户而言，一旦选择了不同意服务协议，便基本等同于选择了放弃进入网络空间。而一旦放弃，长此以往，其现实生活势必也将受到影响，甚至逐渐对社会的主流生活产生一种无所适从之感。看似是两个供自由选择的选项，但事实上却是存有明显倾向性的唯一选项；另一方面，平台与用户之间的协议，通常属平台提供的格式合同。在协议的内容上，平台拥有绝对的选择权。在协议的制定程序上，平台更无需受到公开原则、比例原则的约束。其次，平台私人规制的活动过程中，两者机会亦存在不平等。通过编写代码，平台能够轻易地实现对个人的全景监控权力②，并通过选择性地删除、屏蔽用户发表的言论信息以及置顶或推荐的功能，从而对网

---

① 巴拉巴西提出了“枢纽节点”的概念，颠覆了“平等网络空间”的乌托邦幻想。参见［美］巴拉巴西：《链接：商业、科学与生活的新思维（十周年纪念版）》，沈华伟译，浙江人民出版社2013年版，第85页。

② ［美］马克·波斯特，范静晔译：《第二媒介时代》，南京大学出版社2001年版，第68～69页。

络舆论的走向产生直接或间接的影响。其对于网络言论的主导权、控制权、话语权已发展成为一种网络权力，在某种程度上能够对用户网络言论施加与公权力相同的影响。[①] 同时又由于代码和算法具有极强的专业性与后台运行的隐蔽性，即使用户的合法权利受到侵害，用户也很难及时察觉。即便及时察觉，用户权利的救济途径也并不充分，若根据协议中的权利救济条款提出申诉，则将由平台内部的机构部门进行处理。而一旦诉诸法院，便需要面临承担较高的诉讼成本和时间成本。这在很大程度上阻滞了用户一方获得应有的权利救济，使得用户合法权利的保护面临较高的风险。此处的私人规制主体显然同时扮演了规则制定者和裁判者的角色，而有效的机构规制是需要政治和法律责任，需要立法监督和司法审查，以及与个人利益隔离的。[②]

（二）自媒体规制过程中公私主体权责不明晰

平台基于其技术架构的优势，在网络空间中拥有几乎可与公权力相比肩的社会私权力。但基于我国公权力表现较为强势的现实，作为平台主人的平台公司仍会受到公权力的影响。因此，在自媒体等新兴事物不断涌现的风险社会中，公权力部门已无法仅凭借传统的规制工具完成监管任务，借助平台的力量已成为现实的必要。

2011 年以后，我国将监管互联网的方针调整为了“依法管理”[③]。2015 年 4 月 28 日则发布了《互联网新闻信息服务单位约谈工作规定》（以下简称“约谈十条”），“约谈十条”为政府部门展开约谈工作提供了法律依据。但对于约谈这一行为本身的法律性质在学界仍存在争议[④]。有学者认为，基于

---

① 梅夏英、杨晓娜：《自媒体平台网络权力的形成及规范路径——基于对网络言论自由影响的分析》，载《河北法学》2017 年第 1 期。

② See Timothy D. Lytton, “Competitive Third - Party Regulation: How Private Certification Can Overcome Constraints That Frustrate Government Regulation”, Theoretical Inquiries in Law, Vol. 15, No. 2 (July, 2014), pp. 550.

③ 2010 年之前的互联网监管 16 字方针是：“积极发展、充分利用、加强管理、趋利避害”；2010 年之后，调整为新 16 字方针：“积极利用、科学发展、依法管理、确保安全”。

④ 关于约谈的法律性质主要存在“属于行政指导或类行政指导”和“属于行政行为”两种观点。参见何天梅：《推行“行政约谈制度”》，《中国食品药品监管》2014 年第 1 期；邢鸿飞：《行政约谈刍议》，载《江海学刊》2014 年第 4 期。

约谈的双向互动性，应将约谈划入行政指导的范畴。[1] 但“约谈十条”以加强指导监督，帮助互联网新闻信息服务单位认识问题、改正问题为指导方针，且为确保约谈取得实效，设计了多项保障制度的设计[2]，这都在一定程度上表现出了其具有强制性色彩。

此外，2017 年 5 月 2 日国家网信办颁布的《互联网新闻信息服务管理规定》（以下简称“《规定》”）第 14 条规定，互联网新闻信息服务提供者提供互联网新闻信息传播平台服务，应当与在其平台上注册的用户签订协议，明确双方权利义务。对用户开设公众账号的，互联网新闻信息服务提供者应当审核其账号信息、服务资质、服务范围等信息，并向所在地省、自治区、直辖市互联网信息办公室分类备案。《全国人大常委会关于加强网络信息保护的决定》规定平台“发现法律、法规禁止发布或者传输的信息的，应当立即停止传输该信息，采取消除等处置措施，保存有关记录，并向有关主管部门报告”的义务。以上法律法规在明确平台对其用户具有监管的职责的同时，却并没有就平台作为监管者的地位进行明确，甚至使之更多地表现为公权力部门的附属品、协助者、补充力量。这不仅与平台实际承担的责任不相匹配，也不符合国家治理体系现代化、治理手段现代化所提出的要求。

四、原因分析

在本质上，这些问题和挑战是传统法治国原则之下，在私主体角色转化和责任担当革新的情境下，私人规制对于行政法制度和知识的需求之增长与传统行政法无法提供充足的知识和制度供给之间的矛盾。

---

① 参见何天梅：《推行“行政约谈制度”》，载《中国食品药品监管》2014 年第 1 期。

② “约谈十条”规定“网信办履行约谈职责时，互联网新闻信息服务单位应当予以配合，不得拒绝、阻挠”；“网信办通过监督检查和综合评估检查行政相对人落实整改情况”；“对未按要求整改，或经综合评估未达到整改要求的，依法予以处罚；多次约谈仍然存在违法行为的，依法从重处罚”；“约谈情况记入互联网新闻信息服务单位日常考核和年检档案”。http：//www.cac.gov.cn/2015－04/28/c_ 1115112600.htm，最后访问时间：2018 年 8 月 24 日。

（一）对技术资源与权力的认知有偏差

类比于由砖瓦、水泥搭建成的建筑空间，网络空间则是由一串又一串代码所架构而成的。在这样一个由代码搭建起来的空间之中，所有行为的展开都需以代码所设计的技术规则为实现可能以及最终落脚点。而这也是互联网平台得以对其平台用户产生直接、有效的影响，甚至是控制的原因所在。

在《布莱克法律大辞典》中，权力被定义为："权力就是一个行为者或机构影响其他行为者或机构的态度和行为的能力"；韦伯则指出："权力意味着在一种社会关系里哪怕遇到反对也能贯彻自己意志的任何机会，不管这种机会是建立在什么基础之上。"① 因此基于以上两点，自媒体平台作为典型的互联网平台之一，其通过编写代码并进一步影响算法的形成，从而实现其对于平台用户行为的控制不可谓不是一种私权力。

虽然在我们的认知中，技术与权力两者之间似乎并不存在强烈的关联，但事实上，这一观念是存在一定偏差的。技术作为一种征服、改造自然的力量，本身并没有价值负载，不具有权力的维度和意义②，这使得技术的社会属性总是为我们所忽视。但著名的互联网法学者莱斯格曾说"代码即法律"③，这也就意味着，当技术能够对人们的利益产生直接的影响和控制力时，其作为工具维度的性质便不再那么纯粹了。耶鲁大学教授杰克·M·鲍克因（Jack M. Balkin）就曾将互联网服务提供商和互联网内容提供商的技术权力称作是与政府公权力并列的私权力（private power）④。

代码作为平台的典型技术资源之一，使得平台得以对用户展开规制提供了可能。但尚有不可忽略的一点，即平台对技术资源的垄断。平台对某一技术资源的垄断性越强，接纳的用户越多，其所拥有的私权力则越大。这也是

---

① ［德］马克思·韦伯：《经济与社会》，林荣远译，商务印书馆 1997 年版，第 81 页。

② 刘永谋：《机器与统治——马克斯科学技术论的权利思维》，载《科学技术哲学研究》2012 年第 2 期。

③ ［美］劳伦斯·莱斯格：《代码 2.0：网络空间中的法律》，李旭等译，清华大学出版社 2009 年版，第 5 页。

④ Jack M. Balkin, "Digital Speech and Democratic Culture: A Theory of Freedom of Expression for the Information Society", Faculty Scholarship Series (2004), Paper 240, available at http://digitalcommons. Law. yale. edu/fss_ papers/240.

市场机制的作用，因为，正是市场这只无形的手将被规制者送到了平台的面前，赋予了私人规制主体权威性和强制性。因此，平台拥有的私权力并不能仅仅理解为是“技术赋权”，而应从两个维度来加以看待。而不同的动力基础及其强制性的来源，也从根本上决定了其区别于公权力的运行逻辑。

（二）传统行政法体系的封闭性

传统行政法的封闭性，一方面体现为其与私法的隔绝、对立，从而多以官僚组织、高权性等形式特征作为合法要件，不容许新形态的行政组织和行政活动①；另一方面则表现在其自身所形成的理论闭环上。

我国的行政法学体系在20世纪80年代初期重建，深受大陆法系国家行政法学中高权行政、国家垄断原则、行政科层制等思想的影响，以规制国家行政权的产生和运行为基本框架，法律的创制与运行均为国家所垄断②。这样的行政法体系，通常表现为对抗式的二元法律关系结构，私主体通常仅被置于行政相对人的位置之上，而其在行政过程中作为参与者的地位和互动的作用并无法得到足够的重视。即使是部分第三部门等私人组织开始履行公共任务，恐怕也是被置于传统的行政权力控制框架之下的③。因此，以合同为基础的平台私人规制虽具有一定的公权力属性，但传统行政法中的监督机制、责任原则目前仍无法对它适用。

同时，以行政行为法教义学为支点建立的传统行政法学理论体系，亦正在不断受到冲击。作为一种控制与未来不确定性相伴的负面后果的努力，现代社会中的风险防范，通常并无既定规范可遵循，亦无确定的事实可依据。④而传统行政法通过在其法律规范中预设风险变量的涵摄模式，很难及时因应当前风险行政中的规制活动。国家通过法技术手段构造出行政主体法、行政实体法与行政程序法。它们运用涵摄模式将行政法认识和规制社会现实的过

---

① 徐庭祥：《论我国私人行政的行政法规制》，西南政法大学2013年博士学位论文。

② 罗豪才、宋功德：《软法亦法——公共治理呼唤软法之治》，法律出版社2009年版，第14页。

③ 胡敏洁：《合作行政与现代行政法发展的新方向——读〈合作治理与新行政法〉》，载《行政法学研究》2012年第2期。

④ 金自宁：《风险规制与行政法治》，载《法制与社会发展》2012年第4期。

程塑造为逻辑推理过程，从而试图从行政活动的结果出发寻求对行政活动形式合法化的解释。[①] 但是，现代行政国家中行政公共疆域不断拓展，政府需面对更多元、更专业、更高风险的行政规制任务，其不再仅仅扮演“传送带”的角色。同时，法院在审查高度专业的行政决定时也容易陷入尴尬的境地，而只能选择尊重行政机关的政策判断和个案决定[②]。在此背景之下，这将使得行政法无法规范私人规制以使行政任务取得实效为目的展开的活动。[③]

此外，相对于现代行政法，传统行政法体系关注司法审查的面向和个人权利的保护[④]，追求行政活动结果的合法性，而缺乏对行政过程的关注。这使得其往往倾向于对行政行为进行切割、以行政行为中某一关键节点为基本法律单位来研究，但却忽视了行政行为的发生是由一连串环环相扣的节点所构成的一个过程。并且发生的节点不仅具有发生时间上的先后顺序，更有发生逻辑上的耦合与链接，具有整体性和动态发展性[⑤]。

（三）配套的法律规范制度的空白

在现代行政国家（administrative state）的语境下，面对日趋复杂化的高度技术性的规制事项，面对日益加大的各种不确定性的风险，立法任务日趋繁重。同时，滞后性是法律的一个特性。[⑥] 互联网产业的飞速发展，极大地推动了我国在网络立法方面的进程。但目前而言，我国在规制自媒体平台领域方面的立法仍相对滞后。正如《互联网新闻信息服务管理规定》的出台，虽明确了平台与其用户签订协议的行为，但却并未对平台的性质、地位进行明确。对于以合同为基础的平台私人规制，相关立法虽已有所涉及但仍存在大面积的空白。

---

① 章志远、胡磊：《公私协力的兴起与行政行为理论的变迁》，《山东警察学院学报》2010 年第 6 期，第 39 页。

② 宋华琳：《作为宪法具体化的行政法——〈公法学札记〉的札记》，《中外法学》2003 年第 5 期，第 636 页。

③ 徐庭祥：《论我国私人行政的行政法规制》，西南政法大学 2013 年博士学位论文，第 107 页。

④ 章志远、胡磊：《公私协力的兴起与行政行为理论的变迁》，《山东警察学院学报》2010 年第 6 期，第 39 页。

⑤ 参见［日］盐野宏：《行政法》，杨建顺译，法律出版社 1999 年版。

⑥ 殷冬水：《法律滞后三论》，载《行政与法（吉林省学院学报）》1998 年第 2 期。

平台的私人规制以其与用户之间的合同为基础而展开，具有很强的私属性，并且十分灵活，也比公法更为柔性。而任何行使权力的行为，都应在法律的框架内进行。因此，平台私人规制一方面需要获得相关法律的认可，另一方面也需接受法律的规训。具体而言，其一，平台私人规制行权具有公私混合的属性，其法律性质、地位目前尚未得到明确的确认。在部分法律规定中虽对平台私人规制的内容开始有所涉及，但却并未给予私人规制的规制主体充分的信任，反而在体制和机制设计上使其成为国家管理的末梢、行政机关的附庸；其二，平台私人规制以合同为基础，由此引发的纠纷大多只能以民事诉讼为救济途径，但这与其行使公权力的本质并不适应。无限的权力便意味着极致的腐败，脱离了监督、控制以及责任机制的平台私人规制，容易使规制者陷入失范，从而致使平台用户的合法权利无法得到应有的保障。在对于电商平台、搜索引擎平台的规制制度方面，有学者认为可借鉴引进普通法上的公共承运人制度①，强调平台的中立性。但自媒体平台与电商平台、搜索引擎平台之间存在一定的差异，其公共政治的属性更为强烈，因此并不能完全参照这两者的制度设计。

五、完善法律对私人规制的控制

法治作为现代社会最基本的治理方式，具有强大的包容力，也是被广泛认可的文明和现代化表征。② 在现代行政中，如果私人参与行政作用，所进行的活动需要一定的法的统制，那么如何提供相应的法的统制框架就成为一大课题。③

（一）开放行政法体系

长期以来，我国行政法理论和体系在以法德为代表的大陆法系行政法的

① 参见高薇：《互联网时代的公共承运人规制》，载《政法论坛》2014 年第 4 期。

② 秦前红、李少文：《网络公共空间的法治原理》，载《现代法学》2014 年第 6 期。

③ ［日］米丸恒治：《私人行政——法的统制的比较研究》，洪英、王丹红、凌维慈译，中国人民大学出版社 2010 年版，第 23 页。

影响下，都奉行行政高权主义和国家垄断主义，具有一定的封闭性，忽视了法律制度既是国家立法的产品，也是公共生活的消费品①的这一属性。随着社会自治疆域不断拓展、公共治理逐渐发展，封闭的行政法体系为因应时代发展的需求而逐渐走向开放，由对抗—控制的行政法关系逐渐转变为合作—互动的行政法关系②。

首先，行政法体系应接纳平台的私人规制活动。这既意味着对平台行使公权力之实的承认，也同时意味着平台乃公共治理任务的承担者，而不是任何传统行政监管力量的附庸或仅是国家治理的末梢。在行政立法上，应就平台作为规制者的地位及作用进行认可；在行政原则和基本精神上，将平台的私人规制活动纳入辐射范围；在具体行政过程中，合理分配公私主体之间的权力与责任，实现以权责明晰为基础的合作治理；在责任机制上，根据其具体特点进行建构。

其次，行政法理论应为平台的私人规制提供足够的知识供给。制度体系的建构与运行，需要充足的理论提供支撑，否则便如无源之水、无本之木，易陷入无措的境地。而私人规制制度一方面与我国传统的行政法理论存在诸多龃龉，另一方面却是行政法未来的重要发展点之一。因此，我国的行政法理论应立足于行政发生的实践，适当关注国外关于私人规制的前沿研究成果，同时更注重吸收其他学科的知识。

（二）完善程序法的约束机制

通过“正当程序”实现对公权力的有效制约，是行政法学界的共识。平台的私人规制在本质上属于对公权力的运用，因此也应当被纳入正当程序的涵摄范围之中。鉴于在这方面我国目前尚为空白，因此可适当借鉴美国的相关经验。具体而言，它应同时接受公法与私法正当法律程序的规制③。只有

---

① 罗豪才、宋功德：《软法亦法——公共治理呼唤软法之治》，法律出版社2009年版，第14页。

② 罗豪才：《公域之治的转型——对公共治理与公法互动关系的一种透视》，载《中国法学》2005年第5期。

③ 公法正当法律程序是一种外在控制性机制，起到外部调控的作用，主要是法治精神的输入；私人正当程序是一种内部控制机制，起到内部约束的作用，其更加专业而且有针对性。

公法正当程序与私人正当程序相结合，才能更好地促进私人规制的公正和有效展开。

根据公法正当程序的要求，首先，平台私人规制主体的规则与标准的内容应当符合公平和正义的要求。其次，有学者认为，这一判定涉及诸多不确定的因素，对于实际操作有较高的要求。[①] 再次，平台私人规制权的运行也应符合正当法律程序的要求，即不偏私、说明理由并在作出不利于相对人决定前听取相对人的陈述辩解。

根据私法正当程序的要求，首先，可考虑借鉴引入“正当程序协议”[②]的概念。它是由私人规制主体制定的确保其程序公正和效率的协议，是对被规制者的承诺，且具有较强的约束力但需以获得各方同意为前提。其次，应建立沟通与信息披露机制，使平台作为私人规制者与被规制者之间能够就行为规则和规制措施的适用性和合理性上实现有效的沟通。[③]

（三）实现司法审查对私人规制的助成

法院是民主法治国家建设的中枢神经，是行政行为形成闭环中的重要一环。因此，私人规制的有序运行需要司法机关力量的助成。

在审查强度上，鉴于私人规制作为一项较为新兴的制度现象，且其规制措施的执行以及规制效果的实现都依靠被规制者的自觉与双方之间的协议。因此，对私人规制权的司法审查强度应低于对国家行政权的审查。同时，还应区别审查授权型私人规制、合同型私人规制与自主型私人规制，针对不同的私人规制类型，采用有差别的审查强度。

在审查内容上，法院应以程序性控制优先。私人规制的自治性与专业性，决定了法院对其进行审查应当以程序性审查为主，实体性审查为辅，即重点审查私人规制是否符合正当法律程序或者私人正当程序的要求。但这并

① See Kurt L. Hanslowe, “Regulation by Visible Public and Invisible Private Government”, Texas Law Review, Vol. 40, N0. 1 (November, 1961), p. 90.

② See Arnold M. Zack, “Due Process Protocol: Getting There and Getting over It”, Employee Rights and Employment Policy Journal, Vol. 11, No. 2 (May, 2007), pp. 257 -266.

③ See Ronen Avraham, “Private Regulation”, Harv. J. L. &Pub. Poly, Vol. 34, No. 2 (Spring, 2011), p. 568.

不意味着放弃对实体问题的审查，只是应以必要为条件，同时还可借助第三方专业机构的力量来加以补足。

结语

在风险社会中人人处于风险旋涡的语境下，传统行政规制工具应当及时变革，国家与社会的关系应当重新审视，国家管理模式应当稳妥转变。在公共治理中，多元化的利益相关者共担传统的治理角色，因此，引入和推进私人规制制度是十分必要的。私人规制作为其中的重要的新兴力量，虽尚且与现有行政法体系存有龃龉的问题，但这并不意味着它无解或是不合适。通过开放行政法体系、借助程序法和司法审查的力量，私人规制或许将成为解决我国社会突出矛盾和问题、缓解社会整体风险的重要进路。

论荀子的礼法理论

刘 瑶*

【摘要】 荀子的礼法理论是其思想的核心。在中国古代，礼与法分别代表了两种截然不同的社会治理模式，而荀子却试图将这二者并举甚至融合，使之成为一种全新的制度并指导社会生活的全部。这无疑是一项浩大的工程。而荀子何以能够使礼法融合完成理论上的自洽却一直被学界所忽略。本文就将试图从荀子对礼与法的理解中探求其如何做到将两种并行不悖的制度牵引合一，并在此基础上探究荀子对礼法关系的认识。

【关键词】 荀子　礼法　礼法关系

引言

荀子是战国末期儒家的代表人物，历代学者对于其思想的研究未曾中断。荀子思想的内容丰富，体系博大，然其核心在于礼法。现当代学者对于荀子礼法理论的研究视角多样。杜国庠在《中国古代由礼到法的思想变迁》一文中，以揭示荀子与韩非子的思想关系为最终目的，探究了荀子对于儒家礼学的发展以及对于法家法术思想的奠基性作用。他认为，荀子为儒家的代表人物却也是法家的先导者，他为韩非奠定了法术理论的基础。“在荀子的思想中，就可以看出由礼到法的发展的痕迹。”① 杜国庠的研究特色在于他秉持“以历史的观点看待学术”，从社会形态变迁的角度进行论述，认为荀子

* 刘瑶，首都经济贸易大学硕士研究生，法理学研究方向。

① 杜国庠：《先秦诸子的若干研究》，生活·读书·新知三联书店1955版，第126页。

礼法思想的形成属于历史发展必然的反映。郭沫若认为荀子对于礼的理解是对前一代“刑不上大夫，礼不下庶人”的复写，分为狭义与广义，其中广义的礼“是包含着尊法听制的主要成分的”[①]。意即礼义本身就包含有法与制的内容。与杜国庠观点相似的是，郭沫若也强调了荀子的礼法思想是时代进展的产物。李德永则主要从功能论的角度研究这一问题。他认为荀子以礼治主义为其主要思想，同时又相当重视法治的作用。礼治中的“礼义”与法治中的“法度”这两个概念在荀子的思想体系中十分复杂，但主要是指统治政策方面。其主张“生礼义而起法度”，目的就在于调和统治阶级与被统治阶级之间的矛盾。[②] 李泽厚认为荀子对于礼的认识是“从社会统治整体着眼的理智—历史理论”[③]，比起孔孟依循氏族传统构筑起的“情感—心理—道德理论”更加具有现实的进步意义。他着重研究了荀子思想中“类”的内涵，认为“礼”的概念经过荀子的发展已经具有了社会法度、规范与秩序的含义，而“类”比“礼”更高一层，是就生物族类尤其是人类而言的秩序规则。方尔加在《荀子新论》一书中以追溯历史的方法研究荀子的礼法思想。他首先梳理了礼与法的来源与分殊，然后以管仲的思想为例探究了荀子之前的礼与法的分与合，最后以此为基础论述了荀子的礼法融合思想是继承却又不同于管仲礼治与法治相结合的思想。而以上研究的最终目的在于论证荀子的礼论是后世形成的扼杀人性的封建礼教的前身。[④] 韩德民在《荀子与儒家的社会理想》一书中使用了比较研究的方法。他将荀子与孔孟进行了比较，认为孔孟主要是从内在的心性修养与作为精神追求的目标方面谈礼，而荀子主要是从作为一种现实的制度与对个体的规范约束层面谈礼。他也将荀子与法家进行了比较，荀子强调礼法统一的同时意识到了两者的区别，使其社会政治理论避免出现法家因排斥礼、排斥传统而导致的价值关切的丧失。[⑤]

不难发现，现当代学者对于荀子礼法理论的研究或多或少都提及了荀子

---

① 郭沫若：《十批判书》，重庆群益出版社1945年版。

② 李德永：《荀子的思想》，载《文史哲》1957年第1期。

③ 李泽厚：《荀易庸记要》，载《文史哲》1985年第1期。

④ 方尔加：《荀子新论》，中国和平出版社1993年版。

⑤ 韩德民：《荀子与儒家的社会理想》，齐鲁书社2001年版。

对于礼与法及其关系的认识，但是没有指出荀子究竟是如何能够做到将礼法并举甚至融合在一起的。不论礼与法是否同源，这两个概念虽历经数代变化，但分野仍然明显，荀子试图在这种情况下将两者并举甚至融合，绝非原封不动地拿来放在一起那样简单。看上去仍然对立的礼法相互结合，并非只是两个概念的简单黏合，而是两种制度的相互协调。即便仅仅在理论上完成自洽，也无疑会是一项浩大的工程，荀子为此付出了巨大努力。本文将试图从荀子对礼与法的理解中探究其如何做到将这两种并行不悖的制度牵引合一，并在此基础之上探究其对礼法关系的认识。

一、荀子对礼的理解

“礼发于祀”。原始社会的祭祀活动依托一定的程序和仪式进行。这些程序和仪式在实践中不断完善、逐渐规范，进而形成了最初的礼。礼在这一时期主要由氏族社会基于血缘亲情而创造，旨在表达对天地、鬼神与祖先的敬畏之情，具有神秘性与神圣性，而适用的范围相对有限。礼真正发展为成熟的制度始于周成王与周公旦的时代。国家的出现冲破了血缘的界线，使得原本仅仅用于凝聚氏族的祭祀之礼在发挥规范作用时显得捉襟见肘；而世袭制的出现又要求礼担负起将“家”与“国”紧密联系在一起的新任务。此外，取代了宣称自己拥有神圣血统的商朝，周朝的统治者急需论证新生政权的合法性。为了同时解决上述三个问题，周公将礼扩大化与政治化，在血缘与等级之间构建起了同一的秩序。也正是由于周礼创制的初衷在于为周朝的统治提供合法性的论证，故其施行范围仅限于统治集团的内部，即贵族群体之中。生活在春秋末期的孔子将礼抬升至仁的高度，而仁之于孔子是一个十分广博的概念，既包括狭义的个人品德，又包括广义的德性境界，甚至包括社会的终极理想与目标。战国时代的孟子提出“四端”说，礼为其中一端。他对礼进行了内向化的诠释，将早期的礼仪规范纳入到了辞让与恭敬的道德范畴。这一心性论的解释方法在强调礼的内在特征的同时，也弱化了礼作为社会规范的外在属性。

战国末期，礼的概念已经发生了显著的变化，在最初“原始人事神祈福的仪节"[1] 基础之上进行了较大的扩展，各家各派的观点也不尽相同。其中，荀子对礼有着独到的理解。张荫麟在《中国史纲》中谈到："'礼'，这个名词荀卿从未曾给过明晰确定的界说，大约包括所有传统的礼节，传统的行为规范和一些他所认为合理的社会制度，尤其是规定贵贱、尊卑、贫富等阶级身份的制度——在荀卿看来，礼是一种社会的万应药。"[2] 可见在荀子的法律思想体系中，礼的概念何其丰富、地位何其重要。下文将详而述之。

第一，荀子从人性与社会的角度寻求礼的起源。《荀子·性恶》篇开宗明义，直言"人之性恶，其善者伪"。对于"伪"字的含义，南唐徐锴为《说文解字》作注时有言："伪者，人为之，非天真也，故人为为伪。"荀子本人亦解释说："不可学、不可事而在人者，谓之性；可学而能、可事而成之在人者，谓之伪；是性、伪之分也。"[3] 可知，在荀子看来：人性本恶，善在人为。具体而言，是人的物质欲望和心理需求触发了人性之恶：生而具有的追逐财利之心会使人耽于争抢掠夺而遗忘推辞谦让；生而具有的嫉妒憎恨之心会使人陷于残杀伤害而丢失忠诚守信；生而具有的喜好声色之心会使人溺于淫荡混乱而违背礼义法度。因此，放纵人的本性、顺从人的欲望就会导致争抢掠夺的横行、违反等级名分以及扰乱礼义法度的肆起，最终趋向于暴乱的发生。人性本恶证毕，荀子便试图在"人之本性恶"与"礼义法度生"之间搭建起因果关系的桥梁。荀子将人之本性比作枸木与钝金，枸木通过蒸矫才会挺直，钝金经过磨砺方显锋利。同理，邪恶的人性依靠师长法度的教化才能端正、需要礼义的引导方得治理，否则人将偏邪险恶而不端正、叛逆作乱而无秩序。因此，古代圣明的君王建立礼义、制定法度，用以矫正、整饬人们的性情而端正他们，用以教育、感化人们的性情而引导他们。礼应运而生。

《荀子·王制》篇则集中讨论了社会国家的起源问题。在荀子看来，人区别于动物的标志有二：一为气、生命、知觉、道义四者皆备；二为拥有能

---

① 梁治平：《寻求自然秩序中的和谐——中国传统法律文化研究》，商务印书馆2013年版，第221页。

② 张荫麟：《中国史纲》，上海古籍出版社2011年版，第135页。

③ 《荀子·性恶》。

够结合成为社会群体的能力。然而，人若想结合成为稳定的社会群体，就不得不面对物质财富的分配与等级名分的划分问题，解决之道在于“分”。而“辨莫大于分，分莫大于礼”① “分何以能行？曰义”②。因此“分”的标准在“礼”与“义”，这二者人能够明确生产的分工、产品的分配以及社会政治地位的划分。当人们各得其物、各司其职、各居其位的时候，就能够和睦协调、团结一致，继而聚集力量、抵御外物，结合成为稳定的社会群体。由此可知，荀子敏锐地认识到了“分”对于“群”的重要性，以及“争”对于“群”的危害性，社会群体如果没有物质财富的分配与等级名分的划分，就会在内部彼此间争斗抢夺，从而引发动乱，并且接连产生离心离德、力量削弱、无法战胜外物等一系列恶果。原本处于个体的人，小聚能成群（群体），大聚则成国（国家）。因此，群体如此，社会国家亦同理。如此一来，荀子就从人的社会性及由此产生的需求方面探寻到礼的起源，同时也为他的礼法理论学说打下了基础。

第二，荀子强调了礼的分别作用。如罗焌所言，“荀子之言礼，莫大于分别。”③ 礼的分别作用是荀子礼法理论所关注的重点。“分者，别也。”④“分”与“别”同义、互释，仅讨论“分”即可。前文提到，“分”是原本处于个体的人为了结合成为稳定的社会群体，在处理物质财富的分配与等级名分的划分这两个问题时所采用的解决之道。其实，在荀子的法律思想中，“分”的概念十分复杂，礼法理论主要涉及两个含义：一为职分，二为本分。其中，职分不仅包括劳动生产上的分工，还包括物质产品的分配以及政治地位的划分，已如前文所述；本分则意指根据某一种标准将人加以区别之后使之应当履行的义务与承担的责任。荀子认为“礼者，贵贱有等，长幼有差，贫富轻重皆有称者也”⑤。表面看上去是以出身作为标准，为封建等级秩序发声，实则不然，“其至分别贵贱贫富之等，一以礼义为标准，不以贵族平民

① 《荀子·非相》。
② 《荀子·王制》。
③ 罗焌：《诸子学述》，华东师范大学出版社2008年版，第194页。
④ 《说文解字》。
⑤ 《荀子·富强》。

分别之也”[①]。此点将在下文详述。而不论哪一种含义，“分”都暗含有“度量分界”的目的，而礼则是“分”的根据与准则。《管子·心术》有载：“礼者，因人之情，缘义之理，而为之节文者也，故礼者谓有理也。理也者，明分以喻义之意也。故礼出乎义，义出乎理，理因乎宜者也。”意在说明礼、义、理三者关系密切，并且都具有明确本分的社会功能。这一点与荀子的思想有异曲同工之妙。荀子本人也曾在齐国稷下学宫三为祭酒，想必多有机会接触齐法家思想，不知是否受其影响。

第三，荀子扩大了礼的适用对象。荀子对礼作出了狭义与广义的区分，根据在于适用对象范围的不同。狭义的礼是指揖让、袒臂、虚左、九宾等礼节与仪式，亦即“刑不上大夫，礼不下庶人”的“礼”。这一含义的礼“是人们事天、地、神、先祖的祭祀礼容，也是人与人之间互相交接表现出适当的对待，和人对事物作出适当的因应。”[②] 其所适用的对象只有“士”及以上阶层。而广义的礼则是应当为一切人所遵守的礼义。“大国之主也，不隆本行，不敬旧法，而好诈故，若是，则夫朝廷群臣亦从而成俗于不隆礼义而好倾覆也。朝廷群臣之俗若是，则夫众庶百姓亦从而成俗于不隆礼义而好贪利矣。”[③] 从一国君主到朝廷群臣再到庶民百姓，都需要“隆礼义”，需要“学而知之、尊而行之”，这里的“礼”便是以一切人作为适用对象的广义之礼。上文中提到的以礼义而非出身作为“别”之标准，可以在《荀子·王制》篇中找到例证：“贤能不待次而举，罢不能不待须而废，元恶不待教而诛，中庸不待政而化。分未定也，则有昭缪。虽王公士大夫之子孙也，不能属于礼义，则归之庶人。虽庶人之子孙也，积文学，正身行，能属于礼义，则归之卿相士大夫。”由此可见，礼义不仅为士及以上阶层而设立，而且为一切庶民所适用，人完全可以因礼义的践行与否而变动自己所处的社会等级，无论是主动还是被动。空前扩大的适用对象使得礼更加适宜与法的内容进行衔接。

第四，荀子对礼作出了理性化与外在化的解读。经过前文分析可知，荀

① 罗焌：《诸子学述》，华东师范大学出版社2008年版，第194页。
② 梁启雄：《荀子思想评述》，载《哲学研究》1963年第4期。
③ 《荀子·王霸》。

子用“人性恶”与“群”“分”的学说来解释礼的起源，立脚点在于人性、社会与分配需求，而非传统的天人关系理论，使得礼不再是简单、僵硬而富有宗教色彩的“形式仪容”①，而蜕变成为了理性化的历史产物。此外，相较于孔子与孟子，荀子更加重视礼的外在特征与功能。孔子、孟子与荀子这三位先秦大儒在思想上的共同之处在于“都充分注意了作为群体的人类社会的秩序规范（外）与作为个体人性的主观心理结构（内）相互适应这个重大问题，也即所谓人性论问题”②。但是就这一问题而言，三者的侧重点是各不相同的：孔子提出“仁”的概念为“礼”寻求心理依据，孟子沿着孔子的思想轨迹进一步完善“礼”塑造个体人格价值的功能，而荀子则强调并发挥了“礼”作为准绳尺度在国家社会层面的外在规范作用。由此可见，“礼”由孔子开启成为以“仁”为核心的内倾化的自律道德，经过孟子的拓展与深化，能够较好地从内部调整人的心性品格，荀子则发掘出了“礼”作为外在化的他律道德的潜质，为将法的规范性因素引入礼做好了准备。

第五，荀子将法的因素引入礼。荀子从人的社会性及由此产生的需求方面探寻礼的起源，并以此作为基础，强调了礼的分别作用，扩大了礼的适用范围，并且对礼作出了理性化与外在化的解读。以上努力的目的在于为将法的因素引入礼做铺垫，使礼具有对社会整体进行外部规范的功能。蔡元培在《中国伦理学史》中论述荀子的“礼之用”时曾言：“荀子之所谓礼，包法家之所谓法而言之，故由一身而推之于政治。”③ 一语中的。下文将从对礼及相关概念进行辨析的角度进行阐述。《荀子》一书中表示礼的字与词大致有以下五种：

“礼”既包括简单的“礼节”之意，也会有“礼仪”“礼义”之意。在“礼节”方面例如“听政之大分：以善至者，待之以礼；以不善至者，待之以刑”④。国家招贤纳士的目的在于得到有才能的人为国所用，因此君主在听取意见、处理政事时，对于怀揣善意与良好建议而来的人，应当以周备的礼

① 李泽厚：《荀易庸记要》，载《文史哲》1985 年第 1 期。
② 李泽厚：《荀易庸记要》，载《文史哲》1985 年第 1 期。
③ 蔡元培：《中国伦理学史》，湖南大学出版社 2014 年版，第 24 页。
④ 《荀子·王制》。

节待之；在“礼仪”“礼义”方面。例如，“学之经莫速乎好其人，隆礼次之”[①]。“隆礼”即尊崇礼义，在荀子的礼法理论中是一个十分重要的概念，将会在下文详述。书中所使用的“礼”字多半译作此意，不烦征引，同样留待下文作详细论述；亦有表示“礼制”之处，例如“礼者，其表也，先王以礼表天下之乱。今废礼者，是去表也，故民迷惑而陷祸患”[②]。如渡水之人表明深度的标志，礼仪制度作为一个集合概念，是古代圣明君王用以表明祸乱，使自己在治理民众时不至于失误的标准。

尤其值得注意的是，在一些情况下，仅“礼”一字就表示出了“礼法”两层含义。例如，“将原先王，本仁义，则礼正其经纬、蹊径也”[③]。此句所处文段提供了两点证明：其一，前文有言：“学之经莫速乎好其人，隆礼次之。上不能好其人，下不能隆礼，安特将学杂识志、顺《诗》《书》而已耳。则末世穷年，不免为陋儒而已。”[④] 在荀子看来，心悦诚服地受教于贤师是学习最为迅速而有效的途径，尊崇礼义都在其之下。如果既不能做到潜心跟随贤师学习，又不能做到尊崇礼义，而只是学习一些杂乱的知识、简单地读通《诗》《书》，那么终其一生也只能够做个学识浅陋的书生罢了。若想要达到更高的层次——追溯先王的道德、追求仁义的根本，那么仅仅尊崇礼义明显是不够的。因此，作为四通八达的途径，“礼”应当既包含礼义也包含法度；其二，后文有言：“不道礼、宪，以《诗》《书》为之，譬之，犹以指测河也，以戈舂黍也，以锥餐壶也，不可以得之矣。”[⑤]“礼”为礼义之意，“宪”为法度之意，此处两字并用，呼应了上文中仅“礼”一字就表示出的“礼法”两层含义。

“礼仪”“礼义”。“礼仪”一词在书中并未直接出现，仅见于《修身》篇中的诗经引文[⑥]。事实上，礼仪是礼的最初形态，即祭祀的礼节与仪式，二者的含义在礼产生的初期基本相同。这种状态持续到了春秋后期，礼的概

① 《荀子·劝学》。
② 《荀子·大略》。
③ 《荀子·劝学》。
④ 《荀子·劝学》。
⑤ 《荀子·劝学》。
⑥ “礼仪卒度，笑语卒获。”《诗·小雅·楚辞》。

念发生了突破性的变化：“礼”作为政治秩序的核心原则日益突出，“礼”与“仪”的分辨也随之愈加明显。“仪”承袭了礼仪这一含义，逐渐与“礼”分别开来。荀子鲜用“礼仪”事实上也表明了其不再仅仅关注“礼”表示礼节与仪式这一方面的含义，而是将重点放在了“礼”作为政治秩序，甚至是“法治”秩序的核心这一方面。相较而言，“礼义”一词则多次出现，其含义有二：一同“礼仪”，意为礼节、仪式；二为礼法、道义之意，即前文所言应当适用于一切人的广义之礼。如“君子治治，非治乱也曷谓邪？曰：礼义之谓治，非礼义之谓乱也”①。荀子认为，君子应当治理有秩序的国家而不应当治理混乱的国家，而衡量一个国家有秩序与否的标准就在于这个国家是否整体符合礼法、道义。再如“先王之道，仁之隆也，比中而行之。曷谓中？曰：礼义是也”②。古代圣明君王的政治原则因符合中正之道实行而成为了仁德的最高体现，在荀子看来，礼义、道义就是中正之道。此外，义含有“合宜”之意，其所具有的社会功能在前文论述礼的分别作用时已有所说明，不再赘述。

“文（理）”“一”。“文”原意是指文采、花纹，可以引申为“表现义的礼仪制度”。例如“劳倦而容貌不枯，好交也”③。王念孙认为此处的“交”字当作“文”字，指礼仪。全句意在表达君子虽然疲劳却并不在容貌上显得无精打采，这是因为他爱好礼仪的缘故。但是结合前后文的内容可以看出此句的另一层含义。“君子贫穷而志广，隆仁也；富贵而体恭，杀势也；安燕而血气不惰，柬理也；劳倦而容貌不枯，好交也；怒不过夺，喜不过予，是法胜私也。《书》曰：‘无有作好，遵王之道；无有作恶，遵王之路。’此言君子之能以公义胜私欲也。”④ 此段论述意在说明，君子能够用符合公众利益的道义战胜个人的欲望，从而做到不因穷困而改志、不因富贵而骄恣、不因安逸而懈怠、不因疲劳而困倦，更不会因一己之喜怒而任意赏罚。从外部环境到心境状态，再到为政之道，看似并列实则递进，并且由一个理念贯穿其

① 《荀子·不苟》。
② 《荀子·儒效》。
③ 《荀子·修身》。
④ 《荀子·修身》。

中作为支撑，那就是符合公共利益的道义。由此观之，君子虽然疲劳却并没有在容貌上显得无精打采的原因，不仅在于他爱好礼仪，更在于他践行了表现道义的礼仪制度。此外，“文（理）”字（词）也有类似于前文“礼”字的最后一种情形，即表示“礼法”之意，例如“故必将有师法之化、礼义之道，然后出于辞让，合于文理，而归于治”①。荀子认为人性本恶，需要师长法度的教化与礼义的引导才能够向善，因此“文理”当与法度、礼义相对应，表示“礼法”之意。“一”在书中引申为“礼义”之意，例如“以类行杂，以一行万”②。意即以各类事物的法则治理纷繁复杂的事物，用统括一切之道治理世间的万事万物。这里的“统括一切之道”指的就是礼义之道。再如“圣王之用也：上察于天，下错于地；塞备天地之间，加施万物之上；微而明，短而长，狭而广；神明博大以至约。故曰：一与一，是为人者，谓之圣人”③。“一与一”的“一”字与上一例“以一行万”的“一”字表意相同。因此，短句可以理解为“从礼义到礼义”，意即无论做什么事情，都要以礼义为原则。

与西方人的思维习惯不同，中国古人很少对一样事物进行精准的定义。因而在中国古代的思想家与学派的理论体系中，很少有十分明确且一成不变的概念。荀子对于礼的理解也不例外。在荀子的礼法理论中，礼并没有一个明确固定的含义。但是通过对《荀子》一书中表示礼的字词进行辨析，不难发现的是，荀子执着于强调礼作为整个国家社会外部规范的功能，并未将礼与法在内涵上作完全区别。李泽厚用“旧瓶装新酒”④形容这一特点，十分形象。礼从对仪式的要求、对修养的提高、对道德的弘扬一步步升级到对国家社会的外部规范，尊法的因素从无到有进而蕴含其中，便是最有效的催化剂。总而言之，在荀子的礼法理论中，礼节仪式、道德要求与法律规范融为

---

① 《荀子·性恶》。

② 《荀子·王制》。

③ 《荀子·王制》。

④ “荀子对氏族血缘传统的‘礼’赋予了历史的解释，‘礼’的传统旧瓶装上了时代新酒。所谓‘旧瓶’，是说荀子依然如孔子那样，突出‘礼’的基础地位，仍然重视个人的修身、齐家，等等，所谓‘新酒’是说这一切都具有新的内容和含义，它实际已不是从氏族贵族或首领们的个体修养立场出发，而是从进行社会规范的整体统治立场出发。”李泽厚：《荀易庸记要》，载《文史哲》1985年第1期。

一体，礼可以被视为广义上的法，这就使儒家关于礼的学说在广度与深度上都得到了前所未有的扩展，正如杜国庠所言，荀子对礼的理论发展已登峰造极。

二、荀子对法的理解

“刑起于兵”在中国古代的文献中，战争通常被称为“兵”，而处于三王时期的法则被称为“刑”。古人认为，法最初起源于战争中的号令，夏启征讨有扈氏的军令——《甘誓》便是有文献记载最早的军法。“刑”在杀伐征战的过程中形成，一方面用以惩罚在战争中违背号令之人，另一方面用以征讨镇压敌对部落和被征服者，后逐渐演变为对整个国家所管辖的地区具有普遍效力的刑律，西周时期的法典《吕刑》，春秋时期的郑国子产铸“刑书”、晋国赵鞅铸“刑鼎”，便是以“刑”为名称。至战国时代，魏国李悝著《法经》，使用“法”作为刑事法律汇编的名称。而商鞅在以《法经》为基础制定秦国律法的时候，改法为律，此后我国古代的刑法典都以“律”为名。这在无形之中就突出了法的狭义特征，而狭义的法观念一直深刻地影响着人们对于法的认知。此外，诸子百家中的法家言法也主要意指狭义上的法，即以刑法为主体的由国家制定的成文法典。例如，《管子·七法》中载：“尺寸也、绳墨也、规矩也、衡石也、斗斛也、角量也，谓之法。”再如，《管子·七臣七主》有言：“夫法者，所以兴功惧暴也；律者，所以定分止争也；令者，所以令人知事也。法律政令者，吏民规矩绳墨也。”这些法均属于一般意义上的规范制度，在内涵上相对较窄。

法也是荀子所关注的重点。法家偏重强调（刑）法作为成文法典的狭义特征，而荀子所言法之内涵更加丰富。过于重视与强调狭义的法会导致对于法价值层面讨论以及法理论层面论述的缺失，而荀子对法的理解正是在一定程度上弥补了这一缺失。《荀子》一书对法及其内涵的论述颇多，表意所使用的字（词）多样，其中不乏创新之处。根据韩德民的统计，全书三十二篇中，“律”字出现十余次，“刑”字出现一百余次，而“法”字出现的次数最多，高达一百七十余次，此外还有一些其他表意法及其内涵的字（词）。

以下分而述之。

刑、律、令、法则。荀子在阐述自己的法律思想时多次提及“刑”，主要表示两种含义：其一为刑罚之意，例如“听政之大分：以善至者，待之以礼；以不善至者，待之以刑”①。前文已有所解释，不再赘述；其二为刑法之意，例如“刑政平，百姓和，国俗节，则兵劲城固，敌国案自诎矣”②。荀子认为，刑法政令公正不阿，黎民百姓和睦协调，国家风俗节约俭朴，如果一个国家同时具备这三个条件，那么兵力就会强大、城防就会坚固，敌对的国家自然就屈服了。“刑”字的两种含义主要以狭义上的刑罚为主。至于“律”，主要是指与具体的罪、具体的刑相对应的具体的法律条文。韩德民经研究认为，“荀子的意图不是要探讨具体法规条文的制定，所以他很少提到律”③。而“令”意指法令，例如“政令信者强，政令不信者弱”④。“政”为政策，“令”即法令。在荀子看来，政策法令有信用，国家则强盛；政策法令无信用，国家则衰弱。“法则”指的是狭义的法律条令，例如“案修仁义，伉隆高，正法则，选贤良，养百姓，为是之日，而名声剸天下之美矣”⑤。荀子认为，奉行仁义之道达至崇高的政治境界，整治法律条令，选拔贤良之士，使百姓休养生息，当一国君主做到这些事情的时候，他就会获得天下最美好的名声了。

法、节奏。“法”字在书中的使用频率最高，包括的含义也最多：其一指狭义的法令、法律，例如“故法而不议，则法之所不至者必废”⑥。荀子认为，法对于千姿百态、不断变化的社会生活的涵盖性和适应性不可避免地存在一定的局限，因此，当法令、法律被制定出来之后应当就法律没有涉及的事项与大臣们讨论研究，以弥补因规则真空而呈现出的不适应性和滞后性；其二指广义的法度，例如“行法志坚，不以私欲乱所闻，如是，则可谓劲士

① 《荀子·王制》。
② 《荀子·王制》。
③ 韩德民：《论荀子的礼法观》，载《社会科学战线》1998年第4期。
④ 《荀子·议兵》。
⑤ 《荀子·王制》。
⑥ 《荀子·王制》。

矣"[①]。意即行为合乎法度、意志品质坚定，不因为个人的欲望而歪曲所听之事，这样的人就可以被称为正直的人士了；其三指法制，如"必将修礼以齐朝，正法以齐官，平政以齐民，然后节奏齐于朝，百事齐于官，众庶齐于下"[②]。荀子认为"持国之难易"在于，采用侍奉强暴之国的办法来保住自己的国家是困难的，而采取使强暴之国侍奉自己的方法来保住国家就容易了。不同于只依靠说好话、献殷勤、跪拜请求而诚惶诚恐地侍奉强暴之国，英明的君王会选择修订礼制来整治朝廷，端正法制来整治官吏，公正地处理政事来整治民众，从而使得礼仪法度在朝廷上得到严格执行，各项政务在官府中得到适当处理，黎民百姓也齐心合力。如此一来，邻近的国家就会争先恐后地亲近，远方的国家亦会表达出仰慕之情，即便是强暴之国也没有不前来以供驱使的；其四指法治，例如"人君者，隆礼、尊贤而王，重法、爱民而霸，好利、多诈而危，权谋、倾覆、幽险而亡"[③]。在荀子看来，人的命运取决于上天，国家的命运则取决于礼义。因此，作为君主，做到推崇礼义、尊重贤士，就能称王天下；如果注重法治、爱护人民，就能称霸诸侯；一旦喜好财利、多行欺诈，就会陷于危险；只会玩弄权术、坑人害人，就会招致灭亡；其五较为特殊，一字表示"礼法"两层含义，如"故隆礼，虽未明，法士也"[④]；与前文"礼"一字表示出"礼法"两层含义的例子处于同一语境之中，理由亦同，不再赘述。"节奏"则指广义上的法度，例如"彼国者，亦有'砥厉'，礼义、节奏是也"[⑤]。在这里，荀子将礼义与法度比作国家的"磨刀石"，能够将"刚出模时的毛坯"一般的国家磨砺、锻造成为强大的国家。

类、法数、法义。"类"在荀子的法律思想中是一个重要的概念，内涵十分丰富：其一指规范，例如"伦类不通，仁义不一，不足谓善学"[⑥]。意即如果一个人达不到融会贯通伦理规范，做不到一心一意奉行仁义之道，那么就不能够被认为是善于学习的人；其二指法度、法则，例如"王者之人：饰

① 《荀子·儒效》。
② 《荀子·富国》。
③ 《荀子·强国》。
④ 《荀子·劝学》。
⑤ 《荀子·强国》。
⑥ 《荀子·劝学》。

动以礼义，听断以类，明振毫末，举措应变而不穷”①。荀子认为，奉行王道而成就王业的君主所拥有的辅佐大臣，应当做到用礼义来端正自己的行动，按照法度来处理决断政事，不但能够揭发出毫毛末端般细微的小事，而且能够随着事态的各种变化而采取相应的措施而不会穷于应付；其三指律例②，例如“其有法者以法行，无法者以类举，听之尽也”③。前文提到，国家制定的成文法律会因为规则真空而呈现出不适应性与滞后性，因此，对于有法可依的案件应当按照现有的法律条文办理，而对于无法可依的案件就需要使用依照规范类推出来的具体准则解决；其四指“法条的归类明通”④，例如“圣人者，以己度者也。故以人度人，以情度情，以类度类，以说度功，以道观尽，古今一也。类不悖，虽久同理。”⑤ 荀子认为，圣人之所以不能够被欺骗，是因为他们根据自己的切身体验来推断事物。因此，他会根据现代人的情况推断古代人的情况，根据现代的人情推断古代的人情，根据现代的某一类事物推断古代同一类的事物，根据流传至今的学说推断古人的功业，根据事物的普遍规律观察古代的一切，这样做的原因在于古今的情况是一样的。徐复观认为：“因‘分’而有‘类’，‘类’是‘分’的结果，故荀子常称‘知类’‘度类’‘统类’，这是荀子思想中最基本的三个概念。三个概念贴到人身上来说，总谓之‘伦’，所谓‘礼以定伦’，……其实‘伦’也是‘类’，故有时又称‘伦类’。”⑥ 由此可见，“类”属于礼作用于法的产物。“法数”的含义有二，其一为广义的法度，例如“由士以上则必以礼乐节之，众庶百姓则必以法数制之”⑦。意即对于士及以上地位的人必须用礼乐制度节制他们，对群众百姓必须用法度统治他们；其二为狭义的法律条文，例如“不知法之义而正法之数者，虽博，临事必乱”⑧。意即不懂得法治的道理而只是制定法律条文的人，即使了解的法律条文再多，遇到具体的事情也一定

① 《荀子·王制》。
② 此处的律例指的是法的类属，即依规范类推出来的具体准则。
③ 《荀子·王制》。
④ 王邦雄：《中国哲学论集》，台湾学生书局1990年版。
⑤ 《荀子·非相》。
⑥ 徐复观：《中国政治思想与政治制度论集》，台湾中华文化出版事业委员会1954年版。
⑦ 《荀子·富国》。
⑧ 《荀子·君道》。

会昏乱。“法义”则指的是法学的原理或法治的道理，与“法数”的第二种含义出自于《君道》篇的同一段引文。荀子对法之内涵的创新正体现于此：“法义”指导“法数”，在一定程度上弥补了法在理论层面的不足。也只有在深刻理解了法学原理或法治道理的前提下，才能够更好地运用具体的法律条文来治理社会国家。而“类”补充“法数”，因为具体的法律条文一般都具有滞后性的弊端，无法将社会国家的万象包纳其中，这就需要由类推产生的律例进行弥补。

通过以上分析不难发现，荀子法律思想体系中的“法”有着十分丰富的内涵：既有狭义上的刑罚、法令、法律条文之含义，又有广义上的法则、法度、法制，甚至是法家所倡导的“法治”之内容；既有成文的刑法，又有依据成文刑法类推而来的具体法例；既有作为部门法的规范，又有类似于法学理论的概括性原理。具有如此宽泛的内涵使得荀子礼法理论中的“法”更加容易实现与礼的对接。

三、荀子对礼法关系的理解

先秦儒家对礼法关系的理解经历了一个变化的过程。孔子化“仁”入“礼”，对“礼”作出了普适化与道德化的解说，使之具有真理属性，可见其对礼的重视程度。与此形成鲜明对比的是，孔子对法并不关注。“礼乐不兴，则刑罚不中。”① 刑罚的得当施行仰赖于礼乐制度的兴办；“道之以政，齐之以刑，民免而无耻；道之以德，齐之以礼，有耻且格”。政法与刑罚只能使人民暂时地免于罪过却无廉耻之心，道德与礼教却可以使人民不但具有廉耻之心并且真心实意归服。可见，在孔子的观念之中，“法”完全不足以成为政治社会治理的支撑性概念，其重要性要远远逊色于“礼”。礼之于战国中期的孟子有三种含义：其一为效法之意，例如“今言王若易然，则文王不足法与?”②；其二为法度之意，例如“入则无法家拂士，出则无敌国外患者，

① 《论语·子路》。
② 《孟子·公孙丑上》。

国恒亡”[①]；其三为治理之法，例如“上无道揆也，下无法守也，朝不信道，工不信度，君子犯义，小人犯刑，国之所存者幸也”[②]“舜为法于天下，可传于后世，我由未免为乡人也，是则可忧也”[③]。可见，将“法”作为社会的治理方式之一，孟子不但没有表达出直接的反对，而且默认了这种治理方式的实际存在与合理性。只是“徒善不足以为政，徒法不能以自行”[④]。孟子反对的仅是“徒法”而非“法治”。

荀子的思想杂取百家，对于礼与法都采取了更为“开放”的态度。他首先从人性与社会的角度探寻礼的起源，以此作为基础强调礼度量分界、定分止争的社会功能的同时，将礼解读为理性主义的历史产物，并突出了礼作为准绳尺度的外在特征，然后将礼的适用对象扩大至包括一国君主、朝廷群臣、庶民百姓在内的一切人，最终将法的因素引入礼。以上种种努力使得礼的内涵空前丰富，其中法的意味十足，但是这并不意味着礼就可以完全涵盖法，进而使二者作为一个整体成为调节社会关系的唯一手段，因此，礼法关系依旧是一个值得并需要被探讨的问题。

（一）礼法并举

对于礼法关系问题，荀子首先主张礼法并举，对此的经典表述为“隆礼至法”。荀子认为“至道大形”之一便是“隆礼至法，则国有常”[⑤]。对于“隆”的含义，荀子在书中给予了论述，譬如：“立隆而勿贰也”[⑥]；“君子言有坛宇，行有防表，道有一隆”[⑦]；“隆一而治，二而乱；自古至今，未有二隆争重而能长久者”[⑧]；“礼岂不至矣哉！立隆以为极而天下莫之能损益也”[⑨]。可见，“隆”为“极、至；使……成为最高”之意，与“至”字同

---

① 《孟子·告子下》。
② 《孟子·离娄上》。
③ 《孟子·离娄下》。
④ 《孟子·离娄上》。
⑤ 《荀子·君道》。
⑥ 《荀子·仲尼》。
⑦ 《荀子·儒效》。
⑧ 《荀子·致士》。
⑨ 《荀子·礼论》。

义。“隆礼至法”意在表示“推崇礼义到极致的同时使法制高于一切”，即礼、法二者并举，这样做国家就会井井有条地存续。荀子将这一效果视为最好政治原则的最大效验之一。除此之外，荀子亦认为“治之经”在于“礼与刑”，这是因为“刑政平而百姓归之，礼义备而君子归之”①。完善周备的礼制道义与公正不阿的刑罚政令可以招纳君子、归聚百姓，因此，推崇礼义到极致的同时使法制高于一切，即礼、法二者并举，就成为了君主治理好国家的重要保障。正是因为如此，英明的君主会选择“修礼以齐朝，正法以齐官，平政以齐民”②，达到“节奏齐于朝，百事齐于官，众庶齐于下”③的效果。在荀子看来，一国君主这样做能使得一国安定，他国君主群起效仿，就可实现普天之下的盛世太平。

在治国理政方面，礼法并举具体而言包括礼刑相结合与赏罚相结合两个内容。礼、刑相结合主要作为君主在朝堂之上听取意见、处理政事的要领。“以善至者，待之以礼；以不善至者，待之以刑。”④意为用礼节对待那些单纯想要施展抱负并且拥有真才实学之人、用刑罚对待那些动机不纯、别有用心之人。将这两种情况区别开来的原因，不但在于分辨敌友，而且在于不混杂有德才之人与无德才之人，以便招纳忠良贤士为治理国家而服务。相较之下，赏、罚相结合的运用范围则更为广泛。一是对待贵族与平民，均应当“勉之以庆赏，惩之以刑罚”⑤，不能因为是王公士大夫的子孙就免除他们的刑罚，也不能因为是庶人的子孙就不给予他们奖赏；二是对待有才能与技艺的士人。一国之内，如果奖赏不能够实行，那么有德才之人就不会得到任用与提拔；如果处罚不能够实行，那么无德才之人就不会遭到罢免与贬斥。如此一来，国家便无法达到招纳忠良贤士并使其服务国家的目的。因此，对待有才能与技艺的士人应当“渐赏庆以先之，严刑罚以防之”⑥，即加重奖赏来诱导他们，加重刑罚来督责他们。但是，“赏行罚威”的同时也要注意限度，

---

① 《荀子·致士》。
② 《荀子·富国》。
③ 《荀子·富国》。
④ 《荀子·王制》。
⑤ 《荀子·王制》。
⑥ 《荀子·王制》。

做到“赏不欲僭，刑不欲滥”①，这样才能够使“贤者可得而进也，不肖者可得而退也，能不能可得而官也”②。

除治国理政之外，荀子认为礼法并举还可以运用于学习修身、为儒之道以及为臣之道中。在学习修身方面，“不道礼、宪，以《诗》、《书》为之，譬之，犹以指测河也，以戈舂黍也，以锥餐壶也，不可以得之矣”③。《诗经》与《尚书》在儒家经典中拥有十分重要的地位，一向被儒家视为“必修课”，可是荀子却认为，单纯读通、熟识甚至依照这两部经典来立身行事仍然是不够的，还必须将遵行礼法作为前提，否则就会如同用手指测量河流深浅、用长戈舂捣黍子、用锥子代替筷子到饭壶中吃饭一样，无法达到学习修身的目的。在为儒之道方面，“其言有类，其行有礼，其举事无悔，其持险、应变曲当”④。说话合乎法度、行动合乎礼义是大儒的考核标准；“苟仁义之类也，虽在鸟兽之中，若别白黑；倚物怪变，所未尝闻也，所未尝见也，卒然起一方，则举统类而应之，无所儗㤰；张法而度之，则晻然若合符节”⑤。以礼义为纲领、施行法律得当是大儒的行为准则。在为臣之道方面，若想辅佐奉行王道的君主成就王业，大臣应当做到“饰动以礼义，听断以类，明振毫末，举措应变而不穷”⑥。

（二）礼为法本

尽管将法抬高到几乎与礼相同的地位，并提倡礼法并举，但是就总体而言，荀子依旧主张礼为法本，即法应当以礼为根本纲领。直接证明这一观点的表述是“《礼》者，法之大分，类之纲纪也”⑦ 以及“故圣人化性而起伪，伪起而生礼义，礼义生而制法度”⑧。在荀子看来，《礼》是行为规范的要领、具体准则的总纲；而法度是在礼义产生之后才被制定，主次、先后关系

---

①《荀子·致士》。
②《荀子·富国》。
③《荀子·劝学》。
④《荀子·儒效》。
⑤《荀子·儒效》。
⑥《荀子·王制》。
⑦《荀子·劝学》。
⑧《荀子·性恶》。

明显。荀子将礼视为一种最高的政治准则，为治国理政的圭臬。他强调“礼者，政之挽也。为政不以礼，政不行矣”[①]。虽然提倡赏罚相结合，但是出于对礼义教化的重视，荀子十分反对抛弃礼义教化而专任刑赏。他认为“凡人之动也，为赏庆为之，则见害伤焉止矣。故赏庆、刑罚、势诈不足以尽人之力、致人之死。为人主上者也，其所以接下之百姓者，无礼义忠信焉，虑率用赏庆、刑罚、势诈除阸其下，获其功用而已矣。大寇则至，使之持危城，则必畔；遇敌处战，则必北；劳苦烦辱，则必犇；霍焉离耳，下反制其上。故赏庆、刑罚、势诈之为道者，佣徒鬻卖之道也，不足以合大众、美国家。故古之人羞而不道也”[②]。因此，古代的圣王选择“厚德音以先之，明礼义以道之，致忠信以爱之，尚贤使能以次之，爵服庆赏以申之，时其事、轻其任以调齐之，长养之，如保赤子”[③]。荀子用“王霸之辨”与“三威之说”作具体论述。

对于“王霸之辨”这一问题，孟子认为：“以力假仁者霸，霸必有大国，以德行仁者王，王不待大。汤以七十里，文王以百里。以力服人者，非心服也，力不赡也；以德服人者，中心悦而诚服也，如七十子之服孔子也。诗云：‘自西自东，自南自北，无思不服。’此之谓也。”[④] 孟子以商汤、文王与孔子以德使人心悦诚服的例子，十分鲜明地表达了“尊王黜霸”的观点，将王道与霸道置于对立面，在推崇王道的同时几乎没有给霸道留下一点点的空间。与此不同的是，荀子认为“人君者，隆礼尊贤而王，重法爱民而霸，好利多诈而危，权谋倾覆幽险而亡”[⑤]。意即推崇礼义、尊重贤人，才可以称王天下，成就王道；注重法治、爱护人民，只能够称霸诸侯，实现霸道。可见，相较于孟子的王霸之辨，荀子给予了霸道更为宽容的态度，认为王道与霸道各有其特点与实施效果，君主可以根据自身的情况与目标加以选择并施行，体现了其力倡礼法并举的一面。但是归根结底，荀子还是更倾向于礼义

---

① 《荀子·大略》。
② 《荀子·议兵》。
③ 《荀子·议兵》。
④ 《孟子·公孙丑上》。
⑤ 《荀子·大略》。

指导下的王道，如此才会用《荀子·王制》全篇阐述奉行王道从而成就帝王大业的圣王之制，并论述王者的政治纲领、用人方针、听政方法、管理制度等等，还指出王制以外的导致仅能够称霸、安存、危殆、灭亡等后果的所作所为，以供君主们借鉴。

荀子认为威严可以分为三种，“有道德之威者，有暴察之威者，有狂妄之威者”①，不可不仔细考察。道德的威严“礼乐则修”“赏不用而民劝，罚不用而威行”，这样的威严能使国家安定强盛；严酷督察的威严“礼乐则不修”“其禁暴也察，其诛不服也审，其刑罚重而信，其诛杀猛而必”“非劫之以形势，非振之以诛杀，则无以有其下”，这样的威严会使国家危险衰弱；放肆妄为的威严“百姓欢敖，则从而执缚之，刑灼之，不和人心”，这样的威严可以导致国家灭亡。不难看出，荀子认为道德的威严是最高的境界，而第一标准是礼制音乐的完善。相反，若礼制音乐不完善，即便通过审慎惩处、守信施刑、严厉处决来坚决践行法治，也只会使臣民因为惧怕权势与惩罚而暂时归顺，无法实现长久且安定的统治。此外，荀子认为刑罚繁多的原因就在于礼制的废除，“水行者表深，使人无陷；治民者表乱，使人无失。礼者，其表也。先王以礼义表天下之乱。今废礼者，是去表也，故民迷惑而陷祸患”②。意即在水中跋涉的人用标志来表明深度，使人不至于陷入深水淹死；治理民众的人用标准来表明祸乱，使人不至于失误。礼制就是这种标准，古代的圣明帝王用礼制来彰明天下的祸乱。现在废除礼制，这就是在丢掉标准，所以民众迷惑而陷于祸乱。由此可见，礼为法本，法应当以礼为纲领与指导。

在礼为法本思想的统摄之下，荀子是一位“慎刑”的倡导者。《成相篇》有赋曰：“治之经，礼与刑，君子以修百姓宁。明德慎罚，国家既治，四海平。”总体而言，荀子认为“之所以为布陈于国家刑法者，则举义法也”③。意即刑法应当是一部合乎道义的法律，而只有合乎礼义才能称得上合乎道义。具体而言，荀子的“慎刑”思想主要体现在以下三个方面。

---

① 《荀子·强国》。

② 《荀子·大略》。

③ 《荀子·王霸》。

第一，罪祸有律、无罪不罚、罪当其罚。荀子主张“刑称陈，守其银”[①]，支持制定并公布成文法，使法具有确定性，明确法律规定的界限从而方便百姓依据法律规定安排、规范自己的生产、生活。对于法律本身，则应当“臣谨修，君制变”[②]，只有君主才拥有修改法律的权力，臣下只能谨慎守法，不得擅用刑罚，惩处犯罪应当严格依照法律的规定，不得任意加重或减轻，没有罪过自然不应当加以处罚。荀子还主张“折愿禁悍，而刑罚不过”[③]，施加的刑罚应当与所犯之罪相适应。这样能够使刑罚的实施发挥良好的社会效益，“刑罚省而威流”[④]，从而达到“古者帝尧之治天下也，盖杀一人刑二人而天下治”[⑤] 的效果。第二，刑不欲滥、反对族刑、反对连坐。荀子反对滥用刑罚，因为“刑滥则害及君子”[⑥]，他认为如果在行赏和处罚时出现失误，宁可过分奖赏也不能滥用刑罚，宁可让坏人得利也不能让好人受到伤害。因此，荀子反对包括族刑在内的连坐，并在《君子》篇中对此进行了论证。他认为“刑当罪则威，不当罪则侮”，“古者刑不过罪……故杀其父而臣其子，杀其兄而臣其弟。刑罚不怒罪……分然各以其诚通”，从而达到“为善者劝，为不善者沮；刑罚綦省而威行如流，政令致明而化易如神”的效果。而乱世的情况相反：“刑罚怒罪”“以族论罪”“一人有罪，而三族皆夷，德虽如舜，不免刑均”，最终导致“百川沸腾，山冢崒崩，高岸为谷，深谷为陵”的状况。第三，反对“不教而诛”，主张改造罪犯。荀子认为“不教而诛，则刑繁而邪不胜；教而不诛，则奸民不惩；诛而不赏，则勤励之民不劝；诛赏而不类，则下疑、俗俭而百姓不一”[⑦]，因此应当对罪犯进行教育与改造，对“奸言、奸说、奸事、奸能、遁逃反侧之民”[⑧]，应当“职而教之，须而待之”，使他们有机会重新回归社会，但是对于“元恶”，荀子

---

① 《荀子·成相》。
② 《荀子·成相》。
③ 《荀子·王制》。
④ 《荀子·议兵》。
⑤ 《荀子·议兵》。
⑥ 《荀子·致士》。
⑦ 《荀子·富国》。
⑧ 《荀子·王制》。

主张“不待教而诛”①。这种根据不同情节区别对待社会危害性不同的犯罪分子、而非一律处以均等重刑的做法，同样是“慎刑”的体现。

四、结论

荀子对礼、法以及礼法关系都有着独到的理解。于礼，他从未给出一个明确而固定的含义，而是执着于强调礼作为整个国家社会外部规范的功能，并且未将礼与法在内涵上作完全区别。为了将法的因素引入礼，从而使礼具有对社会整体进行外部规范的功能，他从人的社会性及由此产生的需求方面探寻礼的起源，并以此作为基础，强调了礼的分别作用，扩大了礼的适用范围，并且对礼作出了理性化与外在化的理解。在荀子的努力下，礼从对仪式的要求、对修养的提高、对道德的弘扬一步步升级成为对国家社会的外部规范，尊法的因素从无到有进而蕴含其中，使礼的学说在广度与深度上都得到了前所未有的扩展。于法，荀子赋予其更加丰富的内涵，既有狭义上的刑罚、法令、法律条文之含义，又有广义上的法则、法度、法制，甚至是法家所倡导的“法治”之内容；既有成文的刑法，又有依据成文刑法类推而来的具体法例；既有作为部门法的规范，又有类似于法学理论的概括性原理。如此宽泛的内涵使得法更加容易实现与礼的对接，同时，也弥补了过于重视与强调狭义的法会导致的对于法价值层面讨论以及法理论层面论述的缺失。于礼法关系，荀子虽然十分重视“法治”的作用，力倡礼法并举，却清醒地意识到“唯法”的弊端，因而他坚持礼为法本，坚持法应当合乎礼义、合乎道义。在这一礼法关系学说的指导下，荀子支持罪祸有律、无罪不罚、罪当其罚、刑不欲滥；反对族刑、连坐、“不教而诛”，更主张改造罪犯，“刑罚以助成伦理的义务之实践为目的，其动机在教化”②，这被梁启超视为“法律观念之一大进步”③。梁治平在《寻求自然秩序中的和谐》一书中提出了“礼

① 《荀子·王制》。
② 梁启超：《先秦政治思想史》，岳麓书社2011年版，第59页。
③ 梁启超：《先秦政治思想史》，岳麓书社2011年版，第59页。

法秩序"① 的概念，十分具有启发意义。对于这一"礼法秩序"的构建，荀子功勋卓著。其贡献既不在于启迪思想，也不在于完备律典，而是在于他将"礼法并举、礼为法本"的礼法关系固定成为一种模式，并且提供了理性的论证的过程，对于之后的运用实践可谓意义深远。

【参考文献】

[1] 杜国庠:《先秦诸子的若干研究》，生活 · 读书 · 新知三联书店 1955 年版。

[2] 张荫麟:《中国史纲》，上海古籍出版社 2011 年版。

[3] 梁治平:《寻求自然秩序中的和谐——中国传统法律文化研究》，商务印书馆 2013 年版。

[4] 罗焌:《诸子学述》，华东师范大学出版社 2008 年版。

[5] 蔡元培:《中国伦理学史》，湖南大学出版社 2014 年版。

[6] 陈来：《古代思想文化的世界：春秋时代的宗教、伦理与社会思想》，生活 · 读书 · 新知三联书店 2009 年版。

[7] 梁启超:《先秦政治思想史》，岳麓书社 2011 年版。

[8] 廖名春:《荀子二十讲》，华夏出版社 2009 年版。

[9] 吕思勉:《先秦学术概论》，上海三联书店 2014 年版。

[10] 李平:《先秦礼法之争新诠——以情景中的儒家学说演化为线索》，载《清华法学》2016 年版。

[11] 马小红：《中国古代社会的法理学》，载《人大法律评论》2009 年版。

① "礼法不仅是古人所说的礼仪法度，还是可以禁乱止争的礼防；此外又不仅是礼防，还是道德化的法律，法律化的道德，是法律和道德合而为一的混合物。它只有一种判断标准，那就是善与恶，善所以讲应当（常常又是必须），恶所以有禁忌。而所谓法律，实际只是赏善惩恶。由于这样一种性质，它实际上是无所不包的。全部的社会生活，上至治国纲领，下至细民生计，统统可以纳入其中。" 梁治平：《寻求自然秩序中的和谐——中国传统法律文化研究》，商务印书馆 2013 年版，第 243 页。

民商前沿

首经贸法学评论

1. 中国国际商事仲裁协议效力扩张问题研究
2. 交通事故中网约车致乘客损害的责任赔偿主体问题研究
3. 程序严重瑕疵的公司决议效力分析
4. “互联网+”时代个人信息民法保护的根基与边界
5. 论《公司法司法解释（四）》股权对外转让时股东的优先购买权的行使程序规定
6. 我国代孕合法化问题研究

中国国际商事仲裁协议效力扩张问题研究

侯长超*

【摘要】 在当前国际商事领域支持、鼓励仲裁的大背景下，人们开始重新思考传统仲裁中的某些理论和制度，为了适应新时代的需要而赋予其新的概念和内涵。其中突出表现为，仲裁协议效力范围不断扩大和延伸，在特定条件下，不仅使其效力及于订立仲裁协议的双方当事人，而且扩张至第三人。

国际商事仲裁协议的效力扩张是仲裁制度发展过程中的一个重要理论问题，引发了传统合同理论与仲裁协议理论的冲突，成为了学者们争论和研究的焦点。本文从仲裁协议效力扩张的原因入手，结合支持仲裁协议效力扩张的理论，以及实践中应当扩张至第三人的具体情形，实现了法理与实证的统一。并且结合我国的法律实践提出了修改仲裁法、支持仲裁协议效力扩张的合理建议，对于促进我国仲裁制度的发展具有现实意义。

【关键词】 国际商事仲裁协议　效力扩张　第三人

一、国际商事仲裁协议效力扩张概述

（一）国际商事仲裁协议效力含义

《中国国际经济贸易仲裁委员会仲裁规则》第五条第一款规定，仲裁协议指当事人在合同中订明的仲裁条款或以其他方式达成的提交仲裁的书面协议，而书面协议意味着仲裁协议是双方当事人合意的结果，应当遵守合同的

* 侯长超，首都经济贸易大学硕士研究生，经济法研究方向。

相关条款，对双方当事人发生效力，其对双方当事人的效力表现为：（1）双方当事人都应当遵守合同的条款，在纠纷发生之后，按照仲裁协议约定的时间、方式到指定仲裁庭仲裁；（2）任何一方当事人不得随意变更、解除已经发生效力的仲裁协议。

（二）国际商事仲裁协议效力扩张的原因

当今国际商事贸易复杂多变，一项贸易中涉及的往往不止一方当事人，如果纠纷只发生在签署了仲裁协议的双方当事人之间，那么双方只需要按照约定的协议进行处理即可，但是一旦涉及第三人的利益，这种仲裁协议就显得捉襟见肘。一方面，如果第三人与签署仲裁协议的一方或双方当事人发生纠纷，此时，由于仲裁协议是当事人双方合意的结果，从理论上来讲对第三人是不发生效力的，那么此时第三人只能向法院请求诉讼；另一方面，当纠纷发生在签署协议的双方当事人之间、但是仲裁结果涉及第三人利益时，对于第三人来讲，其肯定希望参与到仲裁之中，并且在仲裁中提出自己的请求的。但是由于仲裁协议条款只能对原双方当事人有效，因此，第三人只能被动接受结果，并再次以诉讼的形式来维护自身的利益。以上两种情形都导致了当仲裁协议存在时，一旦涉及第三人的利益，第三人只能通过诉讼维护利益，这样导致的结果为：仲裁协议为诉讼拉开揭幕战。众所周知诉讼程序是复杂的，而仲裁相对比较简单，尤其是在国际商事贸易中，时间就意味着金钱，诉讼程序的复杂、时间长是当事人不愿意看到的。设立仲裁程序的目的就是为了避免诉讼的复杂，同时也能为当事人提供快捷、有公信力的解决方式，因此这样的制度设计反而违背了仲裁程序的初衷。

（三）国际商事仲裁协议效力扩张的障碍

国际商事仲裁协议虽然应当得到扩张，但是其扩张的道路仍然会有一定的阻碍，先前很多学者主张国际商事仲裁协议扩张的阻碍存在两个，一是形式上的障碍，即在处理国际商事纠纷中具有代表性的《纽约公约》第二条第一款规定，当事人以书面协定承允彼此间所发生或可能发生之一切或任何争议，如关涉可以仲裁解决事项之确定法律关系，不论为契约性质与否，应提交仲裁时，各缔约国应承认此项协定。书面协定的规定即是第一个限制；二是理论上的限制，即合同相对性的束缚。首先关于第一个限制，书面上的限制而言，笔者认为现阶段这个限制已经不太能束缚住第三人参与到仲裁中来，因为书面协定的范围进行了一定的扩张，例如《中国国际经济贸易仲裁委员会仲裁规则》第五条规定，书面形式包括合同书、信件、电报、电传、传真、电子数据交换和电子邮件等可以有形地表现所载内容的形式，可见，现阶段只要以一定的载体记录合意的内容就可以视作书面形式，所以形式上的限制对于第三人来讲已经基本不构成大的阻碍，笔者认为合同相对性原理的束缚才是对国际商事仲裁协议效力扩张的主要障碍。合同相对性是指原则上合同项下的权利义务只能赋予当事人或加在当事人身上，合同只能对合同当事人产生拘束力，而非合同当事人不能诉请强制执行合同，所以原则上双方当事人签订的仲裁协议无法对第三人发生效力，如何突破合同相对性原理的限制成为国际商事仲裁协议效力扩张的主要障碍。

二、仲裁协议效力扩张的理论基础

（一）禁止反言原则

禁止反言规则是指禁止作出某种表示的人在相对人已经给予信任并因此有所损害的情况下，作出否认或不一样的表示，1877 年英国法官卡恩斯勋爵（Lord Cairns）审理 Hughes V . Metropolitan Railway Co. 案时就提出了禁止反言的观念，其后到 1947 年，卡恩斯勋爵的观念被英国大法官丹宁（Lord Denning）传承，并将其确立为一个法律原则，禁止反言原则才逐渐成为学者普遍认同的一种观点。而在仲裁协议方面，适用禁止反言规则的两个标准为：(1) 签字方不能根据包含仲裁条款的合同主张对非签字方的权利，但是又因为非签字方并非原仲裁条款的当事人而否认仲裁条款对其适用；笔者认为在这一点上其实是一定程度上赋予了签字的双方当事人之间是否有将第三人纳入到仲裁协议中的意思表示，所以在这种意义上对仲裁协议相对性的突破其实是当事人自己选择的突破，这一点实际是贯彻了意思自治原则在合同法中的基础原则地位。(2) 签字人主张的权利是针对其他签字人和第三人在实质上不可分割的不当行为提出的，此时第三人可以主张仲裁条款对其适用。

(二) 公平合理期待原则

“公平合理期待 ”原则是指在解释合同的过程中不应该仅局限于合同的书面文字意思表示而且还应当根据合同当事人的合理利益来推定当事人的真实意思表示，从而达到避免合同法上公平合理期待利益的落空而构成信赖利益损失的最终效果。[①] 这种观点实际上是将当事人的利益放在第一位，每个当事人都应当期待自己的利益达到最大化，但是在实际履行过程中，双方当事人之间的利益均达到最大化的情形基本无法成立，双方之间的利益难免存在冲突，因此就需要在双方的利益实现中找到一个相对公平合理的界限，以使利益实现在双方满意的范围内，此原则的难点即在于如何判断利益均衡的合理及公平，但是由于此条原则具有很强的适应性，所以虽然适用的具体过程存在困难，引入却较为容易。

在国际商事仲裁中引入“公平合理期待”原则在某种程度上也可以实现仲裁协议向第三人的扩张，其中最为简单直观的标准就是仲裁协议效力扩张至第三人是否会使合同当事人的合理期待利益不至于落空，在这里对于期待利益的判断标准应当有两个：一是“公平”，“公平”又可称为正义、公正、正当，在西方思想史中，从古希腊、罗马时代到现代，关于“公平”“正义”的内容，有无数不同的理解，亚里士多德认为“正义”意味着某种平等，现代法哲学的著作家也把正义认为是人与人之间的理想关系，[②] 可见，有关公平的概念是最为崇高但又最为混乱的，所以，在商事仲裁中对利益“公平”的判断可以说是最为困难的，而这种判断的裁量权又交给了仲裁员，这就对仲裁员的法律修养提出了更高的要求，同时也是此原则在具体法律适用中的一个弊端，由于没有一个具体明确的标准，仲裁员所作出裁决的公正性就会

① 李洋桦：《论仲裁协议效力的扩张》，载《学术繁星》，中国政法大学出版社 2007 年版，第 310 页。

② ［美］庞德：《通过法律的社会控制法律的任务》，沈宗灵、董世忠译，商务印书馆 1984 年版，第 73 页。

收到质疑；二是“合理”，即是说衡量双方之间的利益时，应该维护的是合理的而不能是过分的利益，而在合理与否的判断上，同样存在与上述“公平”同样的问题。但是不可否认，“公平合理期待”原则为我们提供了一种突破仲裁协议相对性的理论基础。

（三）“控制理论”

不少学者认为此部分应当分为揭开公司面纱理论以及公司集体理论（公司化身理论）等，但是笔者认为不如称之为“控制理论”更为合适。“揭开公司面纱理论”是指当公司独立人格被滥用，例如股东利用公司从事不正当交易以谋求法外利益，并以公司独立人格作为挡箭盾牌，这时有必要否定公司的独立人格。“公司集体理论”是在肯定公司独立人格的前提下，将仲裁协议的效力扩张至关联公司之间，所谓关联公司是指为达到一定的经济目的而通过特定手段形成的企业之间的联合，此种特定手段主要是通过资本参与的方式，如基于转投资行为而形成的公司之间的持股或控股关系。联合的成员企业在法律上仍保持着各自的独立性，但在经济事实上却很可能失去了其自主性，比如母子公司就是典型的公司集团。

其实揭开公司面纱理论和公司集体理论看似不同，但都是一方控制另一方去行动，所以笔者认为称之为“控制理论”更为合适，因为这两种理论仅仅包含了含有公司这一法人的情形，但类似此种状况而是非公司的情形也有出现，仅仅这两种理论并不能概括地表述出其特征，笔者认为“控制理论”应当包括两个要点：一是“控制”，这种控制并非完全控制，而是要有足够的影响力，这种影响力应当达到足以使另一方变更决定的程度。二是控制方要实施了对另一方的控制，双方要仲裁的事项是在控制方的影响之下做出，否则控制一方不应当承担此责任。

三、国际商事仲裁协议效力扩张的具体情形及体现

（一）合同转让时的对仲裁协议效力扩张的认定

在国际商事活动中，经常发生合同转让的情形，如果合同中载有仲裁条

款，那么在合同转让时就会面临受让人与原合同当事人之间没有签订仲裁协议的情形，虽然按照民法的原理，受让人在取得受让的权利或义务时还取得了相关的从权利以及从义务，但是其中是否包括仲裁却不甚明确。随之而来的问题是，原合同中的仲裁条款是否对受让人以及转让人的合同相对人之间发生效力。

按照民法上的分类，合同转让分为三种情形：合同的概括转移、债务承担以及债权让与。

在债务承担的情形下，仲裁协议是否对受让人这一第三人产生效力要深入到债务承担的具体规则当中去分析，当发生债务承担时，债务人转让债务需要得到合同债权人的同意，也就是说仲裁条款作为合同的一部分在债务转让的情形下已经在第三人与受让人的合同相对人之间进行了展示及核准。因此，除非受让人或者债权人有相反的意思表示，原合同中的仲裁条款对受让人和债权人应当具有约束力。即当债权人和受让人都知道债务转让时，他们接受或反对仲裁条款的态度完全可以决定仲裁协议是否对受让人这一第三人有效，所以当双方当事人没有提出明确反对时，仲裁协议对第三人是有效的。

在合同概括转移的情况下，与债务承担相近，也是一种“同意原则”，①即合同的转让人须经合同另一方或者其他方当事人的同意，将其在合同中的权利义务概括移转给受让人。此时如果原合同中订有仲裁条款，则采用与债务承担情形下基本一致的处理方式，除非在合同的转让过程中，债权人或合同的其他方当事人有相反的意思表示，该仲裁条款对合同的受让人与转让人的合同相对方具有约束力。我国司法实践对此持支持态度，2008 年 12 月 16 日最高人民法院通过了《最高人民法院关于适用〈中华人民共和国仲裁法〉若干问题的解释》，其中第九条规定，债权债务全部或者部分转让的，仲裁协议对受让人有效，但当事人另有约定、在受让债权债务时受让人明确反对或者不知有单独仲裁协议的除外。这是我国以法律形式规定仲裁协议效力向第三方扩张的具体情形。

---

① 徐伟：《国际商事仲裁协议效力扩张问题研究》，中国政法大学 2007 年硕士学位论文。

在债权转让的情况下，相较于前两种情况有所不同，此时仲裁协议的效力能否向第三人进行扩张还有待商榷，原因在于不同于前两种合同转让情形下有一个双方同意的过程，债权转让并不存在仲裁协议在债务人和第三人之间的协商，通过民法的基本原理我们知道，债权转让的成立只需要在债权人和第三人之间达成合意，并通知债务人，债权转让即告成立，所以笔者认为在债权转让的情形下，仲裁协议的效力并不能扩张至第三人。主要理由在于仲裁条款在合同中的地位相对独立，并不一定随合同的转移而当然转移，在债务承担以及合同概括转移的情况下，仲裁条款的转移实质上是原合同当事人与第三人达成合意的结果，所以在债权转让中没有双方当事人进行同意这一过程的情况下，仲裁条款并非当然转移，那么此时仲裁协议就无法对毫不知情的第三人发生效力，此时不发生仲裁协议的效力扩张。

（二）代理时对仲裁协议效力扩张的认定

代理是指代理人依据代理权，以被代理人的名义与第三人实施民事行为，直接对被代理人发生效力。① 在这里实施的民事行为，也有可能是订立包含有仲裁协议的合同，此时仲裁协议涉及代理人、被代理人以及第三人，但这里的仲裁协议是在第三人以及代理人之间签订，那么仲裁协议能否扩张到被代理人就值得商榷。

按照我国民法上的分类，代理分为直接代理以及间接代理，直接代理是指代理人在代理权限范围内，以被代理人的名义为民事行为，直接对被代理人发生法律效力的代理；间接代理是指代理人以自己的名义为民事行为，其效果转移与被代理人的代理。② 在直接代理的情况下，由于代理人是以被代理人的名义签订仲裁协议，代理人作为一个中间服务者其实与合同的内容包括仲裁协议不发生实际的联系，所以无所谓仲裁协议的效力扩张。而在间接代理的情况下，由于合同的双方当事人是代理人以及第三人，但是合同的实际内容的结果归属于被代理人，所以被代理人是与合同密切相关的第三人，

---

① 魏振瀛：《民法》，北京大学出版社2013年版，第172页。
② 魏振瀛：《民法》，北京大学出版社2013年版，第178页。

那么此时仲裁协议的效力是否向被代理人这一第三人扩张就值得研究。

笔者认为仲裁协议是否会对被代理人有效某种程度上取决于被代理人是否为第三人所认知，当第三人知道或者应当知道被代理人的存在时，有学者认为："合同的仲裁条款可因委托人的介入或第三人选择委托人而归于无效，似乎是无法理解的，这肯定不是立法者的本意。再者，委托人的介入权表明委托人直接承受代理人的全部权利和义务，类似于合同权利义务的继承，包括对合同之仲裁条款的继承。因此委托人与第三人受合同之仲裁条款约束，亦是顺理成章的。"① 从代理制度的角度考虑，如果代理人由于第三人的原因不能向被代理人履行义务，被代理人可以行使自动介入权，说明自身身份，依照代理人与第三人签订的合同直接向第三人主张合同权利，如果合同中有仲裁条款，对被代理人和第三人自然有效。但是，在第三人并不知道被代理人的存在时，第三人是本着对代理人的信任才订立合同的，被代理人的资信和履约能力可能都不为第三人所信赖。因此，第三人在与代理人在订立合同时如果知道被代理人就不会订立合同的，仲裁条款当然也就无法在被代理人和第三人间生效。

（三）当事人主体资格变更下仲裁协议效力扩张的认定

当事人主体资格变更主要是指因事实行为而非合同转移这样的法律行为所引起的，在这里可以包括两种情况，一是自然人死亡，二是法人的合并、分立。

在自然人死亡的情况下，涉及的主要是继承问题，当一个自然人与另一方签订了带有仲裁协议的合同，而此自然人死亡时，会发生继承，继承时为所有的权利义务一起继承，仲裁协议的效力应当扩张至继承人，试想若仲裁协议无法对继承人这一第三人生效，那么产生的结果就是合同的权利义务为继承人继承，但是仲裁协议却无法生效，那么若原合同当事人和继承人发生纠纷，只能采用诉讼的方式解决，这是双方都不愿意看到的结果，从双方的利益综合考量，仲裁协议也应对继承人有效。

---

① 曹建明、陈治东编：《国际经济法专论》第二卷，法律出版社2000年版，第200页。

法人的合并是指两个或两个以上的公司订立合并协议，依据公司法的规定，不经过清算程序，直接合并为一个公司的法律行为，[①] 法人的合并分为吸收合并和新设合并，无论是新设合并还是吸收合并，新设的法人或存续的法人，对因合并而消灭的法人的权利义务的承受都是概括的、全部的承受，不得进行选择，这是各国的普遍实践，在我国立法上也是相当明确的，我国公司法第一百七十四条规定：公司合并时，合并各方的债权债务，应由合并后存续的公司或新设的公司继承。既为继承，则将发生于上述自然人继承相同的状况，仲裁协议会扩张至新公司这一第三人。

法人分立是指一个公司通过签订协议，不经过清算程序，分为两个或两个以上公司的法律行为。因分立而消灭的法人的权利义务由分立后的法人承受，这在我国立法上也得到了承认。《中华人民共和国合同法》第九十条规定："当事人订立合同后分立的，除债权人和债务人另有约定的以外，由分立的法人或者其他组织对合同的权利和义务享有连带债权，承担连带债务"。最高人民法院在《关于适用中华人民共和国民事诉讼法若干问题的意见》中对诉讼参加人也做出了明确的规定，该意见第五十条规定："……企业法人分立的，因分立前的民事活动发生的纠纷，以分立后的企业为共同诉讼人。"推究立法本意，法人分立以后其权利义务由继受者概括承受，因此，因分立而消灭的法人如与第三人订有仲裁条款，该仲裁条款对分立后承受权利义务的法人同样具有效力。

（四）提单情形下对仲裁协议效力扩张的认定

提单是指用以证明海上货物运输合同的订立和货物已经由承运人接收或者装船，以及承运人保证据以交付货物的单据。提单涉及承运人、托运人、提单持有人三方当事人。在海事运输当中，提单是托运人和承运人之间签订运输合同的证明，内含有仲裁协议，因此对于提单持有人来讲，其相对提单的双方为第三人。在海上运输中，一般为承运人提供提单给托运人用以证明双方之间的运输合同，虽然此运输合同双方为承运人与托运人，但是其效力

---

① 赵旭东主编：《公司法学》，高等教育出版社2015年版，第346页。

却可以扩张至提单持有人这一第三人，理由如下：提单作为一种物权凭证，以流通性为基本特征，当提单转让给第三人时，提单受让人不可能就签发何种提单同承运人进行商定，也不可能在提单之外另行达成协议，或者直接对提单的某些条款进行修改。但是从契约正义角度分析，提单仲裁条款约束第三人是公平合理的。因为提单仲裁条款具有可知性，提单持有人事先可以知道或应当知道提单的内容。尽管提单第三人未直接与承运人协商提单条款，但对与承运人订立货物买卖合同的当事人而言，他可以在与托运人之间的贸易合同或信用证中对签发何种提单或提单内容作出限制性规定，对提单转移至的其他受让人，他们可以在赎单时审单，充分地行使选择权，如果提单第三人认为仲裁条款不合理，他完全可以拒绝接受作为物权凭证的提单。反之，既然他接受了提单，就意味着他同时接受了包括仲裁条款在内的全部提单条款，除非该条款违反了强制性法律规定。

我国关于提单是否对提单持有人这一第三人有效并没有明确的法律规定，但是在最高人民法院《关于福建省生产资料总公司与金鸽航运有限公司国际海运纠纷一案中提单仲裁条款效力问题的复函》［1995 年 10 月 20 日，法函〔1995〕（135 号）］中明确指出“本案上诉人福建省生产资料总公司虽然不是租船合同和海上货物运输合同的签约人，但其持有承运人签发的含有合并租约和仲裁条款的提单，并明示接受该仲裁条款，因此，该条款对承运人和提单持有人均有约束力。此案中，我国法院应承认该临时仲裁条款的效力”。最高人民法院的该司法解释强调了提单持有人“明示接受该仲裁条款”这一事实，至于在提单持有人没有明示接受仲裁条款的情况下，提单持有人是否仍要接受提单仲裁条款约束这一问题，最高人民法院并未予以解答。笔者认为，“明示接受”这一条件在此处并非必需，如果提单的争议条款写明了“仲裁”字样，则应推定提单持有人知道或者应当知道提单合并的仲裁条款的全部内容，提单持有人应受仲裁条款的约束，如果提单中缺乏这种提示，则推定提单持有人难以获知仲裁条款的内容，提单持有人可以不必受租船合同中仲裁条款的约束。

（五）子公司签订的仲裁协议对母公司的约束力

母公司与子公司是一对相对的概念，母公司是指拥有另一公司一定比例以上的股份，或通过协议方式能够对另一公司的经营实行实际控制的公司；而子公司是其以一定比例以上的股份被另一公司所拥有或通过协议受到另一公司实际控制的公司，双方最大的特点就是子公司为母公司所控制，母公司拥有对子公司的重大事项的决定权。① 子公司虽然不同于分公司，有自己独立的人格和意志，但是在现实生活中却往往受到母公司的控制，要求子公司按照其战略进行经营活动，这时子公司就会失去其独立人格，成为母公司的工具。若子公司基于母公司的控制与他人订立仲裁协议，在这种情况下，债权人是否可以基于其与子公司之间的仲裁协议，要求未在该协议上签字的母公司亦受该协议约束，从而由仲裁庭就债权人向母公司的追偿问题进行审理和裁决呢？

笔者认为对此问题的分析可以借鉴公司与分支机构的关系，没有独立资格的法人分支机构或法人内部机构以法人名义签订合同并订有仲裁条款的，合同相对方有理由相信其有权代理法人签订合同的，或者有证据证明法人知道或参与了合同的订立或履行的，合同对法人有效，相应地，合同中的仲裁条款对法人应当具有约束力。对于具有相对独立人格的子公司来讲，如果有证据证明子公司受到其母公司的控制并据此进行了商事操作，该交易活动中订立的仲裁协议，对实际控制者——子公司的母公司也应具有法律约束力。

四、我国对于仲裁协议效力扩张的制度完善

虽然我国法律零零散散规定了在某些情况下仲裁协议的效力可以扩张至第三人，但其表述模糊不清，并未明确表示仲裁协议效力可以向第三人扩张，有部分学者表示，《中国国际经济贸易仲裁委员会仲裁规则》第五条第四款：合同中的仲裁条款应视为与合同其他条款分离的、独立存在的条款，附属于合同的仲裁协议也应视为与合同其他条款分离的、独立存在的一个部分；合同的变更、解除、终止、转让、失效、无效、未生效、被撤销以及成立与否，均不影响仲裁条款或仲裁协议的效力；属于明确规定了仲裁协议效

① 赵旭东主编：《公司法学》，高等教育出版社2015年版，第55页。

力的扩张，但是笔者认为此条规定并非是对仲裁协议效力扩张的规定，而应当从此规定的整体来看，本款第一句表述说明仲裁条款的独立性，合同变更等情况下仲裁协议依然发生效力是对独立性的具体表述，其依然具有效力只是说明其余合同的失效是相分离的，并不随合同的改变而失效，而且即使仲裁协议依然具有效力也并非必然是对第三人有效，不能当然地扩张到第三人。所以我国在某种程度上其实并没有明确规定仲裁协议向第三人扩张

仲裁协力的效力突破至第三人已经越来越成为国际上的趋势，我国对此的规定含混不清反而会使当事人适用起来存在诸多不便，出现同案不同判的现象，因此有必要将仲裁协议的效力突破至第三人规定在仲裁规则之中。目前虽然将仲裁协议的效力扩张至第三人的现象较为普遍，但是真正将其规定在法律之中的较少，《荷兰民事诉讼法典》第一千零四十五条规定，经与仲裁程序的结果有利害关系的第三人书面申请，仲裁庭可以允许该第三人参加或介入仲裁程序。如果第三人根据他与仲裁协议的当事人之间的书面协议参加仲裁，其参加、介入或联合索赔仅可由仲裁庭在听取当事人的意见后许可一旦获准参加、介入或联合索赔的，第三人即成为仲裁程序的一方当事人。无独有偶，比利时的现行仲裁法也规定，仲裁的一方当事人可以要求第三方参加仲裁程序，第三方也可以自动请求加入仲裁程序，仲裁庭必须一致接受第三人的加入，而且，原先的当事人和新加入的当事人必须签订一份仲裁协议。笔者认为，既然在国际商事活动中现象已经大量出现，而且也不属于毫无经验的领域，那么立法对此进行明确规定也并无不可。

此外，笔者在上文中已经分析了可能存在的引起仲裁协议效力扩张的诸多情形，这些情形基本为学界所认可。不可否认，仲裁协议只在双方当事人之间发生效力是基本原则，而仲裁协议效力的扩张为例外情形，而例外总是少数的，因此设立条款列明可扩张至第三人的具体情形是可行的。但是另一方面，社会是日趋发展的，前述所列情形也并非一日之功，所以并不能将所有的情形全部包含在内，而法律应当具有适应性，因此应当同时以基本原则为依据制定兜底条款以适应社会变化。

交通事故中网约车致乘客损害的责任赔偿主体问题研究

赵佳慧*

【摘要】 随着我国“互联网+”时代的到来，网络约车服务在近年来亦得到了迅猛的发展。不容否认，网约车的确给大众生活带来了极大的便利，但与此同时，其所招致的法律问题也层出不穷。从不同的角度，均可对网约车所涉及的法律问题进行研究，例如行政法领域内的平台和运行车辆监管，经济法领域内的市场垄断，民法领域内的侵权研究等等，且每一个领域内又可细分为诸多方面。由于网约车可能引发的法律问题范围相对广泛，故本文旨在从民事侵权的角度，选取交通事故侵权中网约车致乘客损害的责任赔偿主体问题进行研究。

【关键词】 网约车　乘客损害　责任主体

一、网约车的定义及发展背景

网约车是指乘客通过互联网平台公司提供的智能手机应用软件，预约车辆实现点到点运输服务的出行方式。① 目前在我国，滴滴出行、神州专车、易到用车等软件均提供相应的约车服务。

在我国，网约车最早可以追溯到2011年，经过几年的发展，直至2014年，该种用车出行模式已风靡全国，各大约车软件纷纷采用不同营销策略去

* 赵佳慧，首都经济贸易大学硕士研究生，民商法研究方向。

① 王静：《中国网约车的监管困境及解决》，载《行政法学研究》2016年第2期。

吸纳广大乘客。

网约车在我国市场的崛起主要分为四个阶段。第一阶段主要是将出租车接入平台。在此阶段，平台公司会对乘客采取一些“乘车减单”的补贴营销策略（减少的客运费会补贴给出租车公司），通过这种优惠方式，约车平台既解决了一线城市打车难的问题，又能够让更多的乘客认可网约车的这项服务，为其后拉入私家车奠定基础，同时还为传统的出租车行业拉来更多“客户”。在这一阶段，可谓是一举多得，各主体均未产生任何利益冲突，且网约车的市场不断扩大。在第二阶段，约车平台接入了部分社会车辆，车辆来源是汽车租赁公司，驾驶员来源则是通过劳务派遣的方式，这也就是实践中常听到的“四方协议”，“四方”即是指平台公司、汽车租赁公司、劳务派遣公司、驾驶员这四方。在这一阶段，平台通过提高乘客乘车体验或者压低价格来吸引更多乘客乘坐非传统的出租车，此时，出租车与平台中的这部分车辆就存在了一种竞争性的关系。到了第三阶段，平台所接入的社会车辆又涵盖了大量私家车。在这种情况下，私家车车主一般将自己的汽车挂靠在平台下，并且以平台公司的名义，进行车辆运营，而平台公司从中相应地定期收取一定的费用。在第四阶段，很多网约车平台公司有了自己的车队，如神州专车，然后从社会上招聘驾驶员，平台定期给驾驶员发放相应工资。

截至目前，网络约车平台中的车辆归属关系可谓是错综复杂，由此也引来了一系列相关的法律问题，笔者将在下文中对其进行进一步阐述。

二、现实中存在的问题

毋庸置疑，网约车的出现为大众带来了诸多便利，但与此同时，其亦引发了诸多现实的问题，主要分为以下六个方面。

第一，车辆的运营资质问题，平台接入了相当一部分私家车进入，这部分车实际上是属于社会车辆，是非运营车辆，而其在平台上却从事了相应运营车辆的工作，相当于是将传统意义上的“黑车”纳入到车辆运行的市场之中。并且在这些私家车中，还存在着部分车辆即将达到报废年限，留有违章记录，或是牌照与车辆不统一的情况。

第二，驾驶员的素质良莠不齐。据统计显示，平台上的驾驶员有一部分是无证件人员，还有的有犯罪记录和违章记录，对于这些，如果平台不能做到全面的审查就允许其注册运营，那这无疑将给乘客的出行带来极大的安全隐患。其实现实生活中，不乏网约车司机与乘客发生口角，甚至将其杀害的事件发生①。

第三，是网约车对于传统出租车行业的冲击。由于平台公司经常给予乘客以各种补贴或减免的优惠政策，目前大部分乘客更倾心于这种相对优惠且便捷的出行模式，这对于传统的出租车业务已经造成了一定的冲击，引来了众多出租车司机的不满。笔者通过多次打车调查了一些实际情况，得知很多传统出租车司机认为某些网约车平台非常“精明”，甚至还有的称约车平台发展的历程是属于一种“过河拆桥”的行为②。众所周知，出租车司机是交通运营中的重要群体之一，其与网约车平台或驾驶员之间的矛盾会给社会的安定带来相应的风险。

第四，是行业垄断的担忧。滴滴出行本是滴滴打车和快车合并的产物，后其又收购了优步中国，这一行为引来了大家对于滴滴公司未来在行业内是否会形成垄断的质疑和猜测。

第五，在发生机动车交通事故时的责任主体认定问题。现实生活中，网约车在交通事故中承担主要责任的例子比比皆是，其或造成车内乘客受伤，或致车外第三人损害，当受害者未能收到保险公司的足额赔付，要求平台公司对其人身损害进行相应赔偿时，平台公司大多会以其只是提供信息撮合的服务加以抗辩，受害人一般会转而选择诉讼寻求救济。由于网约车的运营模式较为复杂，这其中的法律关系难以认定，故实践中的判决结果并不统一，但考虑到照顾受害人的利益，法院最终判决约车平台公司承担相应补充赔偿责任的判决结果居多。

第六，平台私自泄露乘客的个人信息。乘客在使用约车平台之前一般要在平台上进行注册，注册后用相应的账号登录方可使用网约车。在注册的过

---

① 新浪新闻：《滴滴回应“深圳女乘客被杀”：司机临时伪造车牌》，网址：http：//news. sina. com. cn/c/nd/2016 –05 –04/doc – ifxrtzte9936787. shtml，最后访问时间，2017 年 1 月 15 日。

② 如前文所述，最开始约车平台是通过先引入出租车的方式，以此为平台开拓市场。

程中，网络约车平台会获取乘客的个人信息，而后不乏有平台公司基于利益的驱使，将乘客信息转卖，极大地侵犯了乘客的个人隐私权，如果购买信息一方的主体进一步将上述个人信息进行恶意歪曲丑化或用作他用，则还可能致使乘客的名誉权、姓名权等遭受侵害。

三、常见的运营模式

如前所述，网络约车平台的运营模式较为复杂，正因其这种复杂性，给交通事故中的赔偿责任认定及平台监管带来了较多的困难及阻力，对于运营模式的分析，有助于厘清这其中的各项法律关系，进而确定赔偿责任，故接下来笔者将对此展开分析，主要分为以下三类。

（一）信息技术服务协议模式

该种模式常见于传统出租车服务供应商与网约车平台公司之间。在该种协议下，平台公司并没有提供租车服务，仅为乘客和出租车服务供应商之间提供技术支持。[①] 此时网络约车平台仅仅起到一种“咨询中介”的作用，即为乘客提供可供应出租车的相关信息，同时为出租车司机提供乘客的乘车需求情况，帮助其订立出租车汽车服务协议。乘客所付的车费，均归出租车汽车服务的供应商所有，平台并不因此收取任何相关费用。网约车平台如滴滴出行就提供类似的服务。

（二）劳动合同模式

此种模式主要针对平台自有车辆，即其车辆的所有权归为平台公司自主所有，并向社会上招聘大量驾驶员，与其签订相应的劳动合同，此时的平台公司相当于一个用人单位，而招聘进来的驾驶员就相当于是公司的职工。这种模式对于平台公司的管理而言更为正规和便利，目前发展得较为迅速。例如，神舟专车平台主要就是提供此类运营模式的专车服务。

---

① 吴仕清、丁国民：《论网络交易平台经营者的法律责任》，载《哈尔滨学院学报》2016 年第 7 期。

（三）挂靠协议模式

这种模式是最为复杂的模式，在很多机动车事故中，平台是否需要承担相应赔偿责任的问题大多根源于其中，如作细致区分，其又分为以下三种情况。

1. 网络约车平台 + 汽车租赁公司 + 劳动派遣公司 + 专职司机

这种情况即是经常被大家提到的“四方协议”模式，具体而言，就是网络约车平台公司与汽车租赁公司之间签订租赁合同，让汽车租赁公司为平台提供行驶车辆，而车辆的实际所有权归汽车租赁公司所有。同时，平台公司与劳务派遣公司之间签订劳务派遣的合同，派遣公司为约车平台提供相应的驾驶员。所谓的“四方”，即是指约车平台公司、汽车租赁公司、劳务派遣公司和司机这四位主体。

2. 网络约车平台 + 挂靠在汽车租赁公司的私家车 + 挂靠在劳务派遣公司下的私家车车主（作为司机）

此种情况也被称作“假四方协议”，其是指私家车车主将自己的车“挂靠”（并不实际过户）在汽车租赁公司，同时将自己“挂靠”在劳务派遣公司[①]。这种情况与上一种情况的区别就在于，汽车驾驶员是其所驾驶车辆的实际所有者，而接受车辆挂靠的汽车租赁公司对车辆并不享有所有权。这种做法在形式上满足“四方协议”的特征，但实质上却有所区别，故称为“假四方协议”。

3. 网络约车平台 + 私家车 + 私家车车主（作为司机）

该种情况是指私家车车主直接与平台公司签订挂靠协议，其自己作为驾驶员，以平台的名义对外进行网约车车辆运营服务。平台为私家车车主提供相应的乘车需求信息，并定期对其收取一部分管理费和车辆运营服务费的抽成。

4. 机动车事故中网约车致使乘客损害的赔偿责任主体

如前所述，网约车可能引发的法律问题范围非常广泛，故在此笔者仅选

① 金自宁：《直面我国网络约租车的合法性问题》，载《宏观质量研究》2015 年 12 月第 4 期。

择交通事故侵权中，网约车致乘客损害的责任赔偿主体进行研究。现实生活中不乏网约车在交通事故中致使乘客以外的人遭受人身损害，而事故中网约车驾驶员负全部或主要事故责任，且保险公司的相应保险金额不足以赔付受害人所遭受的损失。在该种情况下，对于保险金额没有覆盖的损失金额，平台是否需要承担相应的赔付责任，引来了诸多争议。接下来笔者将结合网约车的运营模式，对该问题进行简要分析。

针对第一种信息技术服务协议运营模式，平台公司在此过程中，仅仅是作为信息咨询的提供者，与出租车司机及出租车客运公司并无直接的合同关系。出租车司机与出租车公司之间存在着劳动关系，出租车公司相当于是用人单位，而出租车司机相当于是工作人员。根据《中华人民共和国侵权责任法》（以下简称侵权责任法）第三十四条第一款的规定，用人单位的工作人员因执行工作任务造成他人损害的，应由用人单位承担侵权责任。该种情形中，出租车司机存在过错且在执行汽车运营服务的工作任务时造成了乘客损害，故出租车公司应当对保险未覆盖的损失承担补充赔偿责任，而平台公司并不需要。

对于第二种劳动合同的网约车运营模式，平台公司拥有运行车辆的所有权，并与招聘的驾驶员签订相应的劳动合同，故在此情形中，平台公司本身就相当于一个用工单位，而驾驶员相当于工作人员。故同样根据侵权责任法第三十四条第一款的规定，因作为工作人员的网约车驾驶员在交通事故中存在过错，并于执行工作任务（即汽车运营任务）的过程中给乘客造成人身损害，平台公司作为用人单位应对受害人承担保险未覆盖的损失承担补充赔偿责任。

对于第三种挂靠协议的网约车运营模式，在发生上述交通事故时的责任认定就显得颇为不易，因为其中的法律关是非常复杂的。在此种模式下，现实生活当中经常有受害者请求司机及平台公司对其保险金额未覆盖的损失予以赔付，但网约车平台公司经常主张其在整个汽车客运服务中仅仅起到信息撮合或居间人的角色，而并非具体的承运主体，故拒绝基于任何赔偿。此处乘客与约车平台公司的法律关系引出了一些争议，有意见指出该种法律关系属于居间关系，也有意见指出其属于信息服务合同关系，还有意见指出这属于一种事实上的运输服务关系[①]。对于上述意见，笔者更倾向于最后一种，原因分叙如下。

（一）不符合信息服务合同的特点

信息服务合同应属于无名合同，具体的调整应适用《中华人民共和国合同法》（以下简称合同法）总则部分的规定，并参照合同法分则或者其他法律最相类似的规定。信息服务合同的义务主体的主要义务应该是向权利主体提供相关信息的行为。假定网约车平台公司与乘客之间存在这样一种合同关系，那么平台公司的主要义务应是向乘客提供可乘坐车辆的信息。但实际上，平台公司所做的工作远不止于此，其不仅仅是提供信息的“使者”，还提供了汽车调度、司机安排、价格制定、提取相关费用以及按照乘客需要为其出具发票等服务。鉴于平台公司的行为已远超出信息服务合同的合同内容，故乘客与平台公司之间成立信息服务法律关系的假设并不成立。

（二）不符合居间合同的特点

居间合同是指双方当事人约定一方为他人提供、报告订约机会或者为订立合同的媒介，他方给付报酬的合同。[②] 居间合同亦为服务合同的一种，在居间活动中，居间人不介入委托人与乘客所签订的合同关系中。假定网约车平台公司与乘客之间存在居间合同的关系，那么平台公司的主要义务即是向乘客提供符合乘客需求的车辆信息，促使乘客与司机达成客运服务的协议。然而在此过程中，“网约车”平台不仅提供了信息匹配的服务，而且还参与载客运营中的利益分配。同时，“网约车”客运司机的注册行为表明，“网约车”对客运司机存在管理行为。[③] 这就表明居间方已经介入了委托人与乘客所签的合同关系中，乘客与平台公司之间成立居间服务法律关系的假设并不成立。

---

① 侯登华：《“四方协议下”网约车的运营模式及监管路径》，载《法学杂志》2016 年第 12 期。

② 崔建远：《合同法》，法律出版社 2016 年版，第 460 页。

③ 王珂：《“网约车”出事故 平台运营方承担连带责任吗?》，网易新闻 http：//news. 163. com/16/1027/05/C4C2UI7L00014SEH. html，最近访问时间，2017 年 1 月 15 日。

（三）乘客在使用互联网约车平台时，与平台公司之间存在着事实上的运输合同关系

首先，根据合同法第二百九十条、第二百九十一条及第二百零九条，在运输合同中，承运人负有按约定期间、约定路线将旅客或货物送到指定地点的义务，而旅客、托运人或受运人负有按规定支付票款货运费的义务。而现实生活中，网约车平台公司对于驾驶员的标准、运行车辆的资质和服务标准、服务的资费方式等均有着相关的规定，并且平台也会在乘客支付的车费中提取部分收益，可见其具备服务运输服务提供者的特点。其次，以滴滴出行平台为例，其在国内出行市场已广为人知。乘客在使用约车软件的时候，按照普通大众的一般理解，绝大多数都会认为自己是在与网约车平台公司进行交易，而非具体认识到平台背后的汽车租赁公司、劳务派遣公司等复杂情况，故乘客在事实上已经将平台公司当作运输合同的承运主体。综上，笔者认为乘客与平台公司之间构成了事实上的运输合同关系。

（四）现行法规为厘清其中的法律关系提供了解决思路

根据2016年7月27日出台的《网络预约出租汽车经营服务管理暂行办法》（以下简称《暂行办法》）第十六条明确规定："网约车平台公司承担承运人责任，应当保证运营安全，保障乘客合法权益。"①《暂行办法》于2016年11月1日起实施，其虽然是部门规章，但仍具有相应的法律效力，可为"网约车"的民事纠纷提供相应的解决依据。

上述四项理由均为证明，在挂靠协议的网约车运营模式下，约车平台与乘客之间存在着事实上的运输合同关系且平台应视为提供运输服务者，也即承运人。根据合同法第三百零二条的规定，承运人应当对运输过程中旅客的伤亡承担损害赔偿责任，但承运人证明伤亡是旅客故意、重大过失或者旅客自身健康原因造成的除外。故在交通事故中，网约车驾驶员负全部或主要事故责任，且保险公司的保险金额不足以赔付受害人所遭受损失的情况下，平

① 吴仕清、林睿智：《网约车侵权赔偿责任主体问题研究》，载《三明学院学报》2016年。

台公司对于受害乘客应当承担补充赔偿责任。同时，从民事权利救济的角度来讲，由于司机个人的赔付能力有限，而平台公司的赔付能力更强，故让平台公司承担相应补充责任的做法可以加强对于乘客人身权利的保护。

五、结论

网约车作为一种新兴的服务模式，其在给大众带来生活上的便利的同时的确也引发了诸多法律问题，且这些问题很多尚无定论，因为这其中蕴含的主体较为复杂 ，同时也涉及法律上的很多空白地带。网约车不仅仅是私法领域的问题，其也是公法领域的问题，只有在公法和私法上均对其作出明确而适当的规制，才能解决目前车辆运行市场上的混乱局面。这就要求立法者、司法者和执法者应不断沟通，不断交流，不断总结司法实践中的相关案例并集成经验，争取尽快出台能够给予网约车以良好约束和监管作用的法律法规。而该类法律法规制定时，应该结合大众的需求、网约车为社会创造的收益、各方主体的利益以及时代发展的脚步等因素，切忌盲目武断地“一刀切”。

程序严重瑕疵的公司决议效力分析

夏　晴*

【摘要】 针对程序存在严重瑕疵的公司决议的效力，笔者从公司决议瑕疵的基本理论出发，论述了对公司决议效力瑕疵类型的“二分法”与“三分法”的立法模式。并从可撤销性、无效性、决议不存在三个角度进行分析论证，最终得出程序严重瑕疵的公司决议的效力应当认定为无效的结论，并否定了“三分法”立法模式。最后笔者试图界定程序严重瑕疵的公司决议的范围并提出以瑕疵严重程度为标准划分瑕疵类型的观点。

【关键词】 公司决议　程序瑕疵　效力

一、案件概述

（一）案由

公司决议效力确认纠纷。

（二）案情介绍

原告：徐某芬

被告：金华市五菱汽配有限公司

法定代表人：宋某顺

第三人：宋某顺

---

* 夏晴，首都经济贸易大学硕士研究生，经济法研究方向。

第三人：宋某莉

2005年9月1日，原告徐某芬和第三人宋某顺共同出资组建被告金华五菱汽配有限公司，经由首次股东会决议，第三人宋某顺为公司的执行董事兼经理，原告为公司的监事，并制订了公司章程。同年9月7日，原告、第三人宋某顺申请设立金华五菱汽配有限公司，公司注册资本50万元，由二人分别以货币出资25万元，各占投资比例50%。同年9月24日，金华五菱汽配有限公司经由股东会决议，公司名称变更为金华市五菱汽配有限公司，原告为公司的执行董事兼经理，第三人宋某顺为公司的监事，并制定了新的公司章程。2011年11月24日，被告在原告不知情的情况下并以伪造原告签名的方式通过股东会决议：公司注册资本由原来的50万元增至70万元，新增20万元由第三人宋某莉以货币出资，第三人宋某顺为公司的执行董事，第三人宋某莉为监事，并对2005年9月24日的公司章程进行了修订。现原告请求判令确认被告于2011年11月24日作出的股东会决议无效。

（三）案例分析

依据被告公司章程和现行公司法的相关规定，徐某芬作为公司的执行董事，应由其召集并主持股东会会议，由股东按照出资比例行使表决权；同时，通过股东会会议作出修改公司章程、增加或者减少注册资本的决议，必须经代表三分之二以上表决权的股东通过。可见本案中存在的股东会决议瑕疵为程序瑕疵：股东会由无召集权人召集，股东会决议未经法定多数通过。同时本案被告在徐某芬不知情的情况下，以假冒其签名方式作出的关于增加注册资本、选举公司组织机构及修改公司章程的股东会决议，违反了法律和被告公司章程规定，很明显违背了原告真实意思表示并损害其合法利益，并不是简单的程序性瑕疵。

针对此类程序严重瑕疵的决议要如何认定其效力，在司法实践中存在争议，值得思考。笔者接下来将从公司决议瑕疵的基本理论出发，对程序严重瑕疵的公司决议的效力进行分析。

二、公司决议瑕疵的基本理论

股东会决议程序瑕疵是公司决议瑕疵的一种类型。认定程序严重瑕疵的公司决议的效力属于公司决议瑕疵制度的一部分。因此在研究程序严重瑕疵的公司决议效力之前，有必要梳理一下公司决议瑕疵的基本理论。

（一）公司决议的性质

国内不少学者对于公司决议的性质进行了专门研究，但这些观点形形色色，并没有形成一致的结论，但当前的主流观点认为公司决议是公司的一种法律行为。

法律行为是以意思表示为要素，依照意思表示内容发生法律效果为目的的行为，按照所为意思表示的人数，法律行为分为单方法律行为和多方法律行为。单方法律行为是指基于当事人一方的意思表示就可以发生法律效力的行为，我国吴高成学者将公司决议定性为一种特殊的单方法律行为。但是公司决议显然并不是一个意思表示，而是多个意思表示的表决。多方法律行为又分为双方法律行为和共同行为。当前不少学者将股东会决议定性为共同行为即合同行为。但这种观点明显忽略了决议与共同行为之间的区别。共同行为的特征在于数个当事人的意思表示是同方向的，但股东会决议中股东的意思表示并不要求是同方向的，股东可以有赞成、反对或弃权的多重选择。因此，笔者认为将股东会决议的性质定性为一种与单方法律行为、双方法律行为和共同行为相并列的多方法律行为更为妥当。本文基于将股东会决议视为多方法律行为的观点进行研究。

（二）公司决议效力瑕疵类型

公司决议的成立与生效必须满足一定的条件。条件得不到满足，公司决议就会出现瑕疵，进而影响公司决议的效力。

1. “二分法”结构

有效的公司决议不仅需要在程序上满足法律法规和公司章程规定的条

件，还需要在内容上满足法律法规和公司章程的规定，因此公司决议瑕疵存在于程序和内容两方面。“二分法”结构的公司决议效力瑕疵的划分就是以内容和程序两方面的瑕疵为标准，将有内容瑕疵（内容违反法律法规和公司章程的规定）的公司决议的效力认定为无效，将有程序瑕疵（程序违反法律法规和公司章程的规定）的公司决议认定为可撤销。“二分法”结构的划分简单明了，操作方便，具有很强的实践意义。

根据我国公司法相关法条的规定①可知，我国法律关于公司决议瑕疵的类型的规定采取的是“二分法”结构。根据法条规定，影响公司决议效力的瑕疵不仅有内容方面的瑕疵还有程序方面的瑕疵。内容存在瑕疵的公司决议的效力认定为无效，程序存在瑕疵的公司决议的效力认定为可撤销。在肯定这种划分方式的同时出现了效力认定的难题。如案例中将程序严重瑕疵的公司决议统一认为是决议可撤销是否公正合理？可撤销之诉存在着起诉期限，若超过起诉期限将如何认定这类公司决议的效力？

德国是世界上最早建立决议瑕疵制度的国家。德国《股份法》规定了股东大会决议的无效与可撤销制度。但德国并未单纯按照决议瑕疵属于内容或程序瑕疵而规定为无效或可撤销，而是根据决议瑕疵的严重程度区别对待。将严重程度高的决议认定为无效，将瑕疵严重程度低的决议认定为可撤销。此外《股份法》还规定了严重的召集瑕疵属于导致决议无效的一项事由。

2. 引入“决议不存在”——“三分法”结构

“三分法”结构是在决议无效和可撤销的事由之外引入了“决议不存在”的事由。“三分法”结构的进步之处是在研究决议效力之前设立了一个前提，即决议是否成立。“三分法”观点认为应该将公司决议的成立与生效分开来看，既然法律行为的效力分为成立与生效两个要件，那公司决议作为法律行为的一种也应具有成立要件和生效要件。因此“三分法”结构将决议不存在与决议无效和可撤销并列作为公司决议效力瑕疵的一种类型。“三分法”结构的观点将决议不存在的事由认定为公司决议的程序出现了严重瑕疵，因为

① 《公司法》第二十二条：公司股东会或者股东大会、董事会的决议内容违反法律、行政法规的无效。股东会或者股东大会、董事会的会议召集程序、表决方式违反法律行政法规或者公司章程的，股东可以自决议作出之日起六十日内，请求人民法院撤销。

在这种观点看来，如果决议的程序出现了严重瑕疵会使得决议根本无法成立。

大陆法系中的日本、韩国两国是采取“三分法”结构的典型国家。日本和韩国公司法在引进德国公司法决议瑕疵制度的基础上，将程序特别严重的瑕疵单独列出，提出了决议瑕疵制度的第三种类型，决议不存在。日本《公司法典》和韩国《商法典》中都有相关规定，将决议效力类型分为无效、可撤销和不成立三种类型。同时还规定了决议内容违法作为决议无效的事由，而将决议程序存在特别严重的瑕疵认定为不存在，程序存在一般严重瑕疵的决议认定为可撤销。这样划分的依据是传统民法理论上的法律行为理论。成立是事实判断，生效是价值判断。

在我国理论研究过程中曾存在这样一种观点：既然法律行为生效的前提是法律行为的成立，那作为法律行为的公司决议的无效或可撤销的前提理应是公司决议的成立，所以笔者提出我国应完善现有的效力瑕疵类型，引入“决议不存在”。2016 年底最高人民法院审判委员会全体会议审议并原则性通过的《最高人民法院关于适用〈中华人民共和国公司法〉若干问题的规定（四）》（简称为《公司法解释四》）中的相关条款有类似规定。① 其实在德国司法判决和学术界的讨论中早已存在过类似的观点。德国之所以会有这样的观点是因为德国是以瑕疵严重程度划分效力瑕疵的类型，这与我国的立法规定不同。笔者认为德国法的相关规定及实践对我国立法现代化具有促进作用。

---

① 《最高人民法院关于适用〈中华人民共和国公司法〉若干问题的规定（四）》第五条规定：股东会或者股东大会、董事会决议存在下列情形之一，当事人主张决议不成立的，人民法院应当予以支持：（一）公司未召开会议的，但依据公司法第三十七条第二款或者公司章程规定可以不召开股东会或者股东大会而直接作出决定，并由全体股东在决定文件上签名、盖章的除外；（二）会议未对决议事项进行表决的；（三）出席会议的人数或者股东所持表决权不符合公司法或者公司章程规定的；（四）会议的表决结果未达到公司法或者公司章程规定的通过比例的；（五）导致决议不成立的其他情形。

三、我国程序严重瑕疵的公司决议效力认定分析

（一）可撤销性分析

严重程序瑕疵在现行法律规定下应认定为可撤销，但这样认定具有一定的障碍。

第一，我国现行法律认为程序违法违章相比于内容违法，往往很难对其他主体的合法权益造成严重侵害，所以为利益受损主体提供了决议可撤销这种较轻的救济手段，但这种观点显然是错误的。由前述案例可知严重程序瑕疵往往是掌握公司控制权的股东为了维护自己的私益任意妄为的结果，这种情形下其他股东的利益就会受到严重的损害。如案例中徐某芬的股东权益受到了严重影响，在这种情况下如果认定为可撤销，那么可能受到撤销期限的限制。经过60天的起诉期限之后，相关的权利将不再受到法律的保护，撤销权将无从行使。如在本文引入的徐某芬诉金华市五菱汽配有限公司案例中，若徐某芬错过起诉期限，她将无法行使权利维护自己的合法权益，实际上缩小了其权利行使的期间。

第二，股东会决议在撤销之前是有法律效力的，若根本没有召开股东会，股东会决议是不存在的，因此也就没有将其撤销的必要性。如果认定为可撤销，就相当于默认了决议的存在，这样看来二者是相互矛盾的。

第三，程序存在严重瑕疵不同于一般意义上的程序瑕疵。无论“未通知部分股东参会，由部分股东作出决议”还是“股东会由无召集权人召集”都是不单纯属于股东会召集程序违法的撤销事由，严重程度显然更大，在前述案例中我们看到由于这些瑕疵公司其他股东的权益已经受到实质性影响。一般的程序性瑕疵，可以通过非诉的方式进行解决，如果全体股东一致同意决议存在非严重性的瑕疵，那么存在程序瑕疵的决议就可以继续发挥效力。而严重程序性瑕疵，无法通过其他途径得到救济。如果笼统地将其都归于程序性瑕疵而不加以区分，那么作为原告将无法通过有效的救济方式保障自己的相关权利，这也是法律对于原告主体切身利益的忽视。

（二）决议不存在性分析

如前所述，针对具有严重程序瑕疵的公司决议现有理论提出了确立决议不存在的瑕疵类型。在前述案例中出现的严重程序瑕疵的股东会决议在我国《公司法解释四》中属于决议不存在的情形。① 但笔者不赞同将程序严重瑕疵的股东会决议的效力认定为决议不存在或决议不成立。

第一，决议不存在是缺乏法理依据的。日韩学者和国内部分学者主张决议不存在的法理依据是法律行为理论中法律行为成立要件和生效要件的区分。然而笔者在考察法律行为成立要件后认为决议不成立的场合并不缺少成立要件。民法中法律行为的成立要件为：主体，标的，意思表示。② 首先，决议不成立的场合主体是存在的。如在决议通过比例不符合公司法或公司章程的规定的情形中，主体明显是存在的，只是比例不符合规定。其次，股东会决议的标的在决议不存在的场合也是存在的。股东会决议的标的指的是股东会决议所指向的法律关系。如在前述案例中被告通过的股东会决议的法律关系明显存在。最后，在决议不成立的场合，意思表示也是存在的。即使在伪造决议或未通知股东参会的情形意思表示也是存在的，只不过不能认定为公司的真实意思表示。

第二，认定股东会决议不存在并无实际意义。王泽鉴教授认为“法律行为不成立与无效，就其效果而言，并无分别”③。此外我国学者丁勇、石纪虎及学者胡田野都不认同单独设立决议不成立的类型。笔者认为决议效力瑕疵之诉分为无效之诉、可撤销之诉及不成立之诉，虽会使诉讼类型更加清晰、逻辑上更加严谨，但是对于司法审判并无太大意义，决议无效之诉与不成立

---

① 《最高人民法院关于适用〈中华人民共和国公司法〉若干问题的规定（四）》第五条规定：股东会或者股东大会、董事会决议存在下列情形之一，当事人主张决议不成立的，人民法院应当予以支持：（一）公司未召开会议的，但依据公司法第三十七条第二款或者公司章程规定可以不召开股东会或者股东大会而直接作出决定，并由全体股东在决定文件上签名、盖章的除外；（二）会议未对决议事项进行表决的；（三）出席会议的人数或者股东所持表决权不符合公司法或者公司章程规定的；（四）会议的表决结果未达到公司法或者公司章程规定的通过比例的；（五）导致决议不成立的其他情形。

② 王泽鉴：《民法总则》，北京大学出版社2009年版，第201页。

③ 王泽鉴：《民法总则》，北京大学出版社2009年版，第203页。

之诉在法律效果上几乎一致，可以将之统一为决议无效的情形。

第三，法律行为的“成立”和“生效”并不在一个逻辑层面。在民法上法律行为的效力状态分为“无效”“可撤销”和“效力待定”，法律行为是否成立并不属于法律行为的效力状态。将瑕疵股东会决议的效力区分为有效无效和可撤销，已经可以达到在实践中解决问题的程度，不必进行复杂的区分，否则会增加诉讼繁杂程度，降低诉讼效率。

（三）无效性分析

笔者认为程序严重瑕疵的股东会决议的效力应认定为无效。

第一，认定为无效与法律行为生效要件理论相切合。如前文所述股东会决议的性质认定为一种与单方行为和合同行为并列的多方法律行为。民法学上法律行为的生效要件为“主体具有行为能力、意思表示真实、标的可能确定合法、不违反法律和社会公共利益”。[①] 首先，从主体来看，有效的股东会决议应当由拥有表决权的股东通过资本多数决做出。以前述案件为例，徐某芬享有 50% 的股份，很显然是具有表决权的股东，但是她并没有参加股东会会议，没有参加表决。换句话说，股东会决议是在缺失部分有表决权的股东的情况下做出的。所以主体是不适格的。其次，探讨意思表示的真实性。很显然，股东会决议伪造了原告签名，并不是徐某芬的真实意思表示。进一步说，这不是公司的真实意思表示，所谓公司的真实意思表示必然是通过资本多数者做出的。再次，股东会决议的标的是可能确定合法的。股东会决议的标的即决议所指向的法律关系、行为和物等。最后，股东会决议没有违反法律和社会公共利益。但是在四个生效要件中，主体是不适格的，意思表示不真实，因此笔者认为该股东会决议是无效的。

第二，将决议不成立以“无效”进行处理并不存在理论上的障碍，而且目前我国司法实践也是这样处理的。在前述案例中法院的判决认定被告金华市五菱汽配有限公司于 2011 年 11 月 24 日作出的关于增加注册资本、选举公

① 史尚宽：《民法总论》，中国政法大学出版社2000版，第324~326页。

司组织机构及修改公司章程的二份股东会决议无效。[①] 此外，我国还有一些法院对此类案件的判决也认定为无效[②]。这些情形都是程序瑕疵的情形，但这类瑕疵程度严重，仅仅主张撤销不足以保障当事人的合法权益，因此法院认定为无效。由此可以看出，在我国的司法实践中，实际上已经突破公司法第二十二条规定的标准，将具有严重的程序瑕疵的决议认定为无效。

综上所述，将程序严重瑕疵的股东会决议认定为可撤销，决议不存在具有明显障碍，因此笔者认为程序严重瑕疵的股东会决议的效力为无效。

四、决议效力类型的重新界定

（一）程序严重瑕疵的范围界定

经过上文分析，笔者认为具有严重程序瑕疵的公司决议的效力应认定为无效，但如何认定公司决议瑕疵属于程序严重瑕疵成为一个至关重要的问题。

目前学界通说将致使决议不存在的事由看作为程序存在严重瑕疵。其实换句话说是指公司决议瑕疵的严重程度达到致使公司决议无法成立或存在时就属于程序严重瑕疵，如果没有达到这种程度就无法认定属于严重瑕疵。另外，我国有学者认为公司决议的结果的认定对于程序严重瑕疵的范围界定具有重要的意义。[③] 其实在我国对于公司法理论的研究过程中，一直没有认识到认定决议结果的行为对于决议成立或存在或发生效力的确定意义。一旦公司会议的主持人对公司决议所形成的内容在公司会议上进行了认定，那么公司决议就具有了一定的约束力，此时即使存在严重性瑕疵，相关人员也不能抛开具有约束力的决议认定擅自主张决议无效，此时只能在没有超过起诉期

① 参见中国裁判文书网：金华市金东区人民法院（2013）金东商初字第814号。

② （2013）石民申二字第00048号“石家庄恒瑞投资有限公司、傅向东等与衣阳杨、金志华等公司决议效力确认纠纷”；（2015）金牛民初字第6384号“钟春霞与成都九州宾馆有限责任公司公司决议效力确认纠纷”。

③ 丁勇：《公司决议瑕疵诉讼制度若干问题反思及立法完善》，载《证券法苑》2014年第11卷。

限的前提下提出撤销决议的请求。如果公司决议没有经过会议主持人的认定，股东不知道最终形成了怎样的决议，这时不应当再适用有撤销期限的可撤销之诉，而应允许股东请求确认决议无效。因此，笔者认为，我国应当重视会议主持人对会议结果认定这一行为的重要性，这在德国的司法实践中已得到了共识。

此外，笔者认为，还应从程序瑕疵对利益受损主体所造成的损害大小界定严重程序瑕疵的范围。界定严重程序瑕疵的范围不应是一个单一的标准，应该综合各方面的因素对严重程序瑕疵的情形进行合理界定，这需要对这一问题进行更深层次的研究。

（二）以瑕疵严重程度为标准划分瑕疵类型

笔者赞同在瑕疵分类上采取“二分法”的结构，但经过以上分析可以看出，我国的“二分法”结构存在一定问题。在程序瑕疵方面，根据现行公司法可知，我国将程序瑕疵一律作为可撤销事由，引发了程序严重瑕疵的股东会决议在撤销期限届满后归为有效的不公平问题。因此笔者建议采取德国模式，不再单纯以内容与程序两方面的瑕疵形式为标准将公司决议的效力分为决议无效与可撤销两种类型，而是采用瑕疵严重程度的标准进行实质意义上的规制，更加注重实质正义。德国立法者原本出于短时间内明确决议效力的目的引入了决议撤销权，但在后来的实践中出现了严重瑕疵在起诉期限届满后视为有效导致不公平的事件，于是德国对之前的规定进行修改增加了决议无效的情形。德国的这一做法体现的是对瑕疵严重程度及所侵害利益的实质判断与救济，对我国股东会决议瑕疵制度的完善具有重大意义。实际上日韩等采取“三分法”的国家也是以决议瑕疵的严重程度作为划分的标准，这些国家只是将程序严重瑕疵单独列出来以决议不存在进行处理。可见无论采取“二分法”的国家还是采取“三分法”的国家，瑕疵类型都是以瑕疵严重程度作为划分的标准。我国应该顺应这一潮流，以瑕疵严重程度为标准划分瑕疵类型。

五、结语

本文从案例入手引出了程序严重瑕疵的公司决议效力认定问题。通过一系列分析，笔者认为将程序严重瑕疵的公司决议的效力认定为无效更为妥当。目前我国正准备引入“决议不存在”的公司决议效力类型，但笔者认为将瑕疵公司决议的效力区分为有效无效和可撤销，已经可以达到在实践中解决问题的程度，不必进行复杂地区分，否则会增加诉讼繁杂程度，降低诉讼效率。在此基础上笔者提出采用瑕疵严重程度标准划分股东会决议效力类型。同时笔者认为，界定严重程序瑕疵的范围不应是一个单一的标准，应该综合各方面的因素对严重程序瑕疵的情形进行合理界定，这需要更多的人对这一问题进行更深层次的研究，从而推动建立更加科学合理的公司决议效力认定制度。

"互联网+"时代个人信息民法保护的根基与边界

刘文娟*

【摘要】个人信息的核心在于内容而非展现其内容的符号、文字和图像等表现方式。个人信息保护的根基为维护人格自由和人格尊严，传统民法中的隐私权和荣誉权，在调整范围和制度价值上都无法实现对个人信息的全面保护。这就使得个人信息权成为一种独立的具体人格权，并具有不同于其他具体人格权的权利内容。个人信息是在社会中形成，个人信息的社会性使得其对于商业和公共事务的管理均具有重要的价值，在市民社会中，理性主体在维护人格自由与尊严的同时应当充分尊重个人信息的社会价值，实现信息自主控制与信息自由的平衡。

【关键词】个人信息　个人信息权　利益平衡　信息自由

引言

"互联网+"开创了全新的生产、生活方式，掀起了我国社会的一场数字化革命。由此，每个社会成员身上的"信息"烙印愈加明显，个人信息的社会价值也随之愈发凸显，致使个人信息成为众多违法者所觊觎的对象。例如，2013年13万12306订票系统客户信息泄露，[①] 中国人寿80万份保单信

* 刘文娟，首都经济贸易大学硕士研究生，民商法研究方向。

① 杨彦夫：《12306用户信息被泄露》，载 http：//ctjb. cnhubei. com/html/ctjb/20141226/ctjb2505-017. html，最后访问时间2015年8月16日。

息泄露,[①] 等等。频繁泄露的个人信息迫切需要专门的个人信息保护立法予以规制。当前，我国也初步建立了一些个人信息保护的法律制度，包括消费者保护法和旅游法等近20部法律；《征信业管理条例》和《国务院关于印发促进大数据发展行动纲要的通知》等40余部行政法规；《就业服务与就业管理规定》和《网络零售第三方平台交易规则制定程序规定》等300余部部门规章。但是个人信息的保护制度仍然较为零散，缺乏统一的标准、统一的原则和统一的救济方式。民法作为调整社会关系的百科全书，应当在其体系内部合理地化解“互联网+”时代日益严重的个人信息保护问题，筑牢个人信息保护的根基，为“互联网+”行动的推进，保驾护航。本文希望藉由对个人信息本质属性的梳理，并结合司法实践中所出现的问题，通过“理论—实践”二维结构，反思和重构个人信息保护的民法路径。

一、个人信息的本质属性及其内涵

在个人信息的民法保护中，首先需要解决的问题，便是保护的范围。换言之，法律必须要明确民法中个人信息的范围。个人信息是信息社会的特有产物，是随着互联网技术的发展而出现的日显重要的社会资源。对个人信息的民法界定，必然需要明确信息的本质属性以及个人信息与民法其他调整对象之间的关系。如此，方能充分揭示民法上个人信息的真实内涵。

（一）个人信息的本质属性：形式与内容的较量

“概念乃是解决法律问题所必需的和必不可少的工具”。[②] 信息的法律概念主要有以下两类：一是认为信息就是数字、图像、声音和计算机程序。例

① 参见惠志斌：《大数据时代个人信息安全保护》，载《社会科学报》2013年4月11日，第3版。

② ［美］E·博登海默：《法理学：法律哲学与法律方法》，邓正来译，中国政法大学出版社2004年版，第504页。

如美国《统一计算机信息交易法》[①] 和中国香港地区《电子交易条例》均认为，信息是指数据、资料、文字、影像、声音编码、计算机程序、软件及数据库等；二是认为信息不同于信息的表达形式，信息是指数字、字母、图画和声音等符号和编码所传达的内容。《俄罗斯联邦信息、信息化和信息保护法》和澳大利亚《1999 年电子交易条例》认为，信息是指以资料、文字、影像或语言形式存在的描述事物及其状态并与表达形式无关的资料信息。[②] 对信息这一概念下定义，应当从信息这一术语的通常使用概念入手准确把握其内涵。[③]

信息从信息源开始，经过编码展现出来。如果信息是在计算机中传播，计算机会将该编码转化成计算机可以识别的二进制数形成计算机数据，然后再经过译码将该二进制编码转化成可以识别的其他编码并通过输出设备输出。在整个的传输过程中信息须经过解码和译码的过程，在此过程中信息的表现形式在不断地变化，而信息的内容无任何改变。所以，信息的核心在于内容而非形式。“内容论”对信息的解读反映了信息的实质。[④]

基于信息的本质，个人信息是指可识别特定民事主体的相关内容。个人信息的本质特征是具有可识别性，而这种可识别性是通过信息对人身的依附来实现的。那些无法依附于人身的信息当然无法识别特定自然人的特征。所以个人信息的可识别性反过来也说明了自然人的特定信息与自然人的特定人格要素相联系，故而也就使得个人信息成为一种人格要素。个人信息在不同侧面展现出人格要素，如果将这些信息按照一定的逻辑拼接在一起，那么信息的组合将会为我们完整地呈现每一个个体。因此，个人信息的最大特征为可识性，即通过个人信息可以直接或间接地描绘出权利人的“人格图像”。

---

① 美国《统一计算机信息交易法》第一百零二条（a）（35）（UCITA section102（a）（35））规定，信息是指数据、文本、图像、声音、计算机集成电路布局平面图作品或计算机程序，及上述对象的集合或编辑。香港《电子交易条例》第二条规定，信息包括资料、文字、影像、声音编码、计算机程序、软件及数据库。

② 《俄罗斯联邦信息、信息化和信息保护法》第二条规定，信息是指关于人、物、事件、现象和过程的与表现形式无关的知识。澳大利亚《1999 年电子交易条例》第五条规定，信息是指以资料、文字、影像或语言形式存在的资料信息。

③ ［奥］凯尔森：《法与国家的一般理论》，沈宗灵译，商务印书馆 2013 年版，第 31 页。

④ 关于信息的本质，参见肖峰：《重勘信息的哲学含义》，载《中国社会科学》2010 年第 4 期。

（二）个人信息、个人资料和个人数据

本文搜集了49个国家、地区和组织关于个人信息保护的主要规定，仅有4个国家是通过隐私权法对个人信息进行保护。根据本文的初步统计，在剩余的45部专门立法中，有5部专门立法使用了“个人信息”这一术语，有39部专门立法使用了“个人数据”这一术语，仅有我国台湾地区使用了“个人资料”这一术语。在我国学术界，学者对于三者的使用也未能达成共识，个人信息、个人数据和个人资料均有学者使用。本文认为，实际上三者在内涵上是有区别的，并非等同关系。具体而言，个人信息的范围最广，其次是个人资料，最后是个人数据。明确这一结论，需要建立在对信息、资料和数据三者的含义作出精确界定的基础之上。

数据是对事物描述的符号记录，虽然可以通过文字、数字、图像或声音等进行表示，但是它们都必须经过数字化处理并存储于计算机之中。数据符号本身不具有任何意义，真正具有意义的是其内容。我们也可以从英国《1998年数据保护法》对数据范围的界定看出个人数据和个人信息的差别。该法第一条规定，“数据”是指下列信息，一是根据发出的指令自动运行的设备所处理的信息；二是由上述设备处理而记录的信息；三是存档系统信息；四是第六十八条规定的可得记录的组成部分。换言之，《1998年数据保护法》所保护的信息必须是经过处理的（Processed），否则不属于该法的保护范围。[①] 那么，为何诸多的国家强调需要保护个人数据呢？这是因为，在信息社会，计算机是收集、整理和存储信息最重要的工具，信息的收集、整理、加工和存储等多需通过计算机的数字化处理。所以，数据已经成为信息最重要的表现形式。保护数据自然也就能保护数据所蕴含的信息内容本身。

资料是指经人工或数字化处理后形成表达一定内容的符号、数字、和图像等。我国台湾地区法务部在“个人资料保护法”修改过程中认为，随着电脑网络科技日新月异，利用电脑手机处理、利用个人资料之情形日渐普遍，

① 参见 Stephen Boyd and Rosemary Jay, *“Image rights and the effect of the Data Protection Act 1998”*, Entertain - ment Law Review (2004), p. 160.

现行法已经不足以规范新社会生活形态，现行法仅规制经电脑处理的个人资料的保护，忽视了对人工资料（非电脑处理个人资料）的保护。所以，通过将名称修改为“个人资料保护法”以拓展原法所保护的范围[①]。换言之，此前的“电脑处理个人资料保护法”，并不保护人工资料，因为所有的个人资料必须经过计算机的数字化处理后方可进入该法的调整范围。从“个人资料保护法”名称的转变，可以发现个人资料包括了人工资料和个人数据两种信息类型。

但个人资料仍不足以实现对与个人相关的具有可识别性的信息的全面阐释。个人资料这一概念主要遗漏了人体的基因信息、遗传信息、指纹信息等大量与人身相关信息。这些信息具有与生俱来的特性，隐藏于人体内部，具有可识别性，且一般均属于每一社会成员的私密信息，法律需要对此给予重点保护。对个人资料的保护，无法全面规制他人不当收集上述信息的行为。因此，个人信息的范围更广，也更为适宜为立法所采纳。

总而言之，个人信息包括资料信息和非资料信息。资料信息又有人工资料和数据资料两种形式；非资料信息是指与人身密切相关的具有识别性，且未以外在表现形式表达出来的信息。我国在进行个人信息保护的专门立法时，应当选择“个人信息”这一术语。这是因为，首先，虽然在“互联网+”时代，个人信息主要是以数字化的数据形式存在和存储，但是人工信息仍然广泛存在。例如我们在银行、保险公司、国家行政机关办理或申请相关事务时均需提交纸质的申请资料。其次，个人信息保护立法的初衷是保护内容而非形式，不论人工符号抑或是数字化符号。保护的核心应当是符号背后的内容与意义，也就是信息。所以，使用“个人信息”这一术语更能突出立法所保护的重点。最后，信息技术的发展，使得信息的收集、整理和利用等日趋便宜。相反，个人信息的保护也就愈显困难。在立法中使用“个人信息”这一术语，能够拓展法律的调整范围，更好地维护权利人的人格尊严。

---

① 参见我国台湾地区《立法院公报》（第97卷）第48期，第115~119页。

二、司法实践中的个人信息保护

“互联网+”时代的到来，导致个人信息保护纠纷频发。本文对近五年来，各地近百件个人信息保护案例进行了收集与整理，发现在司法裁判中，对个人信息的保护主要存在以下两个问题：一是个人信息与隐私之间的关系，以及个人信息权与隐私权在人格权体系中的关系亟须明确；二是个人信息与名誉权的关系有待明确，尤其是个人信用信息等登记错误是否侵害他人的名誉权等问题。只有解决了上述问题，才能真正明确个人信息在民法体系中的地位，并以此为基础，充分揭示个人信息民法保护的必要性。

（一）个人信息与隐私的界分

在民法学界，个人信息与隐私的二分已成为共识，制定个人信息保护的专门立法也成为学者的一致主张。关于个人信息与隐私的关系，也形成了诸多观点。王利明教授认为隐私与信息在范围上存在交错，但是二者也存在差异：首先，隐私主要为精神性人格利益，而个人信息兼具精神性和财产性；其次，隐私是一种私密性的信息，且单个隐私或者私人活动可能并不具有主体身份上的可识别性，而个人信息的最大特征在于身份可识别性；最后，对二者保护的侧重点不同，对隐私的保护主要侧重于“隐”，即重在预防（消极保护），而对个人信息的保护需要赋予积极的权利内容。[①] 张新宝教授也认为，个人信息与隐私之间并没有严格意义上的界限，二者成交叉关系，但是二者在保护制度的利益衡量层面上具有较为显著的不同。隐私权的利益衡量主要涉及权利人与他人的利益关系，而个人信息保护的利益衡量则更为复杂，涉及权利人、他人和国家三者的利益关系。前者主要平衡隐私权主体的隐私利益与他人的言论自由和知情权等利益，国家在此过程中是中立的，并以管理者的身份来平衡利益冲突；后者虽然亦存在权利主体与他人之间的利

① 王利明：《论个人信息权的法律保护——以个人信息权与隐私权的界分为中心》，载《现代法学》2013 年第 4 期。

益冲突，但是在此过程中国家也成为利益相关者，是个人信息收集、整理和存储的主要主体，故个人信息保护制度中的利益衡量更加复杂。① 谢远杨博士认为隐私与个人信息在制度价值上存在差异，个人信息具有自主价值和使用价值。而隐私保护制度的价值在于维护权利人的"独处"状态，是一种消极保护模式，即使可以在一定程度自主控制，其对隐私的意志支配范围也较为狭窄，多指公开隐私的权利。②

学理上虽然区分隐私与个人信息，并认为个人信息保护制度与隐私保护制度在制度价值和功能上存在显著区别，并主张单独立法，构建独立的权利类型——个人信息权。但是，当下我国的司法实践，主要是从隐私权保护的角度来规制侵犯个人信息的不法行为。这一现象应当引起我们的高度重视。值得我们反思的是，现有的隐私权制度能否实现对个人信息的全面保护。隐私权的权利目的在于维持自然人独处的生活状态，而个人信息保护制度的目标在于维持权利人对其"人格图像"的自主控制。所以隐私的保护主要为消极保护，即确立第三人的不作为义务。而个人信息因生活交往而产生，其往往脱离其主体而存在，更注重信息的安全。所以对个人信息的保护往往在确立第三人的不作为义务外，还要明确信息收集者、处理者和利用者对信息真实和安全的积极作为义务。所以，隐私权无法在功能效果上实现对个人信息的有效保护。

（二）个人信息名誉权保护的不足

在司法实践中，对个人信息保护的另一重要途径为名誉权保护。史尚宽教授认为："名誉权者，以人在社会上应受与其地位相当之尊敬或评价利益为内容之权利也"。③ 郑玉波教授认为："名誉权为吾人之第二生命，名誉权者乃吾人就社会上对于自己之评价，享受利益之权利也。"④ 王泽鉴教授认为

---

① 张新宝：《从隐私到个人信息：利益再衡量的理论与制度安排》，载《中国法学》2015 第3 期。

② 谢远扬：《信息论视角下个人信息的价值——兼对隐私权保护模式的检讨》，载《清华法学》2015 年第 3 期。

③ 史尚宽：《债法总论》，中国政法大学出版社 2000 年版，第 150 页。

④ 郑玉波：《民法债编总论》，中国政法大学出版社 2004 年版，第 128 页。

名誉通说系指“对他人就其品性、德行、名声、信用等社会评价”。① 我国法学界一般认为名誉是指对民事主体人格价值（品行、思想、道德等方面）的社会评价。② 简言之，名誉权是对民事主体人格的社会评价。

司法实践中，个人信息保护的问题集中表现在个人信用信息错误以及散布具有私密性的个人信息等。本文在此处主要以个人信用信息错误为例，来阐释个人信息名誉权保护问题。个人信用信息错误主要是因为银行未尽必要的注意义务，而使得权利主体的信用信息出现偏差。例如在“高某健诉中国农业银行股份有限公司临朐县支行名誉权纠纷案”和“何某坤诉中国农业银行股份有限公司湖南省分行营业部名誉权纠纷案”中，均是因第三人获知原告的个人信息并伪造相关证件以原告的名义从银行获取贷款，银行未尽必要的注意义务而导致原告个人信用信息出现错误。法院均认为银行的行为降低了社会对原告信誉的客观评价，银行的不当行为构成对原告名誉权侵权。③ 无独有偶，类似案件在我国台湾地区也曾出现过，例如银行向联合征信中心误报呆账户，致使原告被列为呆账户从而因信用受损而无法获取银行贷款。我国台湾地区高等法院认为，根据我国台湾地区“民法”第一百八十四条规定，银行应当承担损害赔偿责任。此外，依据“个人资料保护法”，银行未切实履行其法定义务以维护信息的正确性与真实性，致使原告名誉或信用受损应负非财产上之损害赔偿责任。④ 在另外一件案件中，银行未尽必要的注意义务致使他人以原告名义开户，并最终导致个人信用信息出错，致使原告信用评分不足。我国台湾地区高等法院认为银行的行为构成对原告名誉及信用的侵害。⑤ 也就是说，似乎可以通过名誉权来实现对个人信息的保护。

---

① 王泽鉴：《人格权法：法释义学、比较法、案例研究》，北京大学出版社2013年版，第150页。

② 王利明：《人格权法研究》，中国人民大学出版社2005年版，第497页。

③ 参见山东省临朐县人民法院（2012）临民初字第953号民事判决书；湖南省长沙市芙蓉区人民法院（2013）芙民初字第2806号民事判决书。类似的案件还有“梁某诉中国工商银行股份有限公司山西省分行等名誉权纠纷案”，参见山西省太原市迎泽区人民法院（2014）迎民初字第252号民事判决书。“盛现普与长葛市农村信用合作联社名誉权纠纷案”，参见河南省长葛市人民法院（2013）长民初字第01854号民事判决书。“杨军诉安乡县农村信用合作联社名誉权纠纷案”，参见湖南省安乡县人民法院（2014）安民初字第869号民事判决书。

④ 参见我国台湾地区高等法院2001年上字第442号判决。

⑤ 参见我国台湾地区高等法院2000年上易字第499号判决。

将个人信用信息错误定性为名誉权侵权是否适当?在"周某芳诉中国银行股份有限公司上海市分行名誉权纠纷案"中，银行在原告不知情的情形下，向他人签发了以原告名义办理的信用卡，并最终将该信用卡的不良记录记入原告的个人信用信息中，原告主张名誉权侵权。但是法院认为个人征信系统是对客观事实的记录，在本案中个人信用信息也没有完全公示，这些记录并未在社会中传播，未造成原告名誉社会评价的降低，故不构成名誉权侵权。① 名誉权侵权，需满足以下条件，即行为人须有过错，毁损名誉的行为需指向特定之人，需为第三人所知侵权人的行为，即行为必须"公示"。根据《征信业管理条例》的规定，个人信用信息为信息主体和取得信息主体本人书面同意的信息使用者取得。国家机关也可依法取得个人信用信息。金融信用信息基础数据库并非是完全封闭式的。无论是误载或者是他人冒用银行均具有过错，所以法院据此认定银行侵害了原告的名誉权也是合理的。但是，问题在于无论是民法总则还是侵权责任法，对名誉权的保护都是消极性的保护。仅凭此，信息主体无权查询个人信用信息，此外，对个人信用信息的泄露名誉权保护制度也无能为力。所以，概以言之，较之于保护范围和信息社会发展趋势来说，名誉权保护无法成为个人信息保护的"防火墙"。

三、个人信息保护的根基：人格要素的维护

在"互联网+"时代，每一个民事主体都可以通过信息的组合搭建属于自己的"人格图像"。对个人信息的滥用必然有损于权利人的人格自由和人格尊严。虽然，有学者认为个人信息具有财产属性，但法律对个人信息保护的初衷并非在于其具有财产价值，而是在于对"人格图像"的自主控制。个人信息的财产属性准确来说是个人信息的商业化。而个人信息之所以具有财产价值，归根结底，还是因为个人信息具有可识别性的人格属性，除去可识别性，财产价值自然消失殆尽。

---

① 参见《最高人民法院公报》2012 年第 9 期（总第 191 期）。在"张某某诉中国某银行股份有限公司上海分行等一般人格权纠纷案"中法官持相同观点，法官认为冒名办卡，银行并不构成名誉权侵权。参见上海市宝山区人民法院（2013）宝民一（民）初字第 14 号民事判决书。

（一）个人信息权的民法构建

个人信息的形成主要有两种途径：一是个体身体内部构造的信息化（例如基因和指纹等）。生命体的生物结构一旦信息化后必然会脱离自然人的生命体而独立存在，我们可以通过此类信息了解生命体的构造而无须再观察生命体，这也从反面说明了个人信息是独立于个体的。二是信息经个体使用而逐渐人格化（例如号码和住址等）。无论是依据何种途径而产生的个人信息，其不同于生命、身体等人格要素，尤其是资料化或数据化后的个人信息，其已经可以摆脱自然人的人身而与其共存。民事主体的本质与核心在于人的意志，对于人身，尤其是生命和身体，作为主体的人无法通过意志进行支配。但是如同肖像权一般，符号化的再现使得个人信息等人格要素逐渐脱离人身，例如指纹信息、血液信息和基因信息等。科技的进步，使得这些人格要素可以脱离人身而存在，这就使得主体的自由意志可以辐射到这些人格要素上，对其进行控制与支配，以维护人格自由与人格尊严。换言之，个人信息主体可以拥有以自主支配个人信息为内容的个人信息权。

个人信息权，是指权利人在其自由意志支配范围内对个人信息的自主控制权。个人信息的权利主体仅指自然人，法人在其自由意志内所控制的信息并不具有人身属性，这些信息完全可以脱离法人实体进行自由转让。故而，法人自主控制的信息本质上是法人的财产而非法人的人格要素。此外，在自然法层面上，法人是法律拟制的产物，并不具有自然人所独有的人格权。人格权是自然人与生俱来的自然权利，而非法定权利，所以法人不应具有人格权。在自然人中，限制行为能力人和无民事行为能力人由于其在意志方面存在的缺陷，需要借助监护人的意志来弥补其缺陷以控制个人信息。既然个人信息为自然人所专属，那么死者是否享有个人信息权？本文认为自然人的人格与生命体是不可分离的，所以不存在无生命体的人格。自然人一旦死亡便丧失权利能力，失去主体资格，自然无法享有权利所能带来的利益，即不再享有取得权利的资格。当然，如果对死者个人信息的滥用可能会直接侵害死者近亲属的人格尊严，死者近亲属可以以侵权行为侵害其人格权为由主张损害赔偿。

(二)个人信息权的结构体系

从德国《联邦数据保护法》、英国《1998年个人数据保护法》、法国《数据处理、数据文件及个人自由法》、瑞典《个人数据法》、西班牙《个人数据保护基本法》和我国台湾地区"个人资料保护法"所确立的权利内容来看,个人信息权的内容主要表现为两个方面:一是积极性权利。包括知情权、同意权、个人信息取得权、个人信息的更正、更新、隔离和删除的权利。二是防御性权利。主要为请求停止收集、利用、存数和删除等权利。积极性权利是个人信息权不同于其他人格权的重要特征,其课以信息使用者更多的法律义务,而非仅限于不作为义务。

本文认为我国在个人信息保护法上应当确立以下权利类型:积极性权利,即知情权、信息取得权、信息补充、更正和更新权;防御性权利,请求停止收集、处理和利用的权利、请求删除的权利。知情权,是指权利人有权获知他人收集、利用和处理其个人信息过程中的相关信息。信息取得权,是指权利人有权查阅和复制他人收集和整理的与之相关的个人信息。补充、更正和更新的权利,是指权利人有权要求信息搜集、利用和处理者补充个人信息,更正错误的信息,更新过时的信息。请求停止收集、处理和利用的权利,是指个人信息收集者、处理者或利用者未经权利人同意而收集、处理或利用其个人信息并有损其人格尊严时,个人信息权人拥有的可要求行为人停止收集、处理和利用其个人信息的权利。请求删除个人信息的权利,是指权利人可要求非法获取其个人信息的侵权行为人删除相关内容的权利。此外,由于个人信息权是一种具体人格权,侵权责任法对人格权保护的停止侵害、消除危险、排除妨害等内容也应当适用。

主要国家或我国台湾地区个人信息权的内容

国家或地区	个人信息专门立法	权利内容
德国	《联邦数据保护法》（2003年1月1日通过）共计45节 Federal Data Protect Act (as of 1 January 2003)	知情权（第19节a、第32节） 获取数据的权利（第19节、第34节） 数据的更正、删除和贴标隔离的权利（第20节、第35节）
英国	《1998年个人数据保护法》共计74条 Data Protection Act 1998	信息取得权（第七条） 防止侵害权（第十条） 防止直接销售权（第十一条） 自动化决定执行权（第十二条） 损害赔偿权（第十三条） 更正、补充、隔离和删除等权利（第十四条）
法国	《法国数据处理、数据文件及个人自由法》（根据2004年8月6日关于《个人数据处理的个人保护法》修改）	知情权（第三十二条） 信息取得权（第三十九条） 更正、完善、更新、贴标隔离或者删除信息的权利（第四十条） 禁止收集、使用、披露或存储个人数据的权利
瑞典	《个人数据法》（第1998：204号法律）Personal Data Act（1998：204）	同意或公布的权利（第十五条） 知情权和信息取得权（第二十三条） 修正权（第二十八条）包括修正、贴标隔离或者删除的权利
西班牙	《西班牙个人数据保护基本法》（15/1999 1999年12月31日）ORGANIC LAW 15/1999 December on the Protection of Personal Data	知情权（第五条） 同意权（第六条） 信息获取权（第十五条） 修改或删除权（第十六条） 提出异议，获取、修改程序的权利（第十七条） 损害赔偿请求权
我国台湾地区	"个人资料保护法"（1995年初颁布时为"电脑处理个人资料保护法"，2010年5月26日修正公布名称为"个人资料保护法"）	信息取得权（第十条） 补充更正权（第十一条） 停止使用、删除权（第十一条）

四、个人信息保护的边界：私益与公益的平衡

（一）个人信息保护与公共利益

私人利益与公共利益的平衡始终是法学研究经久不衰的命题，个人信息的保护也无法回避这一问题。在信息社会中，每个人既是受益者也是受害者。受益是指信息的流通无论在物质还是精神层面上都会不断地满足个体的需求。受害是指个人信息很容易被他人不当利用而侵害权利人的合法权益。概以言之，个人信息主要具有以下价值：人格尊严和自由价值，即人格尊严保护的需要；商业价值即个人信息改变了传统的商业运作模式也催生了信息产业；公共管理价值，收集、处理和利用个人信息是公共管理者历来所使用的主要手段。同时，个人信息使用也能进一步提高行政效率。个人信息的绝对化保护会直接限制个人信息的使用范围，并阻碍信息效益的发挥。

利益平衡一向是利益冲突的协调器，在个人信息的保护制度中，利益冲突也必然需要回溯到这一法学方法。利益平衡的前提是需要确定冲突利益的范围与类型。张新宝教授认为，个人信息保护中的利益平衡不同于隐私保护中的利益平衡，在隐私保护中涉及的冲突利益限于隐私权人的利益与第三人使用他人隐私利益间的冲突，而在个人信息保护中，国家这一主体则会出现在利益相关者之中，而非简单地作为公共事务管理者或利益平衡的中立者。因此，在个人信息保护制度中，利益平衡的范围更广，利益相关者主体更多，利益关系更为复杂，应当采用“两头强化，三方平衡”的利益平衡思路。[①] 但是细究起来，隐私保护中的利益平衡并非如张新宝教授所言，警察权或者政府权力的滥用一直都是隐私保护的阻碍。隐私与个人信息在范围上成交叉形态，二者在利益平衡的范围和利益冲突的表现方面具有高度的相似性。因此，我们可以在隐私保护的利益平衡制度中寻找到个人信息保护中的

① 张新宝：《从隐私到个人信息：利益再衡量的理论与制度安排》，载《中国法学》2015 年第 3 期。

利益平衡点。[①] 本文认为，个人信息保护中的利益平衡主要需要考虑以下三个要点。

首先，个人信息的保护禁止公开任何不涉及公共利益的信息。法律制度的构建应当为维护人格的基本发展空间，避免将不属于公众社会的信息拉入公众视野中。所以，那些牵涉私人生活、习惯、行为以及个人关系，并且与其是否担任公职或者其在公众或者准公众下的行为无关，需要予以尊重和保护。判断个人信息是否涉及公共利益，这需要在个案中进行具体分析。

其次，需要区分个人敏感信息和一般个人信息。个人信息与隐私呈交叉关系，个人敏感信息一般属于隐私的范围之内。对于一般个人信息来说，因为一般个人信息多是在社会交往中形成并体现其价值的，所以一般个人信息并不具有私密性。反之，对于个人敏感信息来说，信息的收集、利用和处理都需要特殊对待。个人信息的公开一般并不会对权利人带来精神损害，而个人敏感信息的公开则会直接给权利人的精神带来痛苦与不安。故而，通常认为对于个人敏感信息的收集、利用和处理必须具有严格的正当性要求，较之于一般个人信息，保护的力度也更为严格。德国《联邦数据保护法》第九条和西班牙《个人数据保护基本法》第七条等均规定了个人敏感信息。

最后，明确个人信息权的基本内容和具体结构。权利与义务是相互对应的概念，通过明确个人信息权的基本内容和具体结构，能够更加清晰地界定信息收集者、利用者或保管者的具体义务，以明确利益保护与行为自由之间的界限。个人信息的收集者、处理者、使用者和存储者具有法定的强制性义务，在维护个人信息的准确性的同时，必须保护信息的安全。由于个人信息收集者、处理者、使用者和存储者的过失，导致个人信息的泄露，权利人可以以行为人未尽必要的注意义务而主张侵权损害赔偿。

（二）信息自主与信息自由：私法自治中的个人信息

法律是调整人与人之间关系的准则，法律规则必须围绕“人”这一主题

---

① See Samuel D. Warren and Louis D. Brandeis, *"The Right to Privacy"*, Harvard Law Review, December 1890, pp. 193 – 217.

来建构。在民法中，民事主体的本质与核心表现为自由意志。人的意志使得人应当成为主体而非目的。民法中的所有基本制度均是意志论的产物，意思自治原则是最好的证明。现代民法主张人人平等，人身之间的人身依附关系不复存在。民事主体个人意志的平等，使得人生而平等不再成为政治宣言而进入民法的殿堂。意思自治是私法基本原则，宣示每个人的自由在事实条件和法律条件的限度内最大化实现，即自由的最佳化命令。① 个人信息权在有些国家和地区被称为"信息自主控制权"。我们可以从"信息自主控制权"这一名称中窥见意思自治的影子。

个人信息权是权利人在其自由意志支配范围内对能够直接或间接识别其身份信息的控制。所以，意志要素在个人信息权中处于核心地位。个人信息的保护的基本原则之一即为权利人同意原则，资料的收集、处理和利用除法定的情形外，须经权利人的同意，此乃个人信息保护中的意思自治。但是，意思自治的前提必须是在人的理性范围之内，意思自治的出发点应建立在人是一种理性存在基础上的。否则，欲望和喜好会直接摧毁整个私法体系。

在"互联网+"时代，信息自由对于经济和社会的发展至关重要。信息是一种"取之不尽、用之不竭"的矿藏，具有无形性、流通性、可复制性等特征。这些特征致使信息可以在整个社会中不断流通与扩张。此外，信息的整合还能形成新的信息。因此，将信息视为现代社会最重要的财产一点也不过分。因此，民法在确立个人信息保护制度时，对个人信息权的保护不能阻碍信息的自由传播。因为，个人信息不仅关系权利人的人格完整和人格尊严，更对现代商业和现代公共管理都具有重要的价值和意义。信息的收集、处理和利用，是"互联网+"计划的基础，个人信息权人凭借自由意志支配其个人信息，同时也应当在允许社会维护其人格完整和人格尊严的基础上合理使用其个人信息，如此方能展现市民社会中人的理性理念。因此，为了调和信息自主与信息自由之间的冲突，可以通过互联网技术，尤其是数据技术，在个人信息的收集、处理和利用过程，对个人信息进行保护，以此来平衡法律利益间的冲突。

---

① 易军：《私人自治与私法品性》，载《法学研究》2012年第3期。

五、结语

“互联网+”强有力地推动了社会的信息化，在信息社会中，每一个人都是“信息人”。信息通过符号和文字等描绘着每一个民事主体的“人格图像”。个人信息保护制度的初衷在于维持民事主体的人格自由和人格尊严，避免自我的“人格图像”被他人不法控制。可喜的是，当前民法总则已经明确规定了自然人的个人信息受法律保护。个人信息保护的根基在于维护民事主体的人格自由和人格尊严。但是不同于传统的人格权，个人信息权的权利内容更为丰富，即包括积极性权利也包括防御性权利。所有的权利内容均是为了实现权利人对个人信息的自主控制。

个人信息是每一个民事主体在社会交往中不断形成的，并通过社会生活的不断变化赋予其相应的含义。社会是形成个人信息的环境基础，个人信息是社会数字化、智能化的重要依托。在信息社会中，个人信息不仅受权利人自由意志支配，更应当在合理限度内为社会利用，充分发挥其价值，进一步推进信息化进程。信息如基础能源一般，为人们生活所必需，每个人都应当享有获取信息的基本自由。信息自主控制与信息自由的利益冲突是信息社会必须解决的难题。民法上的人是经过“手术”之后的理性人，[①] 个人信息的保护在确保权利人私人利益的同时应当充分发挥个人信息的商业价值和社会管理价值。公共利益与私人利益的冲突不应当两败俱伤，二者应当相互调和，充分发挥个人信息的价值，这也是市民社会中理性人应有的体现。

---

① 李永军：《民法上的人及其理性基础》，载《法学研究》2005年第5期。

论《公司法司法解释（四）》[①] 股权对外转让时股东的优先购买权的行使程序规定

韩瑜瑜[*]

【摘要】针对“中静公司诉电力公司损害其优先购买权”一案，认真分析《最高人民法院关于适用〈中华人民共和国公司法〉若干问题的规定（四）》中关于股东优先购买权的规定，笔者发现条款中存在着实现股东优先购买权的程序性难题。由于商业环境纷繁复杂，出让股权股东对其他股东的通知义务难以履行，同等条件难以确定，股东向外转让股权与其他股东行使优先购买权之间的逻辑不对称，股东向外转让股权举办股东大会其他股东进行的表决权形同虚设，以及转让股权股东与股东外第三人签订的合同效力难以认定问题。通过借鉴德国《有限责任公司法》中章程自由约定优先购买条款来解决上述难题，给予股东对外转让股权更大的自由和空间。

【关键词】股东优先购买权　同等条件　合同效力

一、案情介绍

中静公司和电力公司为新能源公司的股东，其中，中静公司占有38.2%股权，电力公司占有61.8%股权，电力公司欲将股权向外转让。中静公司表示其不放弃其优先购买权。之后，新能源公司将电力公司股权公开转让材料投送产交所，中静公司未出场并表示对挂牌信息有异议。但产权所未对中静

---

* 韩瑜瑜，首都经济贸易大学硕士研究生，经济法研究方向。

① 《最高人民法院关于适用〈中华人民共和国公司法〉若干问题的规定（四）》以下简称《公司法司法解释（四）》。

公司作出答复，在此情况下，水利公司仍旧与电力公司签订产权交易合同。中静公司认为电力公司与水利公司是在其没有放弃优先购买权的情况下签订的产权交易合同，侵害了其优先购买权，于是将电力公司与水利公司诉上法庭，并愿意以电力公司与水利公司签订转让合同的同等条件购买股权。

第一，法院认为中静公司未进场交易不意味着其放弃优先购买权。首先，电力公司在产权交易所公开信息中单方面做出股东未进场交易便是放弃优先购买权的规定无效；其次，商事交易应当兼顾效率和交易主体的利益，如果片面强调效率，在优先购买权股东不到场且对交易存在异议的情况下，依旧视交易成功，便弱化了优先购买权对股东利益的保护；最后，中静公司在股权交易前提出了异议，产权所未及时对中静公司作出答复，不能视中静公司放弃受让。因此在中静未明示放弃优先购买权的情况下，不能得出中静公司放弃优先购买权的结论，电力公司与水利公司的股权转让合同不能生效。

第二，电力公司通知中静公司不意味着告知中静公司同等条件。电力公司并未将最终形成的价格、交付方式等转让条件告知中静公司，中静公司在没有得知转让条件的情况下，无法根据同等条件来决定其是否行使其优先购买权。

第三，法院认为，为了防止股东优先购买权的滥用，确权而不行使权利，从而伤害出让股权股东和受让股权人的利益，应当在告知中静公司同等条件即竞价现场最终形成的价格，交付方式等条件的情况下做出股东行使优先购买权的时间期限和行权方式。因此中静公司应当在判决生效之日起二十日内按照电力公司与水利公司签订产权交易合同的同等内容和条件行使优先购买权，否则视为放弃。二审维持了一审判决。

通过案件，我们发现商业环境十分复杂，哪怕法律规定了股东行使优先购买权的程序性规定，但实现起来仍旧存在着各种问题。例如，出让股权股东对外出让股权时对其他股东的通知义务缺乏监督；同等条件的认定问题；出让股权股东与股东外第三人签订的合同效力认定问题，法院判决电力公司和水利公司签订的合同无效，但该合同的签订并不属于合同法所规定的合同无效的五种情形；其他股东行使优先购买权时，股东外第三人由于不能履行生效合同而造成的损害如何取得赔偿；本文将着重分析公司法第七十一、七十二条以及《公司法司法解释（四）》第十七条到第二十一条，探究股东向外转让股权时股东优先购买权的行使程序以及其中存在的难题。

二、股东优先购买权的行使程序

公司法第七十一条、七十二条以及新出台的《公司法司法解释（四）》第十八条至第二十一条对股东对外转让股权时股东优先购买权的行使程序做了相关规定，包括以下四个方面。

（一）通知义务

1. 第一次通知义务

股东向股东以外的人转让股权是触发优先购买权的前提，股东要向外出让股权需要尽到两次通知义务。公司法第七十一条第一款[①]及《公司法司法解释（四）》第十七条第一款[②]规定了出让股权股东的第一次通知义务：出让股权股东应当书面通知其他股东，并征得其半数以上的同意，股东才能与第三人进一步协商股权转让条件。其中关于书面通知，虽然没有做出明确定义，但是将书面或者其他能够收悉的合理方式共同作为有效的通知方式，拓宽了通知的有效渠道，适应了通讯技术的高速发展的时代需求和消费特征。合同法第十一条[③]对书面通知做出了有关规定，从立法上确定了书面通知形式并不拘泥于纸面形式，但在如今的社会观念里仍旧会存在书面通知仅限于纸面通知的认识。

---

① 《中华人民共和国公司法》第七十一条：有限责任公司的股东之间可以相互转让其全部或者部分股权。股东向股东以外的人转让股权，应当经其他股东过半数同意。股东应就其股权转让事项书面通知其他股东征求同意，其他股东自接到书面通知之日起满三十日未答复的，视为同意转让。其他股东半数以上不同意转让的，不同意的股东应当购买该转让的股权；不购买的，视为同意转让。

② 《公司法司法解释（四）》第十七条第一款：有限责任公司的股东向股东以外的人转让股权，应就其股权转让事项以书面或者其他能够确认收悉的合理方式通知其他股东征求同意。其他股东半数以上不同意转让，不同意的股东不购买的，人民法院应当认定视为同意转让。

③ 《中华人民共和国合同法》第十一条：书面形式是指合同书、信件和数据电文（包括电报、电传、传真、电子数据交换和电子邮件）等可以有形地表现所载内容的形式。

2. 第二次通知义务

公司法第七十一条第二款[①]以及《公司法司法解释（四）》第十七条第二、三款[②]规定了出让股权股东的第二次通知义务：出让股权股东在与股权受让人确定好最终股权交易的价格、支付方式、数量等条件后，应当告知其他股东，如果其他股东愿意以该转让条件购买股权，便可行使优先购买的权利。股东在被通知最终交易价格等条件后，其优先购买权才形成，根据上述案件一审、二审判决，法院为了保障股权出让人和第三方受让人的利益，规定股东优先购买权的行使期限，倘若在一定的期限内，没有进行按照约定支付价款则其优先购买权就消灭。股东被通知交易条件之日应该为股东行使优先购买权期限的起始之日。

（二）同等条件的确认

公司法第七十一条第二款以及《公司法司法解释（四）》第十八条对同等条件进行了举列解释，规定人民法院在判断是否符合公司法及《公司法司法解释（四）》的“同等条件”时，应当考虑以下因素。

1. 数量的确定

对于股权数量上的考量，受让股权股东不仅会考虑股权的财产性因素还考虑其人身性因素，股权的人身性权利主要体现在公司管理经营的表决权上，股权可以通过行使表决权间接地实现股权的经济价值，而实际上股权的数量和股东表决权的行使成正比，因此许多投资者受让股权不仅仅关注股权的财产价值，还会考虑到股权所占有的表决权的比例，以更好地维护自身利益。在这种情况下，如果同意股东对部分股权行使优先购买的权利，那么就损害了整体股权所带来的潜在的经济价值，看重股权表决权的受让人不会愿

---

① 《中华人民共和国公司法》第七十一条第三款：经股东同意转让的股权，在同等条件下，其他股东有优先购买权。两个以上股东主张行使优先购买权的，协商确定各自的购买比例；协商不成的，按照转让时各自的出资比例行使优先购买权。

② 《公司法司法解释（四）》第十七条第二、三款：经股东同意转让的股权，其他股东主张转让股东应当向其以书面或者其他能够确认收悉的合理方式通知转让股权的同等条件的，人民法院应当予以支持。经股东同意转让的股权，在同等条件下，转让股东以外的其他股东主张优先购买的，人民法院应当予以支持，但转让股东依据本规定第二十条放弃转让的除外。

意购买剩余股权，侵害出让股权股东的利益。

2. 价格的确定

股权的价格影响着买卖双方的经济利益，对于出让股权股东而言，通过出让股权获得的价款取得经济利益。对于受让股权人来说，通过购买股权获得股权蕴含的财产价值，通过行使股权所具有的表决权获得间接的经济利益。而股权的价值主要来自于公司的净资产和公司的发展前景，因此股权转让价格的确定应该合理地考虑公司净资产和发展状况这两个因素。若股东主张以低于第三人的价格购买股权，其优先购买权无法行使。

3. 支付方式的确定

支付方式有多种，如一次性支付、分期支付、商业承兑汇票等。一般来说，支付时间越长，股权受让人违约的风险越大，股权出让股东的合法权益受到侵害的风险也就越大，因此短时间支付应该优于长时间支付。一次性支付可以使得出让股权股东一次性获得出让股权相应价款的现值，相比分期付款来说，其潜在的信用风险小，有利于保障出让股权股东的经济利益。同等支付方式有利于保障股权出让股东获得股权与实际价款相一致的财产，以保护出让股权股东的合法权利为出发点，对于出让股权股东与股东以外的第三人之间基于信任关系确定的分期付款等支付方式，不能成为优先购买权的同等条件。

4. 支付期限的确定

为了防止同等条件提出以后，股东和受让人不及时履行交付义务，使得交易一拖再拖，伤害股权出让人的经济利益，应当确定支付价款的期限，支付价款期限同等，是指其他股东支付价款的时间应当不晚于股东以外的受让人的支付时间，如果出现出让股权股东与股东以外受让人约定期限明显不合理较短时，人民法院可以根据价款金额大小、股东的支付能力等因素进行综合考量，确定合理的支付时间。

5. 其他因素的确定

股东以外的受让人的身份等非经济因素一般不应作为衡量同等条件的因素。如股权出让股东向自己的亲戚、朋友出让股权，基于感情因素，出让股东可以就较低价格出让给股东以外的受让人，那么股东很容易以高于这个较低价格的价格来取得股权的优先购买权，因此对于不能作为同等条件确定的标准，公司出于经营发展需要，将技术秘密、销售渠道等合同条件确定为同等条件予以考量时，其他股东不能提供同等条件的，应当不允许其行使优先购买权。

（三）优先购买权的损害救济

1. 保护出让股权股东出让股权的自由

对于出让股权股东的利益保护，《公司法司法解释（四）》第二十条①保护了其出让股权的自由，允许其反悔不出让股权，当其反悔不想出让股权时，对其意思自治自由的保护优先于股东行使优先购买权。

2. 股东主张优先购买权的保护和诉讼时效的限制

为了保护股东优先购买权的行使，《公司法司法解释（四）》规定法院对股东优先购买权遭受损害的情况予以救济。与此同时也规定了其他股东请求救济的期限，其他股东应当在知道或者应当知道同等条件的三十日内，提起优先购买股权的主张。股权变更登记的，应当在股权变更登记之日的一年之内提起优先购买的主张，否则法院不予以支持，股东行使优先购买权受到了诉讼时效的限制，诉讼时效的规定旨在保证公司的正常稳定经营。股权发生转让和变动的一段时间后，新股东对于公司的其他股东和公司的经营情况都有了适应和了解，此时公司的经营运转已经进入了新的稳定状态，这种情况下其他股东再要求主张其优先购买权，便不利于公司的正常运营和发展。

3. 对股东提起诉讼的限制和对由非自身原因导致错过诉讼时效的救济

《公司法司法解释（四）》第二十一条第二款规定：其他股东仅请求法院确认转让合同或者股权的变动的效力，但并没有以出让股权股东与受让人约定的同等条件主张优先购买股权意愿的，法院不予以支持。但其他股东因股权变动一年后才知道同等条件的，或其他这类非自身原因导致无法行使优先购买权的，可以请求损害赔偿。防止股东优先购买权的滥用，造成无意义的

① 《公司法司法解释（四）》第二十条：有限责任公司的转让股东，在其他股东主张优先购买后又不同意转让股权的，对其他股东优先购买的主张，人民法院不予支持，但公司章程另有规定或者全体股东另有约定的除外。其他股东主张转让股东赔偿其损失合理的，人民法院应当予以支持。

诉讼而导致司法资源的浪费。

4. 对股东以外的股权受让人的救济

《公司法司法解释（四）》第二十一条第三款规定了股东以外的股权受让人，因股东行使优先购买权，而使得受让人与出让股权股东之前签订的合同无法履行时，转让股权股东因自身原因没有通知其他股东转让股权意愿，并征求其他股东同意的，没有进行书面通知的，或者没有通知其他股东同等条件的，在股东未明示放弃优先购买权的情形下，与股东外第三人签订股权转让合同，最终由于其他股东主张行使优先购买权而导致股权出让人和第三方受让人转让合同无效，或者有效无法履行给受让人造成损失的，受让人可以请求股权出让人承担民事责任，对其过错负责。

（四）行使优先购买权的期限及放弃优先购买权的失权程序

首先，公司法第七十二条[①]规定了其他股东放弃优先购买权的失权程序，其次，根据《公司法司法解释（四）》第十九条对其他股东行使优先购买权的期限规定，可推断其他股东应当按照公司章程规定的期限行使优先购买权或者在公司章程对购买期限没有进行明确规定或者规定的期间自被通知同等条件起算少于三十日的情况下，其他股东应当在被通知日起三十日内行使优先购买权，如果超过行使优先购买权的期限，可视为股东放弃了优先购买权。这一规定，可以防止股东优先购买权的滥用，防止确权而不行权的情况发生，保护出让股权股东和股东以外受让人的利益。

三、股东行使优先购买权的程序性问题

（一）通知义务的难以操作性

公司法及《公司法司法解释（四）》规定了转让股权股东的通知义务，

① 公司法第七十二条：人民法院依照法律规定的强制执行程序转让股东的股权时，应当通知公司及全体股东，其他股东在同等条件下有优先购买权。其他股东自人民法院通知之日起满20日不行使优先购买权的，视为放弃优先购买权。

旨在保护公司及其他股东的知情权以及优先购买权，而在公司的现实实践中，商业环境复杂多变，股权出让人与第三受让人之间的交易条件可能随时出现变动，缺乏相应的责任保障和有效监督机制会使得两次通知义务很难操作，增加了三者之间沟通的压力。如果对通知的次数和每次通知的内容作出具体规定，则与灵活多变的商业交易现状是不相符合的，但倘若不对次数进行规定，反复沟通会增加通知义务的操作难度。

（二）表决权形同虚设

当股东想要转让股权时，需要经过半数股东同意，如果存在不同意转让的股东他们要购买转让的股权；如果同意转让，股东可以向外转让股权也可以由股东以同等条件优先购买，股东享有两次优先购买权利。也就是说，股东的优先购买权存在两次行使机会，不同意转让时可以购买股权，同意转让时能以同等条件优先购买，那么如此一来，股东投票表决是否同意出让股权股东向外转让股权的意义又何在。股东出资转让表决权的规定实际上就名存实亡，徒有形式。①

（三）股东向外转让股权与股东优先购买权间的逻辑不对称问题

根据公司法第七十一条第二款规定，要求转让股权股东在转让之前将转让事项书面通知其他股东，这实际上使得股东行使优先购买权与股东向股东以外人转让股权这个行使优先购买权的前提出现逻辑上的不对称，既然股东在对外转让股权时其他股东可以行使优先购买权利，股权出让股东何不直接对内转让股权，何必需要大费周章向外转让，这是因为股东主张向外转让股权不排除公司内部股东关系的破裂情况发生。维护股东的优先购买权是保护公司的人合性要求，通过立法保护股东的优先购买权以达到保持公司的封闭性的目的，维护股东之间的信赖关系。即使承认有限公司具有一定的人合性

① 游劝荣：《公司法比较研究》，人民法院出版社2005年版，第313页。

特征，也不宜过于强调。[①] 当股东向外转让股权是由于股权关系的破裂，那么再将所有的股东封锁在一起，只会进一步增加股东之间的矛盾，使得股东将公司的资产浪费在股东间的斗争上，扰乱了公司的正常经营秩序，不利于公司的稳定经营。不如让股东和平分手，各自将资本投入到更有效的用途中，使资本得到更有效的利用。[②]

（四）同等条件的难以确定性

学术上将同等条件分为绝对同等条件和相对同等条件两种。[③] 绝对同等条件是指股东行使优先购买权的条件与股东外第三人购买股权条件完全相同，相对同等条件是指其他股东可以与股东以外受让人不完全一样，实质上不低于股东以外受让人的条件行使优先购买权。对于平等条件的考量，既不能要求其他股东优先购买的条件与公司以外的第三人完全一致，架空其他股东的优先购买权，也不能过于模糊，使同等条件的确定无据可依而随意化。其他股东和股东以外受让人购买股权的目的在于获得股权的财产价值与其潜在的经济价值，在实际生活中，其他股东比股东以外第三人更了解公司的经营发展状况，当其他股东认为第三人提出的购买条件可以获得一定的经济利益下，也愿意以其同等条件优先购买，倘若股东以外第三人真的看好公司的发展前景愿意提高价格再次报价，那么就将对同等条件的确定至于不断反复的阶段，从而导致同等条件难以确定，很难保障股东以外第三人的利益。

（五）出让股权股东与第三人股权转让合同的效力确定

出让股权股东与股东以外第三人签订股权转让合同后，其他股东主张行使优先购买权时，股权转让合同的效力应当如何认定存在着较大的争议。如果出让股权股东与受让人进行恶意串通为了回避其他股东行使优先购买权

① 彭冰：《股东优先购买权与间接收购的利益衡量——上海外滩地王案分析》，载《清华法学》2016年第10期。

② 彭冰：《股东优先购买权与间接收购的利益衡量——上海外滩地王案分析》，载《清华法学》2016年第10期。

③ 徐尚豪、单明：《优先购买权制度研究》，中国法制出版社2006年版，第328～329页。

的，根据合同法第五十二条规定，转让股权合同可以认定无效。但是倘若该合同不存在法定的无效和可撤销条件，法院认为合同无效或者可撤销与合同法的相关规定不契合，存在着矛盾。

四、对优先购买权行使程序的建议：章程自由约定优先购买

《德国有限公司法》对于股权对外转让没有如此之多的琐碎规定，总的来说，鼓励章程自由约定优先购买，除非章程中明确规定股东具有优先购买权，否则股东可以自由转让股权，无须征求其他股东意见，没有保护和限制股东优先购买权的条款，倡导股权转让自由。① 有限责任公司具有所谓人合性特征，为避免与陌生人合作，有限公司的股东之间往往通过股东协议或者章程限制股东对外转让股权。② 然而这一限制反而增加优先购买权行使程序上的复杂性。如要求转让股权股东尽到两次通知义务，而这两次通知义务又缺乏实质上的监督和制度保障，又加上商业交易的复杂性难以操作；又如对外转让股权与股东优先购买之间形成的悖论，存在许多逻辑不通的问题；再如股东以外第三人与转让股权股东的合同效力认定问题，若双方在平等自愿的基础上订立合同，还需要承担由于其他股东优先购买权的行使造成各自的利益损害，出让股权股东原本只是想要通过转让股权获得相对应价款的金钱，反而要对股东以外第三人的损害承担赔偿，增大了交易的成本，也浪费司法资源。此外，对于同等条件的确定我们也需要在具体案件中进行分析和思考。对股东优先购买权行使程序的条款深入思考，便会发现其疑点重重，让人费解。若股东想维护公司的人合性，可在公司章程中自行约定，无须做过多法律上的安排，如股东关系确实破裂，只是一味地想要保护人合性，通过法律手段强制保护股东的优先购买权，则会物极必反，不利于公司的稳定和发展。

---

① 参见曹兴权：《股东优先购买权对股权转让合同效力的影响》，载《国家检察官学院学报》2012 年第 5 期。

② 彭冰：《股东优先购买权与间接收购的利益衡量——上海外滩地王案分析》，载《清华法学》2016 年第 10 期。

五、结论

《公司法司法解释（四）》虽然对股东对外转让股权时的通知义务、同等条件、优先购买权的损害救济、行使优先购买权的期限以及对放弃优先购买权的事前程序等问题作了较为细致的规定。但通知义务的难以操作性，同等条件难以确定，以及股东向外转让股权与股东优先购买权之间的逻辑不对称问题和股权转让合同效力确定问题都存在着矛盾点，我国可以借鉴德国在章程中自由约定优先购买的方式来解决优先购买权行使程序中的复杂问题。

我国代孕合法化问题研究

吉天娇*

【摘要】 代孕是否应当合法化是现今世界各个国家面临的一个重要问题，它涉及伦理、道德、法律等各方面的价值判断与选择问题。面对目前中国社会中越来越多由代孕引发的问题与纠纷，随着科学技术的进步以及人们观念的改变，再结合我国的现实状况，不论是从伦理角度还是法律角度来看，我们未来关于代孕的立法应当是在严格的限制中将其合法化，这样才能为解决因代孕所引发的一系列后续问题，提供良好的前提条件与制度基础。

【关键词】 代孕　合法化　限制

代孕是随着科学技术的发展成熟和社会的不断进步而产生的，它给部分因为各种原因不能生育的家庭带来了希望。然而，随之而来的各种问题和讨论也层出不穷，根据我国卫生部2001年颁布的《人类辅助生殖技术管理办法》的规定，代孕在我国属于违法行为，法律是予以禁止的。但是也有不少学者认为，结合社会发展的趋势和目前代孕情况确实存在而且不在少数的现状，再结合国外的立法趋势，我国未来有关代孕的立法也应当将其合法化。笔者认为完全禁止代孕是不现实也不利于解决目前我们所面临的各种问题的，不论是从伦理、道德还是法律的层面来看，我们都应当在严格限制的基础上让代孕合法化。

一、代孕的界定

代孕一般是指妇女因为自身的原因不能生育，而委托其他女性用人工辅

* 吉天娇，首都经济贸易大学硕士研究生，经济法研究方向。

助生育的方式代替自己孕育，被委托的一方就是代孕母。代孕又分为完全代孕和局部代孕，局部代孕是指代孕母仅提供子宫不提供卵子，将委托方或者第三方的精子和卵子用体外受精的形式形成受精卵之后再植入代孕母的子宫内，代孕母与其生育的孩子之间不存在血缘关系。完全代孕是指由代孕母提供子宫和卵子，利用委托夫妇中的男方或者第三方的精子，使用人工受精或者体外受精的方式与代孕母的卵子形成受精卵，代孕母与其生育的孩子之间存在血缘关系。

笔者认为关于代孕的界定，我们应该严格对其进行规范。第一，代孕并非“代孕生殖”的全过程，而仅仅只是其中的一个阶段。[①] 完整的受孕过程包括卵子的排出、受精形成受精卵、受精卵着床并形成胚胎，而代孕过程只开始于胚胎植入代孕母体内，结束于孩子的出生，而不是整个生殖孕育的过程。第二，代孕仅限于由第三方提供卵子由委托方中的男方提供精子，或者由委托方中的女方提供卵子，由第三方提供精子的情况，即代孕母不能与代孕的孩子存在血缘关系，且代孕的孩子必须与委托方的夫妻一方存在血缘关系。因为如果由代孕母提供卵子的话，那么从本质上来说代孕母就是孩子的生母，这种情况严格地来说就不能归为代孕；而如果孩子与委托的夫妻双方没有任何血缘关系，那么代孕就会失去其本来的意义，因为委托方之所以会选择代孕，根本原因之一就是想拥有一个与自己有血缘关系的孩子，如果代孕的孩子与委托的夫妻没有血缘关系，那么委托方完全可以去领养一个孩子，而没有必要选择代孕，因此这种情况也应当予以排除。第三，代孕母必须已经达到法定婚龄并有完全民事行为能力，有完全的孕育能力且必须是自愿进行代孕行为。代孕是双方在明确约定权利义务的前提下的一种民事法律行为，因此必须符合我国法律关于民事法律行为的有关规定，根据民法总则的相关规定，民事法律行为是指民事主体通过意思表示设立、变更、终止民事法律关系的行为，该民事主体必须具有完全的民事行为能力，并且意思表示真实。因此，成为代孕母也必须符合民事法律的规定。而要求达到法定婚龄则是为了确保代孕母能够初步具备适合生育的生理条件和心理条件，保护

---

① 刘余香：《论代孕的合理使用与法律调控》，载《时代法学》2011年第9期。

代孕母与胎儿的健康与安全。

二、国外关于代孕的规定

英国是第一例试管婴儿的出生地，代孕相关的立法也走在世界的前沿，英国的代孕立法经历了从禁止到有限开放的过程。1982 年，英国政府创建了人类生殖与胚胎研究咨询委员会，该委员会在 1984 年发布了著名的《沃洛克报告》，主张代孕在伦理上是完全不能够接受的，并建议禁止一切营利或非营利性的代孕活动。[①] 后来因为跨国代孕案“baby cotton 案”的出现让英国政府意识到代孕产生的事实已经无法避免，因此在 1985 年出台了《代孕协议法》禁止商业代孕，但是对非商业性的代孕持开放态度，后来在 1990 年制定了《人类受精与胚胎法》进一步完善了《代孕协议法》。

美国及其多数州也承认部分代孕的合法性。1973 年，美国通过了《统一亲子法》承认了代孕协议的效力。1988 年 8 月，州法律全国统一委员会通过了《人工生育子女法律地位统一法》允许代理生育。目前，美国有 26 个州允许代孕，19 个州不承认代孕协议的效力并禁止有偿代孕行为，但并不反对自愿的代孕。

在亚洲的国家中，日本虽然未对人工生殖技术以特别的立法来管理，但在执法上明确禁止任何形式的代孕；新加坡则明确制定法律，不允许任何以人工生殖技术执行代孕行为。[②]

由此可知，西方发达国家对代孕的立法选择大部分是经历了从严格禁止到承认代孕的合法地位，但是对商业性的代孕进行严格的禁止的过程。而亚洲国家可能因为传统观念以及代孕产生时间较晚等原因的影响，对代孕基本秉持谨慎的态度，在立法上也多否定其合法性，并对代孕进行较严格的禁止。

三、我国目前代孕的实际现状

我国卫生部 2001 年颁布的《人类辅助生殖技术管理办法》第三条规定：

---

① 任巍、王倩：《我国代孕的合法化及其边界研究》，载《河北法学》2014 年第 32 期。
② 张燕玲：《论代孕母的合法化基础》，载《河北法学》2006 年第 4 期。

“人类辅助生殖技术的应用应当在医疗机构中进行，以医疗为目的，并符合国家计划生育政策、伦理原则和有关法律规定。禁止以任何形式买卖配子、合子、胚胎。医疗机构和医务人员不得实施任何形式的代孕技术。”由此条可以看出代孕在我国是被禁止的，但是现实是代孕并没有因为法律的禁止而消失，反而是随着科学技术的成熟越来越多，甚至形成地下灰色产业链条，代孕母的权利得不到保障。而且因为代孕引发的纠纷也越来越多，司法实践中又因为缺少有关规定给法院的审判造成麻烦，如全国首例非法代孕引发监护权纠纷案于2016年6月由上海市第一中级人民法院终审宣判，判决驳回祖父母要求担任孩子监护人并进行抚养的诉讼请求，由抚养孩子的母亲取得监护权，这与一审判决的结果截然不同，两审法院判决的思路与法律的适用上的不同就从侧面反映出了我们目前法律关于代孕子女法律地位及权利保护方面的缺失。

当前我国有关代孕的纠纷，争议焦点主要集中在孩子监护权的归属、抚养权的归属、探望权的归属、补偿费的确认等问题上。而这些问题又可以归纳为代孕协议效力的问题和代孕亲子关系的认定。① 在代孕协议效力的认定方面，由于没有相关的规定，多数法院就直接依据民法的基本原则，认定其违反公序良俗原则，再参照合同法与婚姻法的立法目的予以具体的认定。而在亲子关系的认定方面，基本都是利用“生育者为母”原则确认代孕母为孩子的母亲，然后再根据实际的案情确定孩子的抚养权或者监护权的归属，由于没有统一的立法规则，法院的判决没有统一的裁判标准，法官就只能根据抽象的法律原则和社会伦理要求，再结合实际案情与法官个人的认知来进行裁判，这样就很容易导致司法裁判结果的混乱。

四、代孕不应被完全禁止的理由

首先，从伦理方面来说，在我国的传统观念中，血脉的延续一直都是我们家庭伦理思想中根深蒂固的一部分，现在随着科技及医学的进步与发展，人工辅助生殖技术给那些不孕不育的家庭带去了希望。因此从这方面来说想

---

① 李梦露：《我国代孕纠纷案件分析报告》，广东财经大学2017年硕士学位论文。

要完全禁止代孕是有难度的。有的人认为代孕是将女性的子宫物化、工具化的结果，实际上人的身体组成部分当然不是物，但是，随着科技的发展和现代法律伦理的进化，绝大多数国家的法律已经允许自然人对自己身体或身体组成部分进行利益处分，如用自己的身体做医学人体试验或者将属于自己身体组成部分的血液、皮肤，甚至个别器官，通过捐赠的方式转让给他人。①那么人的子宫在本人完全同意的情况下提供给他人使用也不是完全不可以。还有对代孕报酬的诟病，认为这是对代孕母人格的贬损，但即使是那些为了报酬而代孕的做法，其产生的后果也只是父母子女血缘关系的确定，以及对子女抚养问题的争议，并不是女性因用自己的子宫为他人孕育子女，而使其人格受到侵害，更不是对其人格尊严的贬低。②

其次，从法律角度来看，生育权是公民的基本权利，而代孕是不孕不育家庭实现其生育权的一个手段，我们不能简单地通过禁止来剥夺他们的生育权。而且代孕也是代孕母行使其身体权的表现，身体权是人格权的一种，它既包括公民维持自身组织的完整性的权利，也包括其在不损害其他人利益的情况下自由支配其肢体、器官及组织的权利。而且，我国现在面临的大量关于代孕产生的纠纷正是由于没有法律对代孕加以规范导致的，因此从法律层面对代孕进行严格的规制才是当前的重中之重，简单的禁止并不能从根本上解决问题。

最后，从追求家庭幸福方面来说，美国 1793 年发布的《独立宣言》中明确宣告人民享有追求幸福的权利，而追求爱情、建立家庭、生养小孩是人生幸福极为重要的一部分，国家的重要职能就在于保护人民享有这些权利。③我国宪法第四十九条第一款规定，婚姻、家庭、母亲和儿童受国家保护。保护家庭稳定、和睦是我国立法追求的价值和目标，受我国传统家庭观念的影响，不能生育的夫妇会承受很大的社会压力，不利于家庭的和睦，而代孕作

---

① 杨遂全、钟凯：《从特殊群体生育权看代孕部分合法化》，载《社会科学研究》2012 年第 3 期。

② 杨立新：《适当放开代孕禁止与满足合法代孕正当要求——对“全国首例人体冷冻胚胎权属纠纷案”后续法律问题的探讨》，载《法律适用》2016 年第 7 期。

③ 张燕玲：《论代孕母的合法化基础》，载《河北法学》2006 年第 4 期。

为他们生育的希望，绝对的禁止显然是不利于社会和谐的。

因此综合以上三个方面来看，完全禁止代孕既不现实也不能很好地维护公民的基本权利，不能体现对人权的保护，不利于社会的稳定与和谐，所以我们国家对代孕的态度在未来的立法选择上不应当是完全的禁止，而应当是在严格限制的基础上逐步实现代孕的合法化。

五、我国未来关于代孕的立法选择

我国应当从主体、约定的内容、审核的程序、法律后果等方面对代孕进行严格的规制，在此基础上，承认代孕的合法性。

首先，在代孕主体的确定上，委托方只能是不能生育的夫妻，且必须有一方可以提供合格的精子或者卵子，即保证代孕所生的孩子必须与夫妻一方有血缘关系，这样才能符合代孕的目的。而受托方必须是达到法定婚龄的、有能够良好孕育胎儿的身体条件的女性，且该女性必须有完全民事行为能力，代孕母必须是在完全理解代孕性质、法律效力的前提下，完全自愿，同意代孕。[①] 除此之外，为了不出现亲属伦理关系的混乱，代孕母不能是夫妻任何一方三代以内的旁系血亲，更不能是直系血亲。在代孕主体的确认上应当有严格的法律监督和管理程序，对当事人是否符合代孕的条件进行严格的审查，以此来维护社会公共秩序。

其次，要明确确定代孕双方的权利和义务。委托方不论孩子的性别、健康状况、数量都与之形成亲子关系，与自然形成的亲子关系不论在生活中还是在法律上都没有任何差别。受托方必须在孕期保持良好的生活习惯，尽到与怀自己孩子相同的注意义务，保证胎儿的健康发育。由于代孕合同的特殊性，在代孕开始（胚胎放入代孕母子宫）之后，合同不得解除，除非代孕母的身体状况发生变化，继续怀孕会对胎儿或自身造成危害，而且法律还应当确定代孕合同的标准格式文本，并要求必须经过公证才能生效，以此来更好地保证双方的合法权益以及孩子的利益。

再次，明确代孕所产生的法律后果。明确代孕母与其代孕所生的孩子不

---

① 刘余香：《论代孕的合理使用与法律调控》，载《时代法学》2011 年第 9 期。

存在任何亲属关系，代孕出生的孩子与代孕的委托方夫妻产生父母子女关系，并且不因为夫妻双方离婚或一方的死亡而中断。代孕母主张对孩子的亲属关系或委托方否认与孩子的亲属关系的都属于违约行为，应当承担法律责任。

最后，严格禁止商业代孕。允许给予代孕母一定的补偿，但是费用不能过高，代孕母更不能以此来牟利。代孕母在怀孕期间的营养费、医疗费、因怀孕造成的误工费等必要的费用应当由委托方支付，除此之外不得再给予代孕母其他额外的经济费用。

六、结语

科学技术的进步为我们的生活带来了许多可能，在生命孕育方面，给许多不育家庭带来了新的希望，让想要拥有自己孩子的父母能够实现这个愿望。同时科技的发展有利有弊，享受其便利的同时不能忽视其带来的一系列问题，因此随着科技的进步我们的法律也应当随之发展。我们在面对代孕这个因科技的发展而产生的新事物也是一样，如果一味地禁止它，最终只会带来更多的问题，因此我们要做的不应该只是简单的禁止，而是用法律将它限制在合理的框架内，发挥它的积极作用，抑制它的消极影响，让它能够充分发挥应有的作用。

经济法论

首经贸法学评论

论比例原则在劳动合同变更中的应用

郝伊一*

【摘要】就劳动合同变更而言，用人单位的看法是依照自己的生产经营需求变动职工岗位，属于企业用人自主权利的范畴。但是就职工来看，进行岗位的调整实际上应该属于劳动合同变更的情形，而合同则需要用人单位与职工之间进行协商取得一致认可。正是由于这样认识上的差距，使得实际当中出现了众多由于岗位调动产生的争议。随着经济的发展，在一般企业里几乎可说或多或少皆有劳动合同变更之行为。由此引发的法律问题也越来越多，怎么样合理地处理用人单位与劳动者之间关系变得极为重要，本文试图通过在中国裁判文书网和北大法宝案例库上查阅案例，归纳出较为典型的法院裁判案例，进行分析，提出问题，将比例原则用于劳动合同变更过程中，希望能够平衡好两者间关系。

【关键词】劳动合同变更　比例原则　调岗

一、比例原则的一般理论

（一）比例原则之定义

这一原则最初是德国法学家奥托·迈耶建立的，这一原则也被称为行政法当中的“皇冠原则”，而我国台湾地区的法学家陈新民把它称为“帝王条款”。比例原则最早源于德国警察法，后来适用范围不断扩大到行政程序法

* 郝伊一，首都经济贸易大学硕士研究生，经济法研究方向。

的各个领域，目前在理论上已经被视为具有宪法位阶的原则。随着行政程序法法典化的推进，作为从实体上限制行政裁量权行使的比例原则已经实现法条化。

譬如，我国台湾地区的“行政程序法”第七条明确指出行政行为应当遵循三个原则，一是使用的方法应当是能够帮助实现目标的；假如存在众多都可以实现目标的方法，应该选取对于公众的合法权利和利益损害最小的那种；使用的方法最终带来的损失不可以同实现目的最终能够获取的利益一样，应当小于可以获取的利益。在我国大陆，比例原则更多通过“适当”“相当”“适度”等词语表现出来。在实践中，“杀鸡焉用宰牛刀”“岂能用大炮打蚊子”等习惯用语就是对比例原则形象而通俗的表达。①

（二）比例原则之内涵

比例原则属于行政权配置的原则，因此也被叫作禁止过度或最小侵害原则，其指的是行政权进行配置的时候应该同时考虑到行政的目标和行政相对人的合法权利和利益，并在两者之间保持某种平衡，使得行政权的分派与调配即为实现行政目的之绝对必要，同时对于行政相对人的权利和利益损害最小。就其内涵而言，德国学界把该原则划分成三大原则：其一，适应性原则，也就是政府在选择某种措施的时候，无论是普遍还是个别，必须要同所适用的法律规定之目标相一致，不可以出现任何的偏差；其二，必要性原则，亦即国家通过行政手段去限制公民自由的原因在于其是保证公共利益不可缺失的，而且这种行政手段的限制必然是最低限度的，换言之，国家在自身的职权范畴之中不再存在别的损害更低方法；其三，比例性原则，也就是国家所进行的行政行为对于行政相对人而言并不过度苛刻，而就国家的目的而言是适宜的。这一点又被称为狭义的比例原则。②

① 章志远：《行政法学总论》，北京大学2015年版。
② 姜昕：《公法上比例原则研究》，吉林大学2005年博士论文。

二、劳动合同变更典型案例分析以及问题的提出

（一）劳动合同变更

《中华人民共和国劳动合同法》（以下简称《劳动合同法》）第三十五条规定，用人单位和劳动者两者能够达成一致的，允许对劳动合同约定内容加以变更；进行变更的时候应当使用书面方式。该法的第四十条指出，当出现下面的任何一种情况时，用人单位提前三十天书面通知劳动者本人或是额外地给付劳动者一月工资之后，允许解除劳动合同：（1）职工罹患疾病或并非工伤，在法定的医疗期届满以后难以适应原来的工作岗位，并且不能适应用人单位安排的别的岗位；（2）劳动者无法适宜工作要求，并通过培训或是岗位调动依旧无法适应工作要求的；（3）劳动合同签订的时候依据的客观情况出现了重要的变动，导致劳动合同不能再继续履行，并且用人单位和劳动者沟通协商之后不能在劳动合同变更上取得一致意见的。

根据法条分析，我们可以看出：对于劳动合同变更主要形式包括了两种，即用人单位和劳动者进行协商和用人单位根据法定情形单方面解除。

劳动合同实际履行当中，有着诸多的非确定要素，都会对合同履行构成影响。因此，就需要用人单位同劳动者在适当的时间之中对原有劳动合同的部分内容作出适度的协商调整，从而对劳动合同作出一定程度的变更。确保劳动合同能够适应主客观变动需要，从而保障合同可以继续维持。对于劳动合同加以变更本质上是一种基于原有劳动合同的行为，并非两者再次签订新合同；它属于对原有劳动合同所做的派生，属于将两方当事人过去的劳动权利义务关系做了一个拓展。

相对于用人单位，劳动合同变更对于处于弱势地位的劳动者来说是一件大事，通常伴随着职务内容、工作场所、工资及福利待遇之变更。我国《劳动合同法》已经清晰地提出要把工作内容当作劳动合同不可缺少的条款加以确定，工作内容最关键的内容之一即为岗位。正如常言所说的，在其位谋其职，各种岗位存在自身的职责，所具有的工作内容必然存在差异。另外，就

某个用人单位自身而言，各种岗位的工作场所、时间、休假和薪酬等皆存在差异，那么，一旦岗位发生变更，实际上也就意味着劳动合同中的一系列内容可能都将随之发生改变。对于劳动者来说影响很大。所以，我国《劳动合同法》当中确定了协商和法定两种情况，但是这样就可以有效地适应现实的需求了吗？明显是不够的。

劳动合同存在人身从属特性。劳动者同用人单位签署了劳动合同，本质上是认可了单位所具有的自主管理权利，那么，用人单位是否可以通过行使自主管理权利，以命令来完成劳动者岗位的变更呢？事实上，在实践中，许多用人单位也确实是以“一纸调令”的形式来完成特定劳动者岗位的变更的，这是否合法而有效呢？[①] 这就涉及劳动者职务的升降与职责的变更，简称调岗问题。用人单位以调令的形式将劳动者调整至职位更低、待遇更差、发展前景不好的岗位，或者尽管是平级调动，但并不符合劳动者自身的愿望，劳动者从而拒绝接受等类似案件屡屡发生，这时劳动合同变更就出现了问题。

（二）典型案例分析

从上面的分析不难看出，当前我国《劳动合同法》第三十五条与第四十条就这类合同的变更进行了概括性规定，可是这种规定于实际操作里面还是出现了诸多的缺陷。所以我们需要总结有关劳动合同变更法律实践中的实施情况，分析其中存在的问题，并进行理论解析，完善立法。笔者在中国裁判文书网和北大法宝案例库以“劳动合同变更”为案由搜索，收集查阅了其中的所有案例，并辅以其他案例来源途径，归纳整理出下表中5例较为典型的法院裁判案例，试图分析其中的问题，顺应《劳动合同法》修订的大势，给出了相应立法意见，进而促进国内的劳动法律体系进一步发展。

① 朱捷：《劳动合同法深度解读与案例详评》，中国政法大学2015年版。

序号/案件字号	案由	主要案情	判决（仲裁）结果及理由
1 （2014）合民一终字第02007号	劳动争议纠纷	2007年，皖维公司同沈某周签订了无固定期限劳动合同。2013年7月的时候，这家公司因为新项目要增添人员，因此将其调整到这一项目里工作。沈某并不同意，请求在原岗位上班，双方就此事多次协商未果，沈某周拒绝到其提供的新岗位上班。2013年9月，皖维对沈某送交了解除合同的通知书，单方面解除合同。	劳动人事争议仲裁委员会：两方的劳动关系得以解除，同时该企业给付相应的补偿金。 一审法院认为：本案中皖维公司在未与沈某周协商一致的情况下，强行将沈某周调岗，在沈某周拒绝变更后，这一企业单方面解除劳动关系实际上是违法的，因此企业应该给付其相应的经济补偿金。 二审法院驳回上诉，维持原判。
2①	劳动争议纠纷	2005年4月，李某某入职中国人寿衡阳分公司祁东支公司，订立了时限6年的劳动合同。2011年6月，李某某借助企业双向选择竞聘调至祁东支公司团险部。2011年8月，公司想要将李某某调到客服部但遭到李某拒绝。公司仍然将其调入客服部要求其上班。李某某不认可岗位调整，依然在团险部工作。2011年9月，该公司认为李某某不履行合同，自行解除合同。 李某某于是要求该县劳动仲裁委员会进行仲裁，根据裁决中国人寿保险衡阳分公司补发李某某工资，失业保险金和赔偿金。而后该企业不服裁决，向法院起诉，请求确认其解除合同行为合法，不予支付李某工资、赔偿金。	法院认为：该公司自行解除合同，虽然原因在于李某某不遵照公司在岗位方面的安排。可是李某某于此次岗位调整之前的两个月，经过双向选择做了岗位调整，此次岗位调整并没有合理原因，李某某表达了不愿意进行岗位调整的意愿，企业单方面进行岗位调整，损害了劳动者的正当权利与利益；李某某并未赴新的岗位就职，作为公司自行解除合同，实际上是对劳动者非常不公。因此，最后判决撤销被告所做出的解除劳动合同决定，确定这一企业与李某某继续履行合同，并且遵照合同支付原告2011年9月和10月的工资。

① 员工不服调岗拒绝上班 单位单方解除合同被判撤销_ 司法案例_ 北大法宝 http：//www. pkulaw. cn/Case/pal_ 1258429880. html？ match = Exact

续表

序号/案件字号	案由	主要案情	判决（仲裁）结果及理由
3 （2014）中中法民六终字第211号	劳动合同纠纷	潘某妮在2005年7月12日入职孟昌公司。最新的劳动合同期限为2011年10月19日到2014年10月19日，合同中规定其岗位是办公室职员。 2013年5月，该企业由于经营管理变动裁撤了采购部，把潘某调到手袋课办公室担任职员一职。潘某不愿意，故不去新岗位入职。2013年5月23日，该企业根据企业规定，认为潘某旷工达6天，因此按照潘某“旷工自离”进行处置。 该市劳动争议仲裁委员会认为：该企业应当对潘某给付代通知金和相应的解除合同经济补偿金，同时驳回潘某别的仲裁请求。	一审法院认为：潘某属于该企业的职工，因此应当服从用工企业在工作方面的安排。两方签署劳动合同之时没有确定潘某只可以于采购部工作。作为企业调整潘某岗位，符合合同约定与法律规定。潘某不服从企业安排，不到新岗位入职，属于严重违反劳动纪律，企业依照“旷工自离”规定解除合同没有不妥当之处，因此企业不需要对潘某给付代通知金和解除合同补偿金。 二审法院认为：孟昌公司因公司经营需要，对公司组织进行调整，撤销了采购部，必然涉及相关人员的岗位调整，因此该次调岗系出于用人单位生产经营的需要作出的。所以，企业对于潘某进行的岗位调整是合法与合理的。上诉人潘某妮在接到调岗通知后，应当按孟昌公司要求到新岗位上班，即使其认为该次调整存在不合理合法之处，也应该借助仲裁、诉讼等方式处理，不可以拒不入职来进行应对。 二审法院驳回上诉，维持原判。

续表

序号/案件字号	案由	主要案情	判决（仲裁）结果及理由
4（2015）宁民终字第1166号	劳动报酬、经济赔偿金纠纷	刘某霞在2013年12月2日进入汇隆公司，主要是负责俱乐部运营经理工作。两方在2014年1月16日签署了劳动协议，规定了刘某作为运营经理于该企业工作。2014年7月17日，该企业人力资源部门管理人员蔡某通知刘某霞，其所属的部门将要被撤销，刘某霞会转岗到产品销售岗位，但刘某霞不同意调岗。蔡某告诉刘某霞，如果刘某霞不同意，公司会把她辞退。7月18日，蔡某再一次告诉刘某霞会辞退她。7月21日，蔡某又一次同刘某霞商讨关于解除合同事宜。7月24日，该企业认为刘某霞从7月18日到23日之间持续4个工作日没有出勤，属于无故旷工3天以上，因此送达了对刘某霞的《解聘通知书》，要求解除同刘某霞签订的劳动合同。该企业承认自身建立了工会，并且这一解聘事项没有事前告知工会。相关的旷工公告只是于该企业公告栏上进行了张贴。	一审法院认为：刘某霞原岗位为部门行政管理工作，汇隆公司在未与刘某霞协商一致的情况下，要求将刘某霞的岗位调整为产品销售岗位，缺乏妥当性与合理性。由于调整岗位不成功，该企业自行解除同刘某霞所签合同，违背了法律相关规定。汇隆公司自7月17日即决定解除与刘某霞的劳动合同，刘某霞客观上自7月18日起即无法出勤，7月18日到21日间两方还在就解除合同和有关赔偿事宜进行商讨，因此该企业认为刘某霞从7月18日到23日持续旷工3天，与事实不符，一审法院不予采纳。该企业解除同刘某霞的合同，可是没有事前告知工会。因此，该企业解除同刘某霞的合同没有事实和法律根据，而且程序上违背法律规定，该企业应该给付刘某霞相应的解除合同赔偿金。 二审法院驳回上诉，维持原判
5①	劳动合同纠纷	杨某同某个进出口企业劳动合同纠纷案。该出口有限公司认为是因杨某两次考核不合格，而向杨某等发出岗位调整通知书，将其分别派驻至集团子公司某制衣有限公司任品质控制专员，但岗位调整通知书上只注明具体上班时间及工资按新岗位要求执行。企业认定杨某不按照调整岗位决定就职，因此自行解除劳动合同。	一审法院认为：因为杨某两次考核不合格，该公司调整岗位，但未有证据证明，法院对其进行调岗的理由不予采信。因调任的岗位为新设岗位，公司无法证实调岗行为不具有惩罚性，也没有明确说明前后岗位的工资水平，最终判决认为这一企业调整岗位决定不适当，应该给付杨某相应的经济补偿金。

① 全国法院劳动争议典型案例汇编（2015升级版）来自劳动法库。

（三）问题提出

通过对以上的案例研究能够发现，《劳动合同法》于实际操作里面依旧有着众多的弊端与缺陷：首先，法院裁判案例中，都会判断此次调岗行为是否具有合法性。所谓的合法性定义为符合我国《劳动合同法》第三十五与第四十条的相关规定内容，亦即满足用人单位和劳动者进行协商和以用人单位依照法定情形单方解除的两种方式中的任意一种。如果不符合此种情形，就属于违法解除。

具有合法性后，就要探讨合理性的问题。本文主要探讨合理性，其涉及很多方面包括职务内容、工作场所、工资及福利等等，主要要看是否影响劳动者的生活。分析比例原则怎么被应用到劳动合同变更里面进而实现调整与均衡用人单位与劳动者两者间的利益联系。

在案例中发现还有两个问题需要说明一下：

1. 旷工的问题。现如今劳动合同变更与旷工紧密结合在一起，劳动者不同意调岗，有些是直接不去单位上班，还有一些则是仍然待在原岗位上，通常用人单位会因为劳动者旷工解除劳动关系。然而，旷工是因为调岗才出现的，这是两种不同的行为。旷工一般是指除去不可抗力导致的无法履行请假手续之外，作为员工没有按照请假手续进行请假并且并不依照规定时间上班与下班的情形。[①] 在用人单位的调岗行为属于合法的情形下，一旦员工不到新岗位入职，那么不管该员工还上不上班，都应当被认为属于旷工。用人单位是因为旷工才进行解除劳动关系，并非是因为调岗。所以劳动者不同意调岗，还是要去新岗位报道，从正规的法律途径解决和协调问题。

2. 原部门取消导致的岗位消失的问题。一般作为用人单位觉得原有的部门被取消进而使得工作岗位不复存在是“客观情况”发生重大变化，既能够进行岗位调整也能够将合同加以解除。按照《劳动部关于〈中华人民共和国

① 最高人民法院法官详解调岗中的五个核心问题 劳动法库 http：//www.360doc.com/content/15/1011/23/22513831_ 504985792.shtml

劳动法〉若干条文的说明》的规定，“客观情况”实际上被作了清晰的定义。[①] 因此，确定工作部门的取消是不是“客观情况”，必须要依照这一取消行为的缘由加以判断：非企业主观方面原因造成的属于“客观情况”，例如公司分立、合并等等；管理层单方决定的取消，不属于“客观情况”，应理解为“企业自主管理”的范畴。

两方签订的《劳动合同书》中明确约定企业能够对员工做任意的岗位调整，不用给付经济补偿金这样的条款，实际上是属于企业的自主管理权过大，违背了《劳动合同法》第三十五条和第四十条的相关规定，双方签订的《劳动合同书》中此项条款属于无效。

三、比例原则在劳动合同变更中的应用与分析

我们首先要厘清何为比例原则的精神。梁迎修先生提出，比例原则属于实质性原则，能够帮助审判人员更好地就发生矛盾的权利加以衡量，并且让审判人员这种衡量更为客观公正，尽可能地减小审判人员自由裁量的空间。[②] 当法律确定与保护的各项利益之间爆发矛盾的时候，彼此矛盾的各项利益应该于法律和事实可能范畴之中，尽量得以实现，所以，就权利进行的衡量一定要确保彼此竞争权利保持在适当比例的状态。简言之，权利的权衡必须符合比例原则。

笔者在文章中运用比例原则所属的三个子原则去研究其于劳动合同变更里面的运用。比例原则不仅可以应用在行政法中，而且可以应用在劳动合同变更中。对于劳动合同变更来说，一方面是用人单位的利益，另一方面是劳动者的利益，如何平衡这两方面的利益就要用到比例原则。

这一原则尽管一般不会被作为成文原则于法律实践当中加以运用，可是其所体现的理念充斥在司法实践当中。笔者在搜索中国裁判文书网和北大法

---

① 《劳动部关于〈中华人民共和国劳动法〉若干条文的说明》第二十六条：本条中的“客观情况”指：发生不可抗力或出现致使劳动合同全部或部分条款无法履行的其他情况，如企业迁移、被兼并、企业资产转移等，并且排除本法第二十六条所列的客观情况。

② 梁迎修：《法官裁量权的法哲学思考》，载《人民法院报》2009 年版。

宝案例库中，发现在实践中也有些许法官在运用此原则审理案件，却并未明确注明使用的是比例原则。将劳动合同变更当作起始，这一原则的理念能够采用下列步骤加以表达：(1) 适当性原则：法院所采取的措施是否有助于劳动合同变更的目的？(2) 必要性原则：法院使用的措施是不是所有适当措施里面对于劳动者造成损害最低的一种？(3) 狭义比例原则：平衡用人单位和劳动者两者权益。在符合了上面的要求 (1) (2)，而且也符合了 (3) 的时候，法官就劳动合同变更所做的裁判才是正当的。①

(一) 适当性原则如何应用在劳动合同变更中

这一原则亦被称为妥当性原则，其定义为行政行为确定目的应当是要实现行政目标。换言之，行政机关在实际的措施选用上，一定要符合实现行政目标这一基本需求。这里就要做到行政权配置考量权力和任务两者间的妥当性，也就是行政主体所获得之权力一定要可以达成行政目标或是最起码能够推动行政目标达成。就劳动合同变更来讲，其关涉到用人单位自主管理的权限问题。② 因此，用人单位所做出的调岗命令之目的要有利于企业的发展，用人单位进行岗位调动的时候，其目的不可以存在权力滥用这样的情形。先要对岗位调动在业务上来说是不是必要的加以判定。若无业务上必要性时，则认为该调岗命令应视为权力滥用。其次，看调整的幅度是否合理。调整幅度的合理性“是否影响劳动者之生活”。劳动者进行劳动其目的就是为了获取足够家庭生活的薪酬。应当参照本地社会从业人员和他赡养家庭的最低生活费用、CPI、职工个人交纳的社保费用、当地人均工资和经济发展状况等诸多要素，以上述要素为前提明确相应的比例，必须要确保不能够损害到劳动者基本生活。

(二) 必要性原则如何应用在劳动合同变更中

仅适用适当性原则是远远不够的，仅考虑用人单位的调岗的目的性也是

---

① 试论比例原则在国家安全与言论自由平衡下的使用_宪法研究_中国宪政网 http: //www. calaw. cn/article/default. asp? id = 11819&from = message&isappinstalled = 0#m1

② 张焰：《劳动合同法适用法律问题研究》，中国政法大学 2015 年版。

不够的。这一原则亦被称为损害最低原则，其定义为行政行为造成的侵害不可以超过实现行政目标的需要。换言之，行政机关如果存在众多的能够推动实现行政目标的方法的时候，应该确定使用里面对于行政相对人合法权利和利益损害最低的方法。[①] 据此能够知晓，这一原则实质上是对于行政行为相应措施的比较和确定。其需要在进行行政权配置的时候全面考量权力之于任务的必要条件关系，也就是针对特定主体来说，拥有某类权力属于实现行政目标的必要条件。

用人单位有用人单位的立场，其生产经营并非一成不变，往往会根据市场的需求变化而做出相应调整，这就不可避免地出现了劳动合同变更的行为，需要妥善地维护好双方的权益。作为自然人的劳动者方面，在现实工作生活中也会因自身出现各种状况，可能会基于劳动者在工作期间认真努力，用人单位为其升职加薪。可是同样存在由于劳动者劳动力价格于某个时间段内下降出现变更的情况。如何去平衡用人单位与劳动者之间存在的利益关系，这就必须要运用比例原则。

日本司法实务上过去曾有正反两极端之见解：一是指出凡是岗位调整让劳动者出现了不利益，就应该被认为是权力的滥用。反之有采取高度严格之判断基准者，认为必须有完全破坏劳工日常生活关系或家庭关系之特殊事情，方有认为权力滥用之余地。[②] 此处必要性原则恰能进行适用，可是本人看来，“不利益”理论在劳动合同变更上进行使用不合时宜。以劳动者个别家庭生活事情进行判断实为不妥，每一劳动者家庭或日常生活情况不同，若因过度重视个别劳动者之私人之事而影响企业之运营，此点欠妥。更何况过度拘泥于劳动者个人事情，反而带来企业内人事调动不公正的嫌疑。

对于劳动合同变更来说，肯定会对于劳动者正当权益造成某种程度侵害。为实现岗位调整这一目标，需要在里面确定对于劳动者权利和利益损害最低的方法。不须限定有无其他人选可供调岗之程度，只需要注意选择对劳动者权益损害最小的一种方式即可，因为劳动者要进行调岗，很有可能工作

① 喻文光：《论行政法上的比例原则》，中国政法大学 2001 年硕士论文。

② 台湾地区劳动法学会编：《劳动基准法释义——施行二十年之回顾与展望》，新学林出版股份有限公司 2005 年版。

内容与工作场所发生改变，然而这些因素在劳动生涯当中，不能同家庭生活或是居住区域的社会生活彻底地割裂，因此劳动场所必然变成了其在寻找工作的时候必须要考量的主要因素之一，故谓工作场所为劳动契约之中的重要要素当亦不为过。上述要素变动了，对于劳动者影响重大。只有这样选择对劳动者权益损害最小的一种方式，达成的调岗行为才是平衡了劳动者与用人单位的关系，从而用人单位不得随意地扩大自己的权利，随意对劳动者作调岗处理。

（三）衡量性原则如何应用在劳动合同变更中

这一原则亦被称为狭义比例原则，其定义为行政行为导致相对人正当权益的损失应当同要达成的行政目标二者之间保持一种平衡关系。由此可知，该原则需要在行政权配置的时候全面考量权力和任务两者间比例。常言道过犹不及，授权太多或是不够都会破坏任务和权力两者间平衡。[①] 在劳动合同变更中，对用人单位过度地授权必然导致劳动者权益的巨大损失；授权不足，又影响企业自身的发展。

由此可见，企业的自主管理权限不能太多，不能随意地调整劳动者的职位，这就是体现衡量性原则，对用人单位的自主管理权予以约束，不能过度授权，也不能授权不足。授权必须符合相应的限度要求，应该维护劳动者正当权益，使得用人单位进行劳动合同变更之时能够遵照法律规定。

按照所谓大行政法学相关论断可知，比例原则具体包含了适当性、必要性和狭义比例三个主要的子原则。著名的法学家希贝格借用了“大炮打麻雀”去形象地阐述了必要性和狭义比例两者之间的差异：拿大炮轰击麻雀，不符合必要性这一原则，因为使用普通猎枪即可；使用大炮轰击麻雀，不管能不能打中，必然会吓到居民，从而违背了狭义比例这一原则。[②] 这个比喻形象地阐述了两个原则之间的关联，这正如同用人单位和劳动者之间的关联。

---

① 蒋转明：《比例原则在行政法领域的运用》，湖南大学2007年学位硕士论文。

② 庞利会：《论行政法之比例原则》，郑州大学2006年硕士学位论文。

四、结语

比例原则可以应用在劳动法领域内。对于劳动合同变更方面，笔者认为：首先都会判断此调岗行为是否合法合理，在合法的情况下，再讨论合理原则在劳动合同变更中的应用。旷工与调岗是不同的法律问题，应当分开讨论。调岗的问题涉及劳动者多种方面的变化，用人单位需要一个“正当理由”才能变更劳动者岗位，需要在劳动者可以接受的合理限度内。就将比例原则中的适当性、必要性与狭义比例性三大子原则运用到劳动合同变更里，进而进一步健全劳资争议的解决方式。唯有平衡处理用人单位同劳动者两者间的关系，方可有效地处理劳动合同变更引发的纠纷。用人单位所做出的调岗命令之目的要有利于企业的发展，用人单位的调岗动机与目的不能有权力之滥用。另外，应当选取对于劳动权利损害最低的一类形式，其也不可以任意扩张自身权力，任意地要求劳动者做岗位调动。要求我们对用人单位的自主管理权予以约束，不能过度授权，也不能授权不足。

所以，将比例原则使用到劳动合同变更里面可以更为有效地平衡企业和劳动者两者间的关系，处理好变更当中出现的难题。在判断该种调岗行为是否具有合理性时，采取比例原则来平衡和协调用人单位和劳动者间利益关系，是一种不错的解决办法，也是本文所介绍的重点问题。

反不正当竞争法执法机构的司法化

郭田甜*

【摘要】1993年施行的反不正当竞争法是我国历史上第一部调整市场行为的法律，20多年来，纷繁复杂的市场行为层出不穷，而相对固定模式的反不正当竞争法明显已经不能符合社会关系的复杂化，2017年反不正当竞争法的修改草案第一次提上日程，然而这次大范围的修改内容中并没有涉及反不正当竞争法执法主体的相关内容，且我国目前反不正当竞争法的执法主体具有非独立性、行政权力扩张化的缺陷。社会结构的多元化要求反不正当竞争法必须要有更加强大社会调控力和独立性、公正性的执法主体，基于此，本文通过描述行政机关司法化的来源、对国外反不正当竞争法执法主体的举例以及发现目前反不正当竞争法修订草案中的缺陷，阐释反不正当竞争法执法机构司法化在我国施行的必然性。

【关键词】反不正当竞争法　修订草案　执法机构　司法化

反不正当竞争法一直是经济法甚至是法律中的难点，大部分学者都讨论过其难处在于经济发展繁杂的社会中，其本身的不确定性和“合理原则”的大幅度运用，导致很难判定反不正当竞争法的具体情形，这是竞争法领域的“通病”。2017年反不正当竞争法这一推行20多年的法律被推上修订日程，一经推出引来众多评价，有对与其他部门法律的衔接问题的评价，有对具体不正当竞争行为调整的评价，还有很多对该法律整体的宏观改善问题的评价，但除此之外，很少有学者涉及对反不正当竞争法执法机构的评价。其

* 郭田甜，首都经济贸易大学硕士研究生，经济法研究方向。

实，因反不正当竞争法本身的特性及经济发展的复杂性，仅仅修改或增加一些对竞争行为规制的列举条款和减少与其他部门法之间的衔接冲突问题对于解决竞争法的本质难题来说是万万不够的。本文希望通过提出反不正当竞争法执法机构司法化的问题，改变我国竞争法背后存在的执法机构在实体与程序的瑕疵，完善反不正当竞争法。

一、司法化的概念及来源

司法化或称“准司法”制度是指行政机关在实体或者程序上具有与司法相类似的性质。具体说就是指在国家机关本身的机构设置及内部的审理程序、行政官员以及他们审理的结果、上诉机构等问题上都享有与法官和法院相类似的职权[①]。

司法化一词最早来源于英国，但是目前为止实施最成功的国家应属美国，最典型的例子就是美国联邦贸易委员会（FTC）的设立。1887 年颁行的美国的《州际商务法》是美国一系列联邦监管立法活动的开端[②]，之后在进步主义的主流观点下，罗斯福在新政中号召建立类似于州际商务委员会或公司局的监管委员会的机构，而美国联邦贸易委员会也因此孕育而出。这个独立的监管委员会在建立之初饱受争议，就拿联邦贸易委员会举例，该委员会其实质仍是行政机关，由总统任命，其内部任职人员也是行政官员，但是为了凸显独立性，联邦贸易委员会除了对国会负责而不对总统负责之外，对于竞争行为的判定更是遵循法院的审判程序，而做出裁决的官员被称为行政法官，从实质和程序上看都是行政与司法的融合[③]。这样机构的设立不免与美国三权分立的机构设置是相冲突的，它无法做到权力的互相制衡。正如美国

---

① 谭缘：《反不正当竞争法修订背景下中国竞争法体系完善研究》，载《法治研究》2016 年第 4 期。

② Marc Allen Eisner：《规制政治的转轨（第二版）》，尹灿译，中国人民大学出版社 2015 年版。

③ 谭缘：《反不正当竞争法修订背景下中国竞争法体系完善研究》，载《法治研究》2016 年第 4 期。Marc Allen Eisner：《规制政治的转轨（第二版）》，尹灿译，中国人民大学出版社 2015 年版。Quoted in Marver H. Bernstein，Regulating Business by Independent Commission（Princeton：Princeton University Press，1955），p. 38. 时建中：《反垄断法中的准司法制度构造》，载《东方法学》2008 年第 3 期。in，Regulating Business by Independent Commission（Princeton：Princeton University Press，1955），p. 38.

参议院托马斯解释道："委员会拥有绝对的权利……来独断地决定递交给它的任何行为是否是不正当竞争"①。然而对市场行为监管的需求，进步主义和新政理念的主导足以限制了反对的理由，实践经验也证明了联邦贸易委员会是以最小的人力和金钱维护竞争秩序和个人权利的场所。因竞争法本身特性导致的裁判难题，使得法、德、日等许多国家都纷纷效仿这种行政机关司法化的模式，不仅能够秉持对市场行为的专业化判断，还能保持透明度。

二、为何反不正当竞争需要行政机关司法化

反不正当竞争法属于市场行为法，意味着不可能用列举的方式将所有的竞争行为都纳入法律的规制之中，那么行政机关频频运用合理原则进行裁量必然导致行政权力的扩张。准司法化制度虽然从表面上看无论是制度目标还是运行机制都存在其矛盾性，但笔者认为在处理反不正当竞争问题时，该制度存在内在的合理一致性。

（一）反不正当竞争的特性所致

反不正当竞争法不同于侵权法或合同法关注过程中的违法，它注重结果，是对结果的规制。世界上大部分国家一般都是以列举条款作为反不正当竞争法的主要内容，因为在立法者看来，以一般条款去判定不正当竞争行为是不切实际的。在纷繁复杂的市场行为背景下以及鉴于反不正当竞争法都会不同程度地适用除外规定的情形，判定不正当竞争行为不可避免地会从结果出发，这样大程度地运用自由裁量权必须要有正当的程序进行规制，因此，能够更加体现公平、公正的司法程序，而不仅仅是依靠行政程序进行市场行为的判定，是反不正当竞争法执法机构所必须坚守的。

（二）必须由行政机关作为执法机构

市场信息的不对称、经济社会的复杂性与专业性以及行政机关的灵活

① 时建中：《反垄断法中的准司法制度构造》，载《东方法学》2008年第3期。

性、高效性优势使得反不正当竞争法的执法机构其本质必须是行政机关。

首先，从市场信息来看，企业与消费者、优势企业与劣势企业、政府与公民之间获得的信息是极其不对称的，然而对竞争行为的判定却需要大量的市场信息作为基础，在社会中没有一个个人或组织能与行政机关获知市场信息的能力相媲美，因此由行政机关作为反不正当竞争法的执法机构是必需的；其次，经济社会的复杂性与专业性要求执法机构的性质必须是行政性的，经济的快速发展和社会现象的复杂使法律制定必然跟不上违法行为的滋生速度。但是司法机关是运用法律的机关，它的审理都是要规制在法律的明文规定之下，尤其在我国这样并非判例法的国家更是杜绝“法官立法”的现象，那么在判定竞争行为是否正当时，法官就很难把握“合理原则”，往往会陷入依法判决与自由裁量的矛盾中，导致不正当的竞争行为无法及时规制。当然，行政机关本身的特点是符合反不正当竞争法执法机构的要求的，经济现象纷繁复杂，司法机关固有的被动性使其不能主动及时地发现和处理不正当的竞争行为，除非个人主动提起诉讼，但世界各国的私人诉讼大部分都处于不成熟阶段，无法及时弥补市场出现的漏洞，而行政机关的灵活高效性能够迅速对市场出现的问题进行监管并提出相应的政策进行调整。

正是由于市场政府这“两只手”的辩证关系形成了行政机关在处理反不正当竞争法问题上的天然优势，这也是反不正当竞争法甚至是反垄断法等所有规制市场行为法的执法机关都必须是行政机关的原因。

(三) 行政机关必须具有司法化特征

市场本身是崇尚自由的，正是由于自由市场的发展必然会导致优胜劣汰，使得行政机关不得不介入进来防止产生市场行为中过度的弱肉强食现象，如前文所述虽然行政机关的介入是必然的，但是它仍必须以市场的自由竞争作为前提，不能肆意扩张自己的行政权力，这就需要司法化的特征来保持其公正透明独立。

准司法机关可以提高执法机关在处理反不正当竞争行为时的公正性与透明度，行政相对人经常会在不知情的情况下就会收到一纸罚单，而且行政机关与行政相对人的地位差距也导致了行政相对人的救济难、信息量倾斜等问题。司法制度的优越性在于除实体上需严格依据法律之外，程序上也必须符合法律上的要求，司法人员的任命规则和司法审判程序规则在很大程度上都提高了执法机关的公正性与透明度，使得对不正当竞争行为的判定更加有理有据。更重要的是司法机关执行的是法官负责制，防止了行政机关中因首长负责制导致的独立正确判断能力下降的问题，不仅造成行政失灵更影响了执法机构的独立性。

马克斯韦伯曾说过："当提议专业化的行政管理需求促使行政权力不断扩张的同时，人们发现通过行政机关从事类似于司法权的活动可以更好地适应现代经济对行政系统最大限度的快速、准确、严格和持续性要求。"① 这证明了行政机关的准司法制度的优越性，它使得行政的灵活专业与司法的公正透明两种机制结合起来，更好地处理反不正当竞争法判定过程中的各种矛盾问题。

三、从我国反不正当竞争法修订草案的内容看对执法机关规定的欠缺

2017 年，实施了 20 多年的反不正当竞争法提上了修订的议程，形成一波对反不正当竞争法修改的热潮，学者们大部分关注于该法草案中第六条到第十五条对不正当竞争行为规制的修改问题，从各个方面与其他部门法进行比较，提出了反不正当竞争法修改中的冲突与衔接问题。但笔者发现，除了对不正当竞争行为的具体情形有修改之外，更多的是大篇幅地增加了工商行政管理部门的监督检查职能和违反本法的经营者所需承担法律责任的内容。笔者认为这样的修改其本质是不利于完善反不正当竞争法律体系的。

增加行政管理部门的职能，其实质是扩大了执法机关的行政权力。反不正当竞争法第三部分草案中大篇幅阐述了工商行政部门的监督检查职能，尤其增加了工商行政管理部门的检查、查封、扣押、查询等权力，而在第四部

---

① 葛正英：《不正当竞争与垄断的行为认定和法律规制之比较》，载《金融理论与教学》2015 年第 1 期。

分的内容中增加了违法者的法律责任，从另一个角度同样扩大了执法机关的监督权。笔者认为，扩大可能无法避免，但程度上有所偏颇。德国经济学家瓦格纳认为，随着社会和经济的发展，为了保证市场机制发挥作用所必需的社会环境条件，完善法律规章以及维护社会秩序的要求也随同递增，因此需要公共部门加强管理调节，扩大行政权对不公平市场的行为和结果进行干预，这便是著名的“政府活动扩张法则”①。而亚当·斯密在《国富论》中说过市场必须是自由的，每个人所考虑自身利益形成了竞争的市场，因此美国历来都是崇尚自由市场论，美国行政机关的介入权力也是以自由市场为前提的。而我国这次修订的反不正当竞争法草案中不仅在条文中增加了行政管理部门的查封扣押权力，并且对行政管理部门具体的监督检查情况并没有列举清楚，使得执法部门有很大的自由裁量权。同时，在没有司法系统规制的情况下，增加了行政相对人的法律责任，这无疑使得执法机关很容易干扰到正常的市场竞争者，很容易因行政目的限制到市场的自由竞争行为。

增加了对消费者权益的保护，突破了一元的立法目的。反不正当竞争法在第二条中规定除损害经营者外，损害消费者的权益也应规制到反不正当竞争法中，并且在反不正当竞争法中的第一条即立法目的以及第三条要求政府为公平竞争创造良好环境和条件的内容可以看出我国反不正当竞争法的立法目的是多元的，除制止不正当竞争行为外，还要维护经营者和消费者的合法权益。笔者认为这二者需要以不同的法律内容进行规定，因为竞争法要实现这两点目标，首先必然要修改它原来规定的不正当竞争行为的内容，并划清与其他法律部门的界限。而从此次的修改草案中看出，反不正当竞争法增加了知识产权、网络市场、虚假信息等等内容，其目的是希望尽可能维护经营者和消费者的合法权益，但实际上该法与知识产权法、广告法、网络法等其他各部门法律规定的内容产生冲突，人们会因不同机构的受理而得到不同的结果；其次草案中的第十七条规定：经营者或消费者受到不正当竞争行为侵害的，可以依法向人民法院提起诉讼。那么在实践中，消费者是可以依据反不正当竞争法或者侵权法而起诉至法院，还是只能依据反不正当竞争法而起诉，让

① 陈斯：《论不正当竞争之司法规制》，对外经济贸易大学2007年博士学位论文。

公众不得而知，使得该条文如同画蛇添足同时也与立法宗旨产生矛盾。

笔者认为在条文中产生这些种种矛盾，其原因就在于我国的反不正当竞争法立法目的是多元的，而立法多元目的的实质在于我国竞争法的执法机关是以调控为主的综合性的行政机关，其受国务院的领导，内部实行的是首长负责制，其没有真正的独立性。执法机关的非独立性决定了在规制不正当竞争行为的同时必然要兼顾国务院的政策，要考虑上级机关的行政决定，这就导致了我国的工商行政管理部门无法仅从竞争行为上考虑其是否正当，还要从经营者、消费者等各个角度去考虑整个社会的和谐程度，造成了反不正当竞争法草案中的尴尬。

反不正当竞争法修改的内容极少涉猎执法机构的审查程序。这次反不正当竞争法的修改依旧是沿袭原来的立法结构，包括总则、不正当竞争行为、监督检查和法律责任四个方面，但执法机关对竞争行为的审查程序以及对于侵犯合法权益的救济程序都没有设计。这与中国传统行政机关决策的高效性是息息相关的，正如前文所述，行政机关的高效便利适于在复杂变化的市场环境中灵活应变，及时制止不正当竞争行为维护市场秩序，但纯粹的行政性必然会对正当程序的关注度较少，这就需要司法化的制度来规制行政机关的权力，用司法化的程序使行政机关的决策更加公正透明。

四、行政机关司法化在反不正当竞争法中的运行

如前文所述，行政机关司法化的优越性在于其结合了行政性与司法性的优点，而要做到行政机关的准司法化就需要在实体和程序上独立。当今世界上的众多国家在市场行为法中都采用了相关执法机制，笔者通过对不同国家竞争法执法机制的比较学习，并结合中国自身国情，提出以下两种方案落实行政机关司法化在反不正当竞争法的运行。

（一）执法机构的实体独立

行政机关司法化最彻底的做法就是使反不正当竞争法的执法机构实现实体上的独立，将规制不正当竞争行为的行政机关建立为一个独立的监管机

关，如果只是将法律执行的职责授予一个行政部门的分支，那其监管结局必然是失败的。美国的联邦贸易委员会（FTC）是现今世界各国中对整个国家经济竞争进行监管做得最成功的监管机构，它是真正独立且属于两党制，其成员由总统任命、国会确认的人员组成。另外，美国国会除授权 FTC 有启用监管程序和颁发禁止令的权力外，还授予了其进行企业信息收集的权力，这一点是监管机构可以真正地独立的重要所在。我国反不正当竞争法执法机构无法完全独立很重要的一点就是信息的不对称性，对不正当竞争行为判定建立在大量的企业市场信息上，这些信息都是而且只有我国的行政机关才有权力获得，如果只是表面上的独立而不能够授予反不正当竞争法执法机构以与其职责相符的权力，其存在就只能是一具空壳。在我国，就是要经过机构改革将其改造为一个拥有准司法权的竞争法执法机构，在法律中明确规定准司法机关的独立机构地位，将对垄断行为的规制和对不正当竞争行为的规制都集中于该执法机构，不仅使其可以独立行使监督权力，还可以避免反垄断法和反不正当竞争法中的规制冲突问题。

除了彻底的实体独立机构之外，还可以建立一种半独立的执法机构模式，这是一种基于我国目前国情更容易实施的一种模式，这种模式并不改变商务部、国家发展和改革委员会和原国家工商行政管理总局的三大机构执法模式，而是将规制不正当竞争行为的执法部门在工商行政管理部门中单立出来，除了专业对审查不正当竞争行为之外不从事其他的行政事务，这样的模式好处在于保证了审查机关的专业性，也不会遭遇无法收集到市场信息的尴尬处境，但它的弊端在于这样的模式保障不了其真正的独立性，在外部形式上它仍归属于行政机关，仍受上级机关的领导。

（二）执法机构的程序司法化

形成一种以委员会机制为核心的调查、控诉、裁决、司法审查一体的司法化程序模式，程序上的司法化要求调查权与裁决权的分离[①]。美国联邦贸

① Senate debates，63d Congress，2d sess.，June 25 – August 4，1914，in Schwartz，Economic Regulation of Business and Industry，3：1765.

易委员会竞争局在联邦贸易委员会的授权下调查不正当竞争行为，向委员会提出审查建议，联邦贸易委员会根据审查建议作出多数表决，行政相对人可以向委员会进行申诉，由行政法官作出初步裁决，行政相对人对裁决不服的可以上诉到上诉法庭，由法院进行司法审查[①]；日本的调查权由审查官执行，并制定审查报告书上报给审查局长，并向公正交易委员会汇报，委员会审判前需举行事前听证，最后以多数票表决[②]；加拿大则由竞争专员和竞争局履行调查权，最后竞争裁判庭依据司法程序作出裁决[③]。从世界各国的实践经验中可以看出，竞争法执法机构虽程序的外在形式上各有不一，但实质上都是调查权与裁决权在委员会内部的分离。

程序上的司法化更加体现了行政机关司法化的优越性，因此我国一定要在学习欧美国家独立委员会模式的同时摸索出一条适合我们本国的一条司法化程序。笔者认为，我国的工商行政管理部门要设置单独的调查部门，独立行使对不正当竞争行为的调查行为，认为竞争行为违背了反不正当竞争法的，向工商行政管理的审查部门提出启动审查程序的建议，审查部门需举行听证程序，以当事人主义为原则，听取当事人意见，由行政法官以多数意见作出裁决，最后由该行政机关作出最终裁决，而当事人对最终裁决不服的可以向高级法院，或者可以在中级法院设立专门的“竞争厅”上诉，形成良好的司法审查机制。

最后，鉴于我国目前的立法环境而言，我国可能还无法在短期内建立理想化的实体独立的反不正当执法机构，尤其是独立机构，现实化的机制就是实现程序上的司法化，用法律明确规定执法机关的审查程序，通过程序上的司法化逐渐推进实体上的独立，真正做到行政机关的司法化。

---

① 张逸飞：《反不正当竞争法律行政责任制度评析》，载《法制与经济（中旬刊）》2014 年第 3 期。

② 吴益民：《中日反不正当竞争法比较与启示》，载《上海大学学报（社会科学版）》2005 年 5 月第 12 卷第 3 期 。

③ Marc Allen Eisner：《规制政治的转轨（第二版）》，尹灿译，中国人民大学出版社 2015 年版，第 248 ~250 页。

我国网购消费者反悔权发展现状及具体完善

李佳伟*

【摘要】网络时代的到来改变了我们的生活方式和消费模式，网络不但加强了我们与他人联系，更丰富了我们每一个人的生活。任何新生事物总是伴随着优点和漏洞，为了建立良好健康的网购环境，我国于 2014 年 3 月 15 日修订了新消费者权益保护法，这也是我国首次将消费者反悔权纳入其中，目的就是为了弥补网购中因买卖双方信息不对等而导致交易天平失衡的缺陷。虽然我们在法律层面赋予了反悔权较大的期望，但在实践中却出现了各种“水土不服”的问题。为了完善该制度，文章在借鉴域外几个发达国家较为成熟制度的基础上，从立法、执法、司法和守法的角度对我国消费者反悔权制度提出几点建议。

【关键词】消费者反悔权　网购　借鉴域外制度　建议

引言

（一）研究背景

自我们进入 21 世纪以来可以说就进入了一个网络时代，伴随着这些年来电子商务信息流、商流、资金流和物流体系化逐渐完善，加上第三方电子商务平台营销、管理机制和网络安全保障机制的建设，便捷而高效的网络购物这种新兴消费模式被越来越多的人尤其是年轻人所接受。据报道，2016 年

---

* 李佳伟，首都经济贸易大学硕士研究生，经济法研究方向。

11月11日（“双十一”）仅天猫平台一天交易额就高达1207亿元，可以说整个社会已经进入了全民网购的时代。自2015年“互联网+”行动计划提出以来，再次刷新了人们的消费理念，与之相对应的生活方式和消费模式也发生了天翻地覆的变化。在许多大中城市中，消费者可以实现不带现金畅通城市各个角落进行消费，无论是交通，饮食，还是住宿等一些日常生活必然选择的商品或服务，都可以通过方便的互联网来完成。网络购物迅速抢占年轻人的市场并逐渐渗透到各个年龄层，很多实体经济纷纷转型将资本投入网络运营当中。中国有句古话说得好“欲速则不达”，当良莠不齐的销售者纷纷退水实体经济转而向网络经济进军的同时，由于销售者急于抽回资本，导致消费者和销售者之间出现了大量的消费纠纷。在这种井喷式发展的背后，消费者和销售者之间隔着一道互联网，双方信息交换地位极其不平等，导致欺诈、退货难等各种各样的消费纠纷激增。

为了弥补网购中因买卖双方信息不对等而导致交易天平失衡的缺陷，从而达到保护消费者合法权益的终极目的，2014年3月15日我国开始实行新消费者权益保护法，该法首次将反悔权定为消费者的法定权利，目的就在于试图透过法律层面并借助国家强有力的手来保障消费者的合法权益免遭非法侵害。

（二）研究意义

截至笔者写作之时，新消费者权益保护法已适用两年半了，但依成效来看，新增的这项权利并没有顺利完成其立法初衷，大多数消费者由于权利救济路径不畅等多重原因并没有行使过“七日无条件退货”的反悔权，该权利大多数时间都被束之高阁，立法原意与现实实践严重脱节。在我们学习马克思主义哲学的时候便知道，理论来源于实践，同时我们要在实践中检验和发展理论，那么反观消费者反悔权的制定也是一样的。我们需要检验消费者反悔权在适用过程中是否能够得到合理运用，针对出现的问题进一步完善其保障措施，实现理论与实践相结合。

（三）研究方法

本文欲通过横向介绍西方几个发达国家的先进立法经验和技术，以完善我国新消法的不足之处，力求反悔权的立法精神能够紧密贴合现实实践以完成其使命。并借助于马哲中理论与实践相结合的科学方法，关注实践中出现的问题对现有制度进行反思和弥补，坚持在现实实践中不断检验理论。

一、网购消费者反悔权的相关理论

（一）网购消费者反悔权的内容和范围

消费者反悔权是一个舶来品，我国学界并没有一个标准而统一的从法学角度下的定义。中外学者对其也都有不同的称谓，如英美法系国家的冷静期和德国民法典中合同法领域的撤销权是阻止承诺发生法律效力的权利。但相较而言，学者们大都同意反悔权的称谓，因为其与冷静期相比，不单单指的是时间的概念；与撤销权相比，不需要有法律上所规定的欺诈、胁迫等情形即可行使。因此文章中将“新消法”① 第二十五条称为网购消费者反悔权制度。

对于消费者反悔权的定义，虽无统一说法，但无论怎样表达，其所指的内在核心意义都大同小异。结合我国法律的有关规定，基本可以将其总结为消费者在线上包括网络、电话或邮购等新型交易方式买得的商品后在法定期限内对其享有的无需说明任何理由即准许退货的法定合同解除权。据此，我们可将消费者反悔权的特点归纳如下：一是仅消费者这一方面享有反悔权；二是此权利属性为法定的；三是权利的行使是无条件的。

学习马克思主义哲学我们可知，凡事都要求把握适度原则，那么赋予消费者反悔权的范围亦是如此，对其保护的范围也不是没有边界的。因此，“新消法”在制定此条规定时也列了四条例外情形，即不适用反悔权的四种

---

① “新消法”即指的是2013年3月15日我国通过的新消费者权益保护法。此处及以下为简称。

情形。① 一是消费者定作的，因其定作的独特性导致影响商品的二次销售；二是鲜活易腐的，如鲜花，牛奶等保质期较短的产品；三是通过网络等线上平台下载的或者消费者已经拆封的音像制品等数字化产品，因为这类产品易被复制的属性导致行使该权利极易违背公平交易的原则；四是已购的报纸、期刊、杂志等时效性读物，因其具有反复阅读性而不适合行使反悔权。

（二）制定网购消费者反悔权制度的必要性

网购虽然有使用方便、省时省力的优点，但也有照片和实物不符、不能试穿等弊端，而且因为其美观的图片常常会导致消费者的冲动消费。销售者为了促进消费，夸大宣传，甚至欺瞒消费者真实情况的事实屡见不鲜，造成消费者失去网购信心并引发消费者和销售者之间的矛盾纠纷。因此若想繁荣网购市场，必须构建起完整的消费者反悔权体系，建立消费者对销售者的信心，给予消费者这一弱势群体以法律武器保护自身权益。网购区别于传统消费模式的地方在于网购的验货环节相对迟缓，这种情况下建立消费者反悔权制度就有助于消费者的知情权在时间上的延伸。

老话说得好“买的没有卖的精”。这句话用来形容现如今的网购时代再贴切不过了，销售者营销手段更加新颖具有吸引力，常常打着打折的幌子来诱导消费者购买商品。消费者尤其是女性消费者在面临销售者的营销手段时，往往会进行非理性思考而冲动消费。所以，法律赋予消费者以反悔权用以实现对网购经营者销售行为的适当规制这一做法是很有必要的。

（三）与其他传统权利关系的辨析

1. 网购消费者反悔权与无因退货的区别

传统权利无因退货权是反悔权的渊源。仅是指销售者与消费者两方自愿

---

① 2013年修正的消费者权益保护法第二十五条规定如下：经营者采用网络、电视、电话、邮购等方式销售商品，消费者有权自收到商品之日起七日内退货，且无需说明理由，但下列商品除外：（一）消费者定作的；（二）鲜活易腐的；（三）在线下载或者消费者拆封的音像制品、计算机软件等数字化商品；（四）交付的报纸、期刊。除前款所列商品外，其他根据商品性质并经消费者在购买时确认不宜退货的商品，不适用无理由退货。消费者退货的商品应当完好。经营者应当自收到退回商品之日起七日内返还消费者支付的商品价款。退回商品的运费由消费者承担；经营者和消费者另有约定的，按照约定。

达成的能够显示出销售者信誉的一种承诺。[①] 这种承诺在很大意义上刺激了消费者的购买活力，降低了网购中的种种不利于消费者的风险。但其与反悔权的区别在于：反悔权是经法律确定的权利，而无因退货权仅是某些销售者为了促成交易而与消费者进行的合意行为。而新消保法中的反悔权是由国家运用强制力保障实施的一项权利。

2. 网购消费者反悔权与“三包”制度中退货权的区别

在“新消法”颁布之前，产品质量法中就有关于不符合消费者要求的产品质量的“三包”（包修、包换、包退）规定。但与消费者反悔权不同的是：消费者若想以“三包”制度退货，适用的前提必须是销售者提供的商品或者服务的质量不符合要求，而消费者反悔权则无关这个前提，七日之内可无理由退货。同时，运费承担问题也是二者的区别，消费者使用“三包”制度进行退货的，因退货产生的货物运输费用由销售者承担。在使用反悔权时若无特殊说明则由消费者来承担货物运输费用。

3. 网购消费者反悔权与消费者知情权、自主选择权的关系

知情权和自主选择权作为消费者最基本的权利，在网购环节中对于消费者来说尤其重要。所谓知情权就是指消费者有权利知悉其所购买或使用商品或服务的真实情况。所谓自主选择权是指消费者有权利自主选择某种商品或服务。知情权是自主选择权的前提，自主选择权又是满足消费者消费需求的前提。[②]

我们知道网购与传统的消费模式相比有很大的不同，一方面网购不能真实地看到、尝到、闻到、听到、触摸到商品的实物，只能通过图片和卖家的描述来进行选择，这在很大程度上掩盖了商品的真实性能，加之销售者受到利益的驱使，常夸大其词美化商品的真实情况，致使网购消费者不能知晓商品的全部真相。另一方面，网购中销售者是随机发货的，消费者无法像现实中传统购物那样经过精挑细选的比对后选定令自己满意的商品，那么也就意味着消费者的自主选择权就会受到侵害。由此观之在网购中消费者的这两项

① 赵红月：《我国网络环境下消费者反悔权研究》，河北经贸大学2014年硕士论文。

② 金福海：《消费者法论》，北京大学出版社2005年版，第56页。

最重要的基本权利很容易名存实亡。因此新消保法制定的网购消费者反悔权就是保障消费者知情权和自主选择权的必要法宝。

二、当前我国网购消费者反悔权实施现状

从理论层面来讲，我国将消费者反悔权纳入新消保法中对保护消费者在网购中享有的合法利益具有很大的进步作用，各大电商也纷纷响应国家的号召迅速制定相关细则对其经营活动进行相应的调整。但是从实践来看，反悔权的实施并没有预想的那么顺利，网购消费者维权的道路仍是举步维艰。

（一）对“商品完好”一词界定模糊

反悔权中规定消费者退货的商品应当完好，却并未对“完好”一词做出细致而具体的衡量标准。在浏览淘宝、聚美优品、唯品会、京东、当当等各大电商网站后可以得知，各个经营者说法不一。其中一些经营者规定商品退货的前提必须是未拆封或者未使用，有要求更严者甚至规定商品必须保持原样退回，并确保赠品、发票等凭证齐全。如唯品会和当当网规定商品吊牌、配件、标签等损坏则不予退货。京东退货规则中更是规定包装含防伪码的商品防伪码一经刮开不予退换货。针对不同电商不同标准，学界中对于各种定义“完好”的标准将其划归为三种：第一种是高标准要求商品本身、商品包装及各种凭证均完好无损。第二种是中等标准即要求商品及吊牌完好，其他方面不要求。第三种是低标准保证商品自身完好即可。

本文比较同意中等标准。原因在于：一方面，消费者要想确认商品有无质量问题以及了解商品是否符合自己的要求，必然会进行拆封，要求包装完好实属强人所难。而且消费者只要保证商品吊牌完好即可，无须要求消费者保持各种凭证、赠品完好，这种标准未免过于苛刻，不利于保护消费者的权益。另一方面，在完善经营者退货细则更为合理的同时，也应要求消费者在合理注意义务范围内尽最大努力保护商品外观的完整性。如果发票、赠品等遗失、损坏可以要求消费者小额折价退货，这样可以避免二次损坏，也可以有效权衡经营者和消费者的利益。

（二）兜底条款规定范围不明确

前文提到，考虑到某些商品属性的特殊性，“新消法”采用了列举法列出了四项不能适用于反悔权的商品从而对消费者反悔权进行了合理的限定，又在条文最后采用兜底条款对限定进行补充，即根据商品本身性质确定不能使用反悔权的不适用无理由退货。但在实践中，很多商家却将不宜退货的商品种类大幅增加使这条兜底条款遭到滥用。如在“1号店”网站上规定了婚纱、礼服和民族服装类均不能退货。而且这类规定往往没有被放在十分显眼的位置上，消费者极少能够注意到这些规定，都是在纠纷产生后才被告知该项说明。因此，及时做出统一适用标准的兜底条款十分迫切。

（三）行使反悔权的起算点及退货期限不明确

反悔期属于法定的除斥期间。民法中的除斥期间在一般情况下不得发生中止、中断或者延长的情况。七天的反悔期实际上就是赋予消费者的一个相对合理的冷静思考期。[①] 但七日无理由退货在具体实施中也出现了很多细节性的争议问题。比如，消费者自拿到商品行使反悔权的起算点是以运输公司系统显示的消费者签收日期为界还是以消费者实际拿到商品的日期为界？这七天指的是自然日还是工作日？在网站上退货的流程一般都要经过申请、卖家审核、买家退货、卖家收货最后到退款的这五个步骤，期限规范不清晰、烦琐的退货流程消磨了一些想要退货的消费者的耐心，有些人为了节省精力和时间干脆就不退货了，自认倒霉的情况在现实中极为常见。

（四）权利救济途径不畅

网购不同于传统购物的地方就在于传统购物是面对面交易，能够做到“一手交钱一手交货”这样一种让交易双方都安心满意的状态。网购涉及的服务主体复杂多样，包括网上消费者，网上销售者，网络电商，仓储平台，

① 全国人大常委会法制工作委员会：《中华人民共和国消费者权益保护法释义》，法律出版社2013年版，第33页。

物流配送平台在内的至少五种主体，可以说要想完成一单网购，自然就少不了这多个环节的环环相扣，协同配合。但实践中，一旦发生纠纷，整个大环节内部互相推诿责任的现象却比比皆是。快递公司高举格式条款规避责任，网络电商利用“避风港”原则逃避责任，仓储平台更是运用风险规避合同来免责。

尽管新消保法中规定了消费者有解决消费纠纷的几种路径，包括和解、调解、投诉、仲裁和诉讼。然而真正用到这些救济途径时消费者普遍反映条条途径均不畅通。首先，网购消费者在进行和解时，会因为天然的双方信息交换不对等的劣势而导致处处受到销售者的压制，很难达到令消费者满意的和解结果；其次，因为我国缺乏专门保护消费者反悔权的行政机关，在消费者进行投诉时，会面临行政各个机关相互“踢皮球”的尴尬局面；若消费者求助于消费者协会进行调解时会受到调解手段和执行方式的双重限制；导致出现调解不成或执行不了的结果；最后，当消费者只剩下仲裁或诉讼的选择的时候，仲裁还需争议双方达成仲裁协议，消费者的权益仍然受到销售者一方的限制。如果选择诉讼的话则会面临非常复杂的程序，如所涉商品是食品则需要消费者垫付检测费用来鉴定食品的质量，消费者通常不会因本身价值并不高的标的额商品而付诸大量的时间和金钱，最后往往只能用一句“花钱买教训”来安慰自己。从以上种种我们可以看出，消费者权利救济途径不畅，投诉无门成为当前消费者行使反悔权的最大障碍。

三、国外消费者反悔权制度概况

（一）美国

在美国，冷却期制度的功能与我国的反悔权制度是一样的。但美国由于实行高度自由化发展的市场经济，因此政府在有关于消费者反悔权的立法上并没有投入太多精力，更多的是让市场发挥其“看不见的手”的功能自行进行调整。美国涉及消费者反悔权的法律有《冷静期规则》和《诚实借贷法》两部，其中前法是1972年由联邦贸易委员会制定的，适用于消费者在固定经营场所以外的非营业地的交易，如消费者住宅等地，其主要内容是消费者在购物之日起3日内对25美元以上的商品有权利向经营者无理由提出退货的要求并可退回全额买入价。① 该制度逐渐被美国超过40个州接受。后法主要适用于消费信用领域。

美国对于消费者反悔权的保护可以说是全方位无死角的，它是由政府和民间组织共同维护的。虽然美国实行高度自由的市场经济，但是在考虑到市场本身无法避免的缺陷可能会出现失灵状态，美国法律规定有关行政机关在收到消费者投诉后应积极调查取证并严惩侵害其受法律保护的合法权益的行为，及时对涉案经营者进行强有力的行政处罚并通报社会。此外，美国的仲裁机关向消费者和经营者提供了高效且低廉的仲裁服务，妥善化解二者在协商不成情况下的矛盾。在美国消费者与经营者之间的矛盾很少，这说明美国的行业协会等民间组织在解决二者纠纷中起到了不可或缺的作用。而且美国政府专门规定，如果行业协会设有这种仲裁方式解决纠纷的情况下，消费者必须经过仲裁途径，在对仲裁结果不满意的情况下才可以提起诉讼。② 同时，美国还设置了行之有效的公益诉讼和群体诉讼制度，为保护消费者合法权利又增添一道城墙。

（二）德国

德国针对消费者反悔权有撤回权制度。一如德国人严谨的性格特征，有关撤回权的法律规定相当明确和细致，并在立法中强调了经营者的告知义务和限制消费者滥用权利的规定，而且与各个部门法相协调增加其适用性，形成了较为完整而系统的撤回权法律体系。但是德国有关撤回权的立法并非一蹴而就，它同样也经历了相当长时间的打磨。早期德国有关于撤回权的规定并不像我国一样集中在新消法中，而是散落于各个单行法中，如《上门交易法》和《远程交易法》等。最终德国于2002年在《德国民法典》中将消费者的撤回权进行了统一完整的规定，实现了撤回权制度的法律化。

---

① 卢春荣：《消费者撤回权制度比较研究》，复旦大学2012年博士论文。

② 皇甫家果：《消费争议仲裁制度研究》，郑州大学2011年硕士论文。

德国撤回权的行使期限是半个月，消费者只要是在半个月内任何时刻发出撤回的意思表示均有效。而且撤回期间最长可以是六个月，从消费者明知有撤回权时起算。而且在德国消费者使用撤回权时不需要说明任何理由，在两周内任一时刻以书面或将原物寄回的方式行使撤回权就认为有效。德国民法典规定买卖双方均负担一定的义务，除了施加于经营者身上有依法向消费者说明其拥有撤回权的义务，还规定了消费者具有通知经营者其使用撤回权的义务。

（三）英国

英国是在1964年制定的冷静期条款后逐渐发展形成反悔权制度的。直到2015年，英国才通过了《消费者权益法》。英国还专门规定了有关数字产品的冷静期，即在数字产品有缺陷时，消费者有要求经营者进行调换和修复的权利。这和中国新消法将数字化产品排除在使用反悔权范围之外的规定大相径庭，英国肯定了消费者可无理由对在线下载或者拆封的音像制品进行反悔。英国消法中还规定了消费者可行使合理拒绝权，即除了鲜活易腐的商品外，消费者可以在30天内对缺陷产品行使“早期拒绝权”，而且即使超过了早期拒绝权期间，英国消法还规定只要消费者未行使6个月内的“最终拒绝权”，依然享有对缺陷产品进行修理或调换的权利。①

四、我国网购消费者反悔权制度多角度完善建议

既然实践中已发现我国反悔权制度仍存在大量不足，加之网络购物不同于传统购物模式，不能运用合同法相关规定进行妥善解决，那么我们就有必要从立法、执法、司法守法多角度完善反悔权制度。

（一）相关法律制度的完善

首先，新消法第二十五条对不适用反悔权的商品进行了列举加兜底的排

---

① 陈爱飞：《英国〈消费者权益法〉（2015年）评析》，载《人民法院报》2015年7月31日。

除性规定，但其范围过于原则性和狭窄，极大地限制了消费者的反悔权。因此，立法者有必要运用立法技术对反悔权适用的范围进一步细化和拓宽。相关立法部门可以通过召开听证会、专家咨询等方式，制定完整的商品目录并列出不宜退货的商品。还有对商品完好的标准采取前文所述的中等标准并加以细节化规定。

其次，在线上这种非实体交易方式中，七天的期限对于一些日常用品还可以完全了解其性能，但对于大型家用电器等商品，需要花费较长时间才能更好地判断其性能的好坏，考虑此类商品的特殊性立法者应适当延长此类商品反悔权的使用期限。真正做到具体问题具体分析，针对不同商品的特点来确定不同的反悔权行使期限。

最后，针对退货期限的问题，如果以经营者同意为准则易造成经营者故意拖延消费者的退货时间而损害消费者利益；如果以货交承运人为准则会因承运人上门取件，消费者自主邮寄及委托第三方送货等多种现实因素而耽搁退货时间，因此以消费者在网上申请退货时间为准进行起算相对来说更为科学。

（二）加强对网购消费者反悔权的社会监督和行政监管

消费者协会从保护消费者的合法权益的角度出发，是对商品和服务进行社会监督的全国性社会组织，应充分履行其监督的职能。消协最懂得消费者的诉求，代表着消费者利益的消协更要积极参与制定与消费者相关的法律法规和政策，代表广大消费者向立法者提出可行性的建议。同时对于消费者所反映的问题及时向有关部门反映，并向消费者传达政府部门的处理方案。在收到消费者投诉时，协会要以“两不定”（即调查人员不定和接受调查的经营者不定）方法积极开展有力调查，必要时可以借助新闻媒体，通过大范围广而告之的方式对不诚信且侵害消费者权益的经营者进行曝光。

我国应当建立专门的保护消费者权益的行政机关并赋予其由国家强制力保证实施的处罚权和裁断权，配合工商等行政部门共同打击违法不良商家。如今交通便利后，许多经营者的经营地和发货地都不在一个地区，对于这种跨地区的纠纷，各个行政部门之间应当互通有无，共同协作打击违法行为，逐步建立起全国共用一个网络平台来监督此类纠纷的机制。

（三）健全网购消费者反悔权的司法多元救济机制

消费者与经营者因双方信息交换不对等导致权利与义务关系的失衡，进而走到诉讼过程中常常也使消费者处于不利地位。因此如果将举证责任落在消费者头上，让其证明经营者的侵害行为与其反悔权遭到侵害之间存在因果关系就十分艰难，消费者举证都难，何况胜诉？鉴于此，我们可以考虑将网络购物中消费者反悔权受阻的举证责任分配到经营者身上，消费者仅举证有侵权事实的发生即可。

考虑到网购中标的额较小，易使消费者产生厌诉心理，我们可以在借鉴国外的司法实践基础上，完善我国小额诉讼制度。尤其是在基层法院应设立专门审理标的额较小的网络消费纠纷案件的法庭，便于消费者进行维权，并注意借鉴国外调解在前诉讼在后的制度。[①] 作为审理小额标的法院的补充，我们可以建立网络线上纠纷解决机制。方便交易双方针对一些更为细小繁杂的纠纷进行解决。这种机制的作用可谓是一石二鸟，它不但可以达到有效节省诉讼资源和成本的目的，还能帮助网购经营者提高业务能力。

（四）提高网购消费者反悔权的法律意识

前文已经从立法、执法及司法角度对完善反悔权制度提出建议，下面从消费者自身，也就是守法的角度来谈一谈提高消费者保护自身合法权益的意识对于其自身免受侵害有多么重要。据了解，很多网购消费者是不知道自己拥有这项法定反悔权的，通过加强对反悔权的宣传，提高网购消费者自身的维权意识。大数据时代下消费者可以充分利用丰富的网络资源，先发制人尽早查明经营者的营业地址和联系方式等经营状况，这样可以及时扭转自己的不利地位。在双方达成买卖合意后，消费者应及时保存好交易信息，向经营者索要发票、收据等购物凭证并妥当保管，防患于未然。对于作为网购的主力军的大学生来说，更要学会运用法律武器维权，用法治眼光看社会。此举

① 罗静：《网购中消费者“反悔权”的完善》，载《现代国企研究》2015年第2期。

在保护自己合法权益的同时又能为我国在建设法治社会的进程中添砖加瓦。

五、结语

互联网带给我们太多的改变，从生活方式到思维方式再到消费模式，网络已成为我们每个人生活中不可缺少的一部分。大数据时代下信息呈爆炸井喷式发展并传播，国内外局势瞬息万变。面对每分每秒发生在我们身边的新问题来说，法律的滞后性要求我们发挥人类的主观能动性来及时调整现有法律使其能够顺应时代的发展，解决人们现实生活中遇到的各类问题。

反悔权制度犹如一叶扁舟，飘荡在无边无际的法律大海中。但是它却牵动着千千万万个消费者的心，为了进一步保护弱势一方，激发消费市场的活力，促进社会主义市场的良性竞争，在借鉴国外先进的理论与实践经验的基础上，文章从立法、执法、司法以及守法角度提出了一些不成熟的建议。借用老师常常说的话：徒法不足以自行，一个好的网络环境，仅靠法律自身是很难维持的，这就需要我们所涉各方主体积极配合，共建良好的网络交易环境，让网络更好地服务于我们的生活。

论中国人民银行货币政策的法定目标

王姿淇*

【摘要】 自1995年中国人民银行法颁布以来，关于中国人民银行货币政策法定目标“即最终目标的研究”一直是我国金融法理论研究领域和我国政府相关部门极为关注的重要课题。中国人民银行法第三条规定：“货币政策的目标是保持币值的稳定，并以此促进经济增长。”关于中国人民银行的法定目标，本文从概念分析入手，逐个分析世界范围内中央银行四大法定目标。然后以美国为例，分析美国中央银行货币政策目标的演变及经验。着重分析我国中国人民银行现行货币政策的法定目标。针对我国现行货币政策对实现该法定目标的有效性不高的问题，由于货币政策的有效性程度与中国人民银行的独立性程度紧密相关，因此应提高中国人民银行的独立性并给出提高中国人民银行独立性的改善建议，以此提高法定目标的有效性。

【关键词】 货币政策　法定目标　中央银行独立性

一、货币政策法定目标概念分析

（一）货币政策法定目标概念

货币政策是指一个国家为了实现其理想的经济目标而采取的各种调节货币供应量以及管制信用规模的方针、政策以及措施的总称。目标指明货币政策的出发点和归宿处，构成了货币政策的正当性基础。货币政策目标体系包

* 王姿淇，首都经济贸易大学硕士研究生，经济法研究方向。

括最终目标、中介目标、操作目标三个层次。最终目标又称终极目标，是指货币政策的根本目的。本文所谈的货币政策法定目标即货币政策的最终目标。那么对于我国央行的货币政策法定目标而言，正如中国人民银行法第三条规定的："货币政策的目标是保持币值的稳定，并以此促进经济增长。"

世界范围内各国中央银行货币政策的最终目标选择一般有：稳定币值、经济增长、充分就业、平衡国际收支等经济指标中的一项或数项。

（二）货币政策与四大最终目标的关系

稳定物价也就是控制通货膨胀，使一般价格水平在短期内不发生剧烈的波动。充分就业是指保持一个较高的稳定的就业水平。经济增长是指一国或一个地区经济产品与劳务总量的增长。平衡国际收支是指采取各种措施纠正国际收支差额，使其趋于平衡，即一国对其他国家的全部货币收入和货币支出相抵，略有顺差或逆差。

就长期而言，货币政策的多重法定目标之间是一致的或互补的；就短期而言，除了就业充分与经济增长之间正相关外，其他目标彼此不相容。(1) 就业充分与物价稳定。为实现充分就业，需要增加货币供应量，扩大总需求，创造更多的就业机会。但是，总需求扩大后，因为供给不能立即发生变化，所以造成生产资料、消费资料的价格上涨，即所谓的[①]菲利普斯曲线（Philips Curve）。(2) 经济增长与物价稳定。在一定范围内，物价稳定乃是经济增长的前提，经济增长则是物价稳定的基础，二者相互促进。但超出此范围，货币量扩大，刺激投资和消费，带来经济增长，亦导致物价上涨和通货膨胀；反之，为防止物价上涨和通货膨胀，缩减货币量，抑制投资和消费的有效需求，以致对经济发展不利。(3) 国际收支平衡与物价稳定。物价稳定和国际收支平衡分别表示一国内部和外部的均衡，但影响二者的因素各不相同，一国难以通过货币政策同时达成这两个目标。(4) 国际收支平衡与经济增长。经济增长与国际收支平衡为二律背反，经济增长有助于就业增加、收入提高，进口需求相应增加，当进口增长快于出口增加，产生国际逆差，国际收

① 许冰、章上峰：《经济转型时期中国的非线性菲利普斯曲线》，载《中国管理科学》2008 年 10 月。

支恶化；为平衡国际收支，减少货币供应量，又造成国内需求下降，经济增长放慢。

二、美联储主导下的美国货币政策最终目标的沿革及经验

（一）美国货币政策目标的立法演变

美国 100 年的货币政策史是一部放任—监管—再放任—再监管的轮回。传统的宏观经济政策目标包括四项：充分就业、物价稳定、经济可持续增长和国际收支均衡。然而作为两大宏观经济政策之一的货币政策决策和执行机构——美联储，在 100 年前成立时明确界定其货币政策目标为金融稳定，只字未提以上四大政策目标。100 年来，美联储的货币政策目标经历了一个由稳定金融到稳定物价的演变，以及 2007 年大衰退后向稳定金融目标的回归。美国哈佛大学经济学家 Reinhart 和 Rogoff 把美联储的 100 年分为三个阶段。第一阶段从 1913 年到 20 世纪 30 年代，美联储的主要使命为稳定金融 。第二阶段从第二次世界大战到 20 世纪 70 年代后期，为“财政支配时期”。第三阶段从 1979 年到 2007 年大衰退前，美联储的主要使命是稳定物价。

自 1913 年成立以来，尽管美国宏观经济政策没有被清楚地理解，美国联邦储备委员会已经对其货币政策改革进行了多次立法授权。最近的修订是在 1977 年和 1978 年，他们要求美联储促进价格稳定和充分就业。经济发展进一步被放到重要位置，经济思想也在进一步改善，这些问题再次引起了美国货币政策目标是否改变的问题。事实上，一些其他国家，特别是那些采用欧元作为共同货币的国家，已经接受将“价格稳定”作为其货币政策的新的主要目标。

（二）关于美国货币政策目标的争论得出的结论和经验

尽管有些人认为，美联储的目标可以进一步完善，譬如在未来尝试维持或制度化最近的低通货膨胀。有许多讨论集中于两个议题：目标的透明度及其双重性质。但是，在美联储两个主要的货币政策立法目标：“促进充分就业”和“促进稳定的价格”的指导下，在过去十年，美联储成就了美国经济

的卓越发展。

目标的透明度是指货币政策目标明确界定，并且可以容易和明显地被公众理解的程度。争议曾提到“充分就业”这一目标不透明。虽然美联储对长期就业水平影响不大，但它可以尝试平滑短期波动。因此，促进充分就业可以被解释为反周期货币政策，其中美联储旨在平滑商业周期的幅度。第二个提议对美联储目标的修改内容是更大程度上关注价格稳定性以及强调商业周期稳定。经济学家，中央银行是能够保证价格稳定的唯一实体，除非价格稳定被指定为首要目标，否则这一目标很可能不会实现。虽然有些问题尚未解决，但是，根据现状，我们看出美联储在降低通货膨胀、保持物价稳定方面取得了成功。

从美联储 100 年货币政策历史来看，美联储货币政策变化的阶段以美国经济形势巨变或世界大战影响美国经济环境的重大事件为节点。20 世纪 30 年代的经济大创伤、第二次世界大战、20 世纪 70 年代的经济大萧条重大经济环境的巨变导致美联储调整货币政策的最终目标。换句话说，我们从未见到某届美国政府或某位美国总统在货币政策变化中扮演重要角色，在货币政策目标的舞台上，美联储是唯一的主角。因此，美国的中央银行——美联储在制定货币政策以及货币政策最终目标方面具有很高的独立性。近十年来，美联储也成就了美国经济的辉煌。

三、我国货币政策法定目标历史沿革及分析

（一）我国货币政策法定目标历史沿革

根据官方文件和央行高管的观点，笔者总结出中国货币政策自中国人民银行自 1984 年转型成我国的中央银行至今，我国货币政策法定目标的演变经历了以下三个阶段。

1. 双目标制（1995 年之前）

1995 年之前官方说法的双目标制是指发展经济与稳定币值。现有可查文献中刘鸿儒最早给出双目标制是官方说法的直接证明，他认为双目标制是我

国长期一直坚持的一项基本政策。双目标制到底何时开始在我国实行？文献资料中有三个具体时间的提法：一是新中国成立后；二是1984年前后；三是1990年后。

2. 有争议的双目标制（1995~1999年）

1995年颁布的中国人民银行法第三条规定“货币政策目标是保持币值的稳定，并以此促进经济增长”，正式官方法定目标由此正式确定。现有文献资料中，这一时期解读法定目标的官方资料很少。有些观点认为这是单一目标制：①“这一单一目标论的规定实际上并未得到广泛认同”“本质上是坚持货币政策维护币值稳定单一目标的，但是它还带了一个尾巴，就是促进经济增长”。但是，笔者个人认为，中国人民银行法所确定的目标依旧是双目标制。从语言逻辑上来讲，无论“保持币值稳定”和“促进经济增长”是并列关系还是递进关系，这两项都作为目标，明确规定于法律条文之中。因此不能把“经济增长”这一目标排除出去。

3. 未明确确立的多目标制（2000年至今）

谢平和戴根有2000年的发文不但给出了官方法定目标解读，还带来“官方说法”要转向“多目标制”的信息苗头。谢平认为社会要求货币政策“发挥更积极的作用”，并提出有名的“货币政策的多目标约束”说法，他给出的多目标界定“物价稳定、促进就业、确保经济增长、支持国有企业改革、配合积极的财政政策扩大内需、确保外汇储备不减少、保持人民币汇率稳定”被后来的研究者广泛继承。戴根有呼应了谢平的观点，认为中国有自己的国情，所以多目标是一个现实问题。

2016年6月24日，中国人民银行行长周小川在华盛顿参加国际货币基金组织中央银行政策研讨会上做了题为《把握好多目标货币政策：转型的中国经济的视角》发言。再次明确提出我国实行的是多目标制。分析央行行长周小川2006~2012年的发言，依旧可以看出周小川代表中国人民银行的观点就是实行多目标制。但是，从2006年多目标制提出至今已有10年时间。1995年中国人民银行法确定的法定目标，迟迟没有得到修改。所以，笔者将

① 冯春平：《货币供给对产出与价格影响的变动性》，载《金融研究》2002年版。

这一阶段界定为“未明确确立的多目标制”。法律规定与中国人民银行的货币政策目标偏差迟迟没有矫正，这其中的原因值得我们深思。

（二）我国货币政策对实现法定目标的有效性分析

中西方学者从不同角度研究中外货币政策的有效性，并从不同角度分析了影响货币政策有效性的因素。但研究货币政策有效性首先要考虑的问题是中央银行对货币供给的控制能力，只有中央银行对货币供给完全或者部分控制，研究货币政策有效性才有意义，否则中央银行只能通过对利率工具调控经济，而市场利率本身受到货币供给和需求的影响，中央银行如果不能控制货币供应量，货币政策的有效性将受到冲击。

在2008年全球经济危机的波及下，为了尽快走出经济下滑的势头，确保经济增长和民生稳定，中央推出了4万亿投资的政策。当时温总理“4万亿”的手势我们记忆犹新。在如此大事件下，货币供应量的决策权在政府手里而不是中国人民银行手里。如今，关于这4万亿所带来的争议一直不断，李稻葵在其微博上发文称，对4万亿的历史功绩必须肯定。经济学家韩志国则认为现在中国的经济问题都是4万亿导致。笔者认为，且不论当时是否应该有“4万亿”政策，但有两点是不容置疑的。首先，货币供应量的决定权在政府手中，中国人民银行没有控制权。其次，近4年来，我国的通胀日趋严重，货币政策“保证币值稳定”的目标未能有效实现。

IMF研究表明，货币政策的有效性程度和一国中央银行的独立性程度密切相关。通过上述论证和IMP研究，我们得知，要解决当前我国货币政策有效性不足的问题，必须先提高中国人民银行独立性。

四、加强货币政策对实现法定目标的有效性必须加强中央银行独立性

（一）中央银行独立性含义

早期中央银行是通过商业银行发展而来的，并由私人机构转变为公共机构。就其作为公共机构而言，中央和政府之间的关系密不可分。所以，就传

统理论界看来，中央银行与政府相比是具有一定独立性的。中央银行作为一个国家金融体系中的关键部分，负责对货币政策进行制定和执行，因此能够起到使货币和金融稳定的作用。从相对于政府为出发点而言，所谓中央银行的独立性是指，中央银行在制定和实施货币政策的过程中，具有独立的、不依附于政府的法定职权和地位。体现在中央银行的职能传统领域，仅指与制定和实施货币政策直接有关的职能领域，即确定中央银行贴现率、制定与调整金融机构法定存款准备金率以及进行公开市场操作等方面；从广义来说，一般包括三个方面，一是人事独立性，二是经济独立性，三是政策独立性。

（二）我国中央银行独立性不高的原因

中国人民银行行为的政治性。中国人民银行与中央或政府的意志保持一致，在央行的行为规范中处于首要位置。发展和稳定是我国经济工作的两大主题，发展往往压倒稳定，改革开放以来由于政治目标的短暂性导致中央银行的独立性受损引发了严重的后果。实践证明，中央银行由于独立于政治，才具有长远的视野，只有让中央银行控制货币政策，才能为实现货币政策的长期的稳定提供一个良好的制度框架。而构建这一框架的重要前提是中央银行官员的任免不受政府控制。著名经济学家胡鞍钢教授通过实证分析后指出，中国存在明显的政策周期，且与经济周期变动呈一致性特点。经济扩张期与历次党代会或重要人代会具有一一对应关系。每当党代会召开之后投资增长超过一般年份的增长，第二年更高，第三年不得不进行宏观调控，第四年降低。每次经济收缩期都与历届政府紧缩政策相关。政府采取经济调整政策的当年或下一年，经济增长率都出现转折，并呈下降趋势。经济调整是中央政府处理中国各类经济危机的主要手段。

正是由于这些制约因素的存在，才使得央行的独立性不高。另外，就从微观经济的角度来说，如果信用意识不普及，信用关系不规范，市场经济体制不健全，将很难从法律上落实央行的独立性。同时，公众和央行、政府之间规范有序的关系无法建立，也无法落实央行的独立性。

（三）怎样加强中央银行相对于本国政府的独立性

根据本国国情，中国人民银行行为的政治性是制约其独立性的主要原因，这部分笔者将主要从提高相对于本国政府独立性角度谈解决办法。

1. 增强法律上的独立性

首先，增强中央银行的法律地位。加强我国中央银行独立性，要在法律上赋予央行更多的自由度，提高中央银行的行政地位。一是就我国国情而言，相对独立的中央银行较为合理，而理顺中国人民银行与国务院的关系尤为重要，这就需要授权中央银行自主地制定与实施货币政策，政府无需对其制定和实施货币政策进行过多的干预，只需要对货币政策目标和经济运行结果监督。由此，国务院在依法监督中国人民银行的同时，也成为中国人民银行履行职责的坚强保障。而从长远来看，将央行的行政级别适当提高半级，使它在隶属于全国人大，独立于政府，并使货币政策的制定和实施结果直接对全国人大和人大常委会负责，以避免政府短期行为的干预，保证其相对独立性。二是相应提高中国人民银行的分支机构的行政级别，为保证中国人民银行的独立性建立完整的制度框架。三是加强协调央行与财政部的关系。依法规范中国人民银行和财政部的配合协作关系，并针对中国人民银行法中严格限制中央银行向政府融资的规定，增补明确的责任条款，及必要的惩罚措施。

其次，在人事上改变央行人员组成及任免方式。要明确规定人民银行行长的任职资格、条件和期限等，增加其独立行使职能的权力，从而保证货币政策的持续性和稳定性。改善货币政策委员会的构成，挑选专业造诣高又不缺乏实践经验的人才。这些人才专门负责向人民银行的行长提出一些货币政策建议，并参与决策。对组成成员的任职条件、解职条件以及任期期限也应进一步细化。

最后，全国人大及其常务委员会对央行货币政策的监督应当得到加强。央行应定期向其汇报工作情况，执行全国人大及其常委会相关决议并接受监督，细化中国人民银行向全国人大常委会报告工作的程序。全国人大及其常委会必须及时掌握货币政策的制定和执行情况，同时全面了解金融形势和动态走向，只有保障充分的知情权，才能更好实施监督。同时，中国人民银行调整货币政策，只要经人大审查批准即可执行，没有人有权干涉。

2. 增强经济独立性

首先，应当增补对中国人民银行法第二十九条内容的法律责任条款，弥补其有规定却无具体措施的疏漏。其次，建立起规范化、间接性的政府与中央银行之间的融资关系。切断中央银行与政府的直接信贷关系，在资金运用方面进一步强化了中央银行的独立性。最后，强化中央银行的经济基础，从而进一步增强其独立性。在探讨加强中国央行独立性时，经济学博士、光大银行宁波分行行长宁咏说道："依赖于政府从微观经济领域的退出和中央财政能力的逐步加强。"这是由于当前的财政规模不够大，财政政策不能够完全发挥作用，所以就需要货币政策与之相配合，但是如果政府的财力雄厚了，财政政策可以独立完全发挥作用。货币政策就可由中国人民银行依据实际情况独立制定与实施，而不需受政府的影响。

五、结语

货币政策的最终目标的选择关系着国家经济状况，关系着一国的货币币值、控制通胀、就业状况、经济发展情况，以及国际收支平衡。货币政策的有效性体现着一国中央银行在应对危机，控制通胀，把控经济发展方面的控制力。我国的货币政策有效性不高，主要是由于中国人民银行独立性不强。中国人民银行行为具有政治性，受政府制约较大。为解决货币政策有效性问题，提出提高中国人民银行有效性的解决方案。着重分析了怎样加强中央银行相对于本国政府的独立性。从增强法律独立性和经济独立性两个方面进行了论述。对于最后的解决方案部分还不够全面，日后将学习更多经济学知识，提出更完善的解决方案。

1979 年至今中国经济法学术热点

——基于 CNKI 数据库统计分析

王倩瑜*

【摘要】基于中国知网（CNKI）数据库中，统计 1979 年至今发表的文章的数据，运用 SATI、SPSS 以及 NetDraw 对数据进行统计分析，可视化的分析我国经济法的影响力及学术热点。研究结果表明：经济法的影响力远低于法学平均的影响力，经济法的学术热点与经济法的发展有密不可分的关联。

【关键词】经济法　可视化　统计分析

一、问题的提出

从 1978 年改革开放至今，随着不断开放市场经济，我国经济进入高速发展的市场经济阶段，一方面给国家和国民带来物质上的改善，另一方面对我国法律建设提出了新的要求。在我国，经济法的产生具有鲜明的时代特点，是时代的产物，其发展也与我国市场经济的发展有密不可分的联系，经济法的强时代性是不可忽视的。对经济法近 40 年的发展的系统分析，尤其是其作为我国一个独立的部门法，在法学领域的影响力及其不同时期的研究热点的分析，能够更好地帮助我们把握经济法的过去以及现在，对经济法未来的发展与走向做出辅助帮助。

* 王倩瑜，首都经济贸易大学硕士研究生，财税法研究方向。

本文试图通过利用中国知网（CNKI）的数据库，对在该库中的“经济法”① 文献进行分析，不对原始数据做任何修改，保证数据的真实与客观，不掺杂作者的主观认知，使本文的分析能够建立在真实与客观之上。

二、数据分析

根据2016年知网公布的法学类期刊综合类影响因子排行，② 选取排名前十的期刊③以及社科类顶级期刊《中国社会科学》作为分析范围。

本文以十年为一个阶段，对1979年至今进行划分，分别为1979～1988年、1989～1998年、1999～2008年以及2009年至今四个阶段。统计在不同期间段“经济法”文章的题录数据。

利用软件SATI3.2对从中国知网文献管理中心文献输出中获取的EndNote格式的题录数据进行文献关键词词频分析，设定SATI软件Rows/Cols选项知识单元数为30，并构成词条共现相似矩阵［Co－Occurrence Matrix（Similarity）］、词条共现相异矩阵［Co－Occurrence Matrix（Dissimilarity）］和词条逐年分布频数矩阵［Frequency Count By Year（Fre）］。使用网络分析集成软件Uncinet6.186、数据统计软件SPSS24中文版以及可视化软件NetDraw2.119构建关键词多维尺度图以及关键词共现图。

在SATI软件中所生成的相似矩阵中元素值（如式1所示），代表为两个矩阵元素（本文中即为文献的关键词）的相似性，而相异矩阵中的元素值为相似矩阵元素值与－1的和：

---

① 注：本文中所有带引号的经济法，皆是按照CNKI数据库中所分类的经济法，不代表作者对这种分类的认可。但为保证对数据分析的客观性，故直接引用这种分类。

② 《中国学术期刊影响因子年报（人文社会科学）》2016年第14卷，下载地址：http：//piccache.cnki.net/kns/images2009/PjzxDownloads/pdf/%E4%B8%AD%E5%9B%BD%E5%AD%A6%E6%9C%AF%E6%9C%9F%E5%88%8A%E5%BD%B1%E5%93%8D%E5%9B%A0%E5%AD%90%E5%B9%B4%E6%8A%A5/%E4%BA%BA%E6%96%87%E7%A4%BE%E4%BC%9A%E7%A7%91%E5%AD%A6%E7%89%88/2016%E7%89%88%E4%BA%BA%E6%96%87%E7%A4%BE%E4%BC%9A%E7%A7%91%E5%AD%A6.pdf。

③ 排名前十的期刊依次为：《中国法学》《法学研究》《中外法学》《清华法学》《法学家》《法商研究》《法制与社会发展》《现代法学》《当代法学》和《法学》。

$$E_{ij} = \frac{F_{ij}^2}{F_i \times F_j}$$

（式 1）

其中，E_{ij}为元素值，F_{ij}为元素 i 与元素 j 元素共同出现次数，F_i和 F_j为元素 i、元素 j 出现次数。故可知，在通过 SPSS 所生成的多维分析图中，两个点距离越近，则两个关键词的关联性越强。具有强关联性的关键词可将其划为一类，说明不同阶段的学术领域关注点。

利用 NetDraw 进行社会网络分析对各阶段文献关键词进行共词，可以探讨在该阶段经济法领域的研究结构。在社会网络图中，关键词为结点，结点位置越居中越核心，结点间的连线越粗，则表示这两个关键词之间的关系越强、关联性越强。在本文中，利用软件 Ucinet 计算各个结点的中心度，并以此作为参数调整各个结点的大小，结点越大表明该关键词在此阶段的讨论热度越大。同一类关键词的，在关键词共现图中以同一形状结点表示，结点颜色表示关键词词频出现最高的年份，同一颜色，表示同一年度。

（一）1979～1988 年阶段“经济法”热点

依前文所述的方法，对 1979～1988 年的题录数据进行分析，可以得到该阶段的关键词多维尺度图以及关键词共现图。如图 1、图 2 所示。

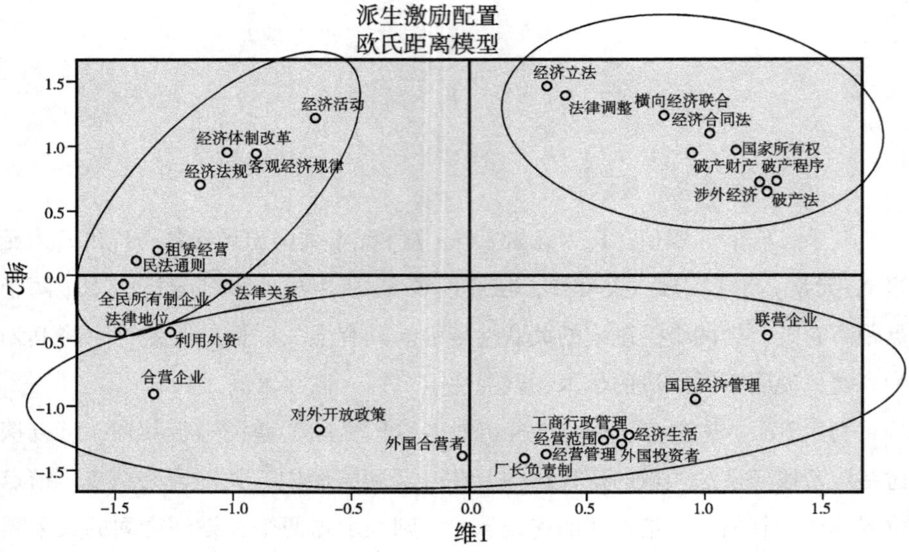

图1　1979～1988 年关键词多维尺度图

依上图1分析各点之间的距离，可以将关键词分为三类：（1）以经济体制改革为基础的研究：包括经济体制改革、客观经济规律、经济法规、经济活动、租赁经营、民法通则、法律关系、全面所有制企业和法律地位共9个关键词；（2）与外资投资有关的研究：包括利用外资、合营企业、对外开放政策、外国合营者、工商行政管理、经营范围、经营管理、厂长负责制、外国投资者、经济生活、国民经济管理和联营企业共12个关键词；（3）与企业法相关的研究：包括经济立法、法律调整、横向经济联合、经济合同法、国家所有权、破产财产、破产程序、涉外经济和破产法共9个关键词。

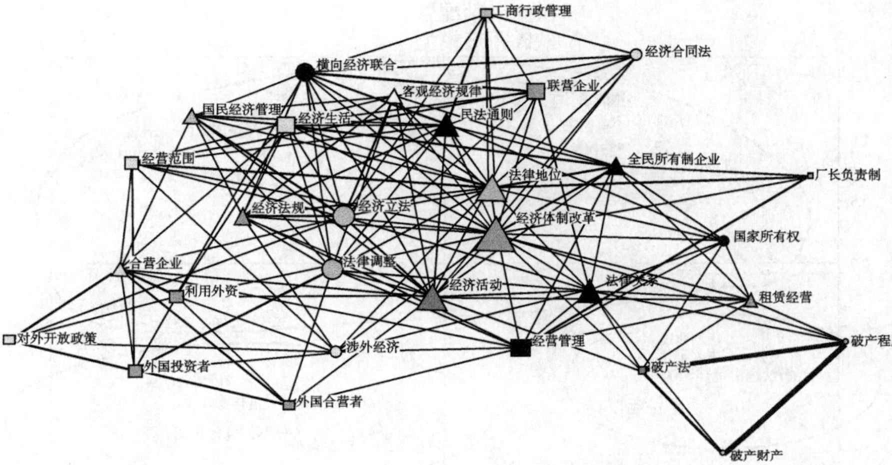

图 2　1979～1988 年关键词共现图

从图 2 可以看出，1979～1988 年，“经济体制改革”处于共现图的中心位置，且其中心度最高，说明“经济体制改革”在本阶段属于经济法领域研究的重点话题。其中“破产法”“破产程序”和“破产财产”结点之间的连线最粗，说明三者关联性最大。结合关键词逐年分布频数矩阵，同时还可以发现以经济体制改革为基础的研究主要集中在 1986 年，与企业法相关的研究主要集中在 1986 年 和 1987 年，与外资投资有关的研究也主要集中在 1986 年和 1987 年。可以推断，在此阶段，学术研究的热点年度在 1986 年和 1987 年。

（二）1989～1998 年阶段“经济法”热点

依前文所述的方法，对 1989～1998 年的题录数据进行分析，可以得到该阶段的关键词多维尺度图以及关键词共现图。如图 3、图 4 所示。

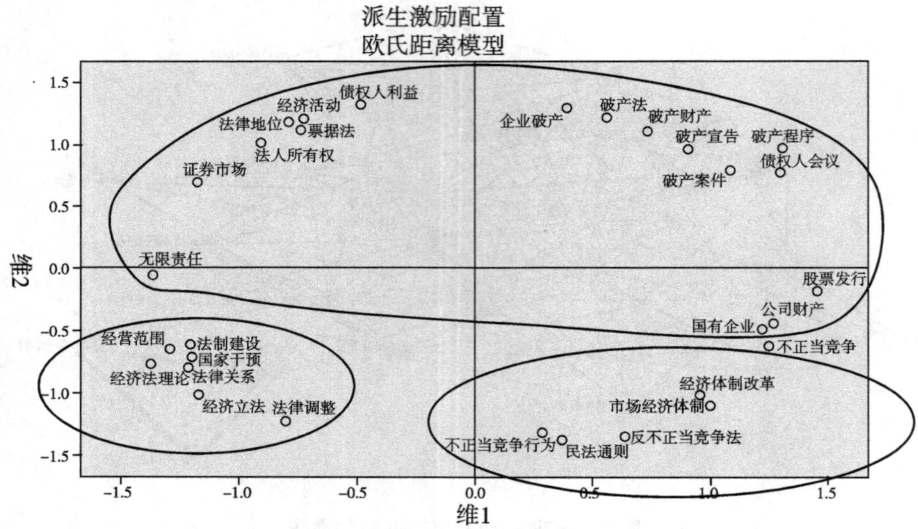

图3　1989～1998 年关键词多维尺度图

依图3分析各点之间的距离，可以将关键词分为三类：（1）以竞争法为基础的研究：包括不正当竞争行为、民法通则、反不正当竞争法、市场经济体制、经济体制改革和不正当竞争共6个关键词；（2）与国家干预有关的研究：包括经营范围、法制建设、国家干预、法律关系、经济法理论、经济立法和法律调整共7个关键词；（3）与公司有关的研究：包括国有企业、公司财产、股票发行、破产案件、债权人会议、破产程序、破产宣告、破产财产、破产法、企业破产、债权人利益、经济活动、法律地位、票据法、法人所有人、证券市场和无限责任共17个关键词。

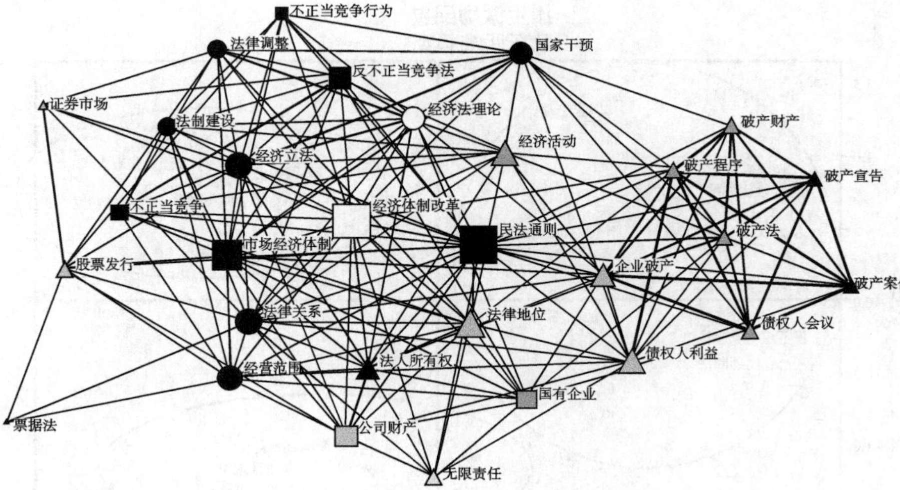

图 4　1989～1998 年关键词共现图

从图 4 可以看出，在 1989～1998 年阶段，“经济体制改革” 和 “民法通则” 处于共现图的中心位置，且其中心度最高，说明 “经济体制改革” 和 “民法通则” 在本阶段属于经济法领域研究的重点话题。其中 “破产程序” “破产法” “破产宣告” “债权人会议” 和 “破产案件” 以及 “不正当竞争行为” “反不正当竞争法” 结点之间的连线最粗，说明这些话题关联性最大。结合关键词逐年分布频数矩阵，同时还可以发现以竞争法为基础的研究和与国家干预有关的研究主要集中在 1994 年，与公司有关的研究主要集中于 1995 年和 1996 年。

（三）1999～2008 年阶段 “经济法” 热点

依前文所述的方法，对 1999～2008 年的题录数据进行分析，可以得到该阶段的关键词多维尺度图以及关键词共现图。如图 5、图 6 所示。

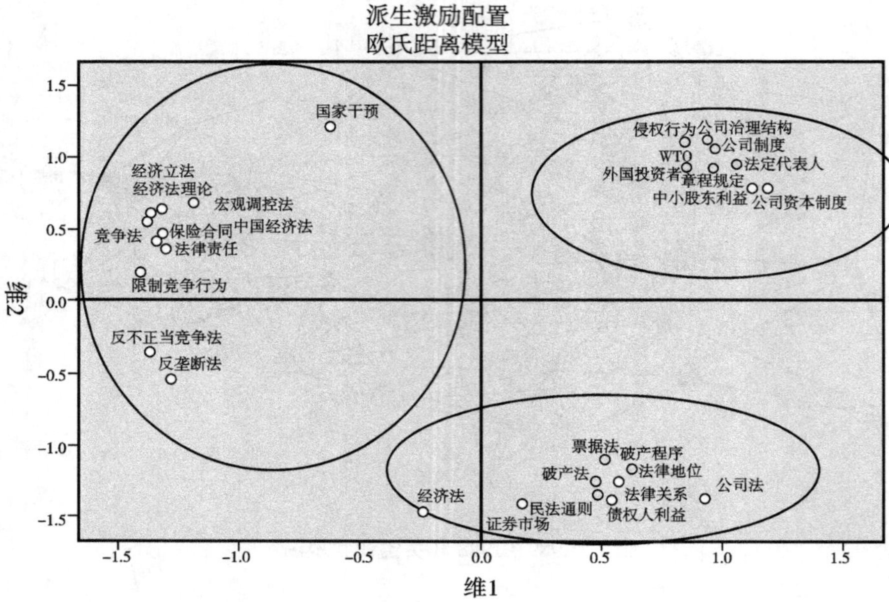

图5 1999～2008年关键词多维尺度图

依图5分析各点之间的距离，可以将关键词分为三类：（1）以国家调控为基础的研究：包括国家干预、经济立法、经济法理论、宏观调控法、中国经济法、保险合同、竞争法、法律责任、限制竞争行为、反不正当竞争法、反垄断法共11个关键词；（2）以公司法为基础的研究：包括票据法、破产程序、法律地位、法律关系、破产法、公司法、债权人利益、民法通则、证券市场、经济法共10个关键词；（3）以公司与外国资本为基础的研究：包括侵权行为、公司治理结构、公司制度、法定代表人、WTO、外国投资人、章程规定、中小股东利益和公司资本制度共9个关键词。

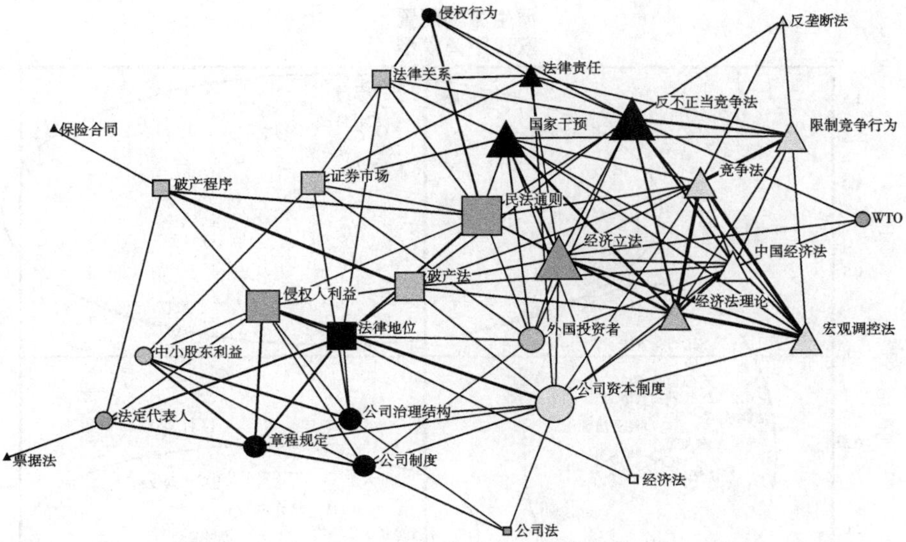

图 6　1999 ~ 2008 年关键词共现图

从图 6 可以看出，在 1999 ~ 2008 年阶段，“经济立法”和“民法通则”处于共现图的中心位置，且其中心度最高，说明“经济立法”和“民法通则”在本阶段属于经济法领域研究的重点话题。其中“限制竞争行为”“竞争法”“经济法理论”和“宏观调控法”以及“破产程序”和“破产法”结点之间的连线最粗，说明这些话题关联性最大。结合关键词逐年分布频数矩阵，同时还可以发现以公司法为基础的研究主要集中在 1999 年和 2002 年，以公司与外国资本为基础的研究主要集中在 2002 年，以国家调控为基础的研究主要集中在 1999 年和 2002 年。可以推断，在此阶段，学术研究的热点年度在 1999 年和 2002 年。

（四）2009 年至今阶段“经济法”热点

依前文所述的方法，对 2009 年至今的题录数据进行分析，可以得到该阶段的关键词多维尺度图以及关键词共现图。如图 7、图 8 所示。

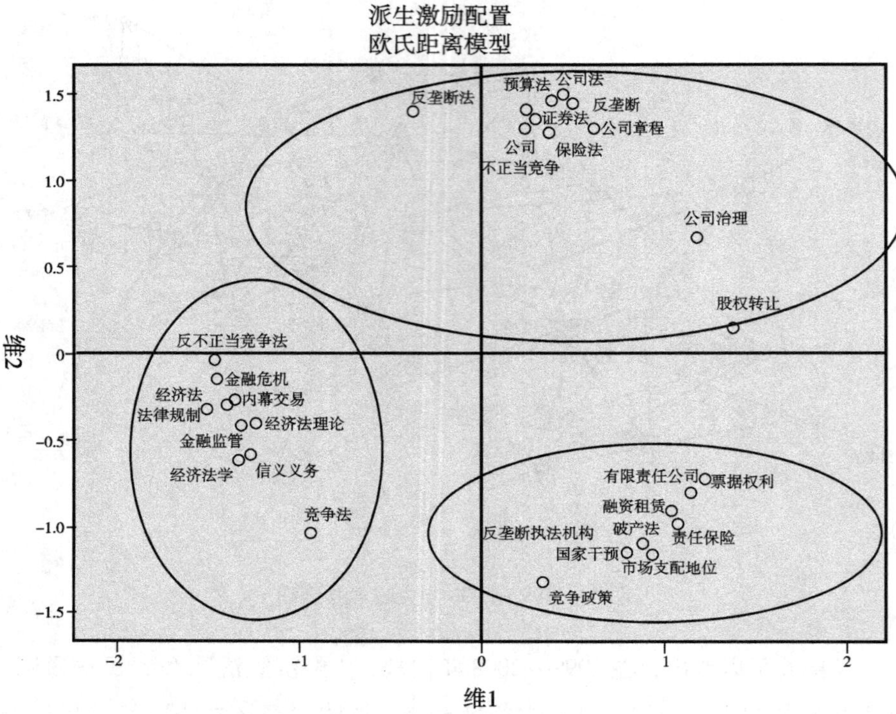

图 7　2009 年至今关键词多维尺度图

依图 7 分析各点之间的距离，可以将关键词分为三类：（1）以市场竞争为基础的研究：反不正当竞争法、金融危机、内幕交易、经济法、法律规制、经济法理论、金融监管、经济法学、信义义务和竞争法共 10 个关键词；（2）以国家调控为基础的研究：包括反垄断执法机构、国家干预、市场支配地位、有限责任公司、融资租赁、破产法、竞争政策、票据权利和责任保险共 9 个关键词；（3）以公司运营为基础的研究：包括公司、不正当竞争、反垄断法、预算法、公司法、证券法、保险法、公司章程、反垄断、公司治理和股权转让共 11 个关键词。

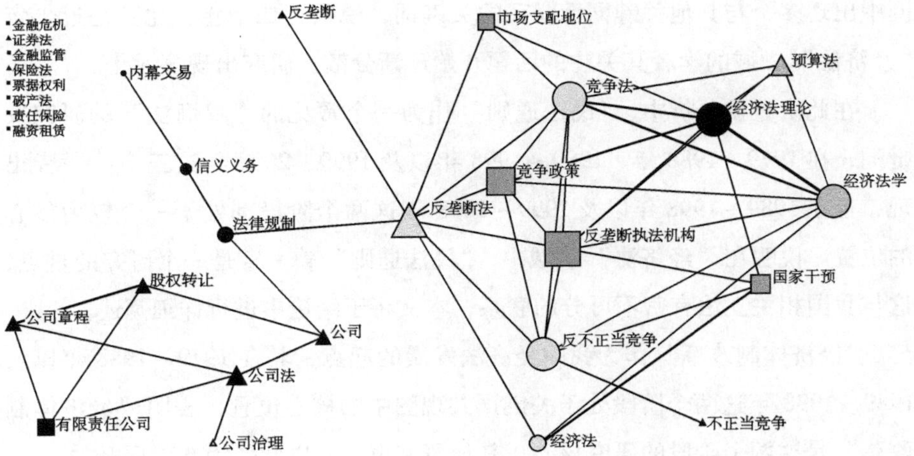

图 8　2009 年至今关键词共现图

从图 8 可以看出，在 2009 年至今阶段，“反垄断法”处于共现图的中心位置，且其中心度最高，说明“反垄断法”在本阶段属于经济法领域研究的重点话题。其中“ 经济法理论”和“经济法学”结点之间的连线最粗，说明这两个话题关联性最大。结合关键词逐年分布频数矩阵，同时还可以发现以市场竞争为基础的研究主要集中在 2010 年和 2013 年，以国家调控为基础的研究主要集中在 2012 年，以公司运营为基础的研究主要集中在 2010 年和 2013 年。可以推断，在此阶段，学术研究的热点年度在 2010 年和 2013 年。

（五）整体分析

前文中，仅是对各阶段内部的具体情况进行了分析，但仍不能整体对经济法的整体发展动态进行分析，无法把握经济法的发展趋势。下面将对经济法的整体发展进行分析。

在关键词共现图中，关键词共现网络越密，说明各个结点之间的关联性越强，从而可以反映本阶段“经济法”研究的关注点。从图 3、图 5、图 7 以及图 9 中，可以发现，1979 ~ 1988 年和 1989 ~ 1998 年这两个阶段的“经济法”领域学者的关注点相对集中，而 1999 ~ 2008 年以及 2009 年至今这两个阶段，其关键词共现网络明显稀疏，尤其是 2009 年至今这一阶段，其共现网中出现多个与其他关键词无联系的关键词，说明近二十年，尤其是近十年“经济法”领域的学者其关注的话题开始逐渐分散，研究出现多元化。

在此次数据分析中，“民法通则”作为一个常见的“民商法”的研究关键词，在1979～1988年、1989～1998年以及1999～2008年这三个阶段皆出现，且在1989～1998年以及1999～2008年这两个阶段都处于一个较为核心的位置。说明在“经济法”领域中，“民法通则”曾一直是一个研究的重点，这与我国相关立法有密不可分的联系，本文将于结论中进行详细阐述。

“经济体制改革”作为我国经济法发展的起点，其在1979～1988年以及1989～1998年这两个阶段处于关键词共现图中的核心位置，表明“经济体制改革”是这两个阶段的研究核心，其他研究也多是以此作为基础展开的。

与“竞争”“垄断”的关键词，多集中出现于1999～2008年以及2009年至今这两个阶段。且在2009年至今这一阶段“竞争政策”以及“反垄断执法机构”处于共现图中心位置，说明在这一阶段与“竞争”“垄断”有关的研究是学界研究的热点。

三、结论

通过前文对数据的分析，我们发现“经济法”作为一个新兴的学科，其影响力在“法学”领域并不尽如人意，其影响力长期处于一个低于平均水准的状态，苏力教授也曾在其论文中提出这一观点，经济法的低影响力的成因究竟如何，苏力教授也提出了几点猜测，应该是未来学术关注的方向。[①] 经济法作为与市场经济发展密不可分的部门法，其较低的影响力是值得关注的，也应在之后的研究中，详细探讨其成因，辅助经济法的发展。

前文中，提到了一个较为有意思的现象，即作为民商法讨论领域的“民法通则”，在1979～2008年，也是“经济法”讨论领域中的热点。其一，CNKI数据库中，将部分应属于公司法的文章，划归为经济法。故以“民法

① 参考苏力：《从法学著述引证看中国法学——中国法学研究现状考察之二》，载《中国法学》2003年第2期。

通则”作为关键词，在本文所述的搜索范围中精确搜索，发现共计159篇含有关键词“民法通则”的文献，其中有44篇文献的标题中含有“企业”“公司”（此中不包括“国有企业”，因国有企业在市场经济中有特殊的地位与作用，故此排除在外。），约占含有关键词“民法通则”的文献数的25%。其二，这也与我国经济法的发展有关。在1986年民法通则颁布以前，“我国经济法学占主导地位的观点是‘纵横经济关系统一论’”，而横向经济关系中包括了公民之间、法人之间以及公民与法人之间的关系。民法通则颁布也为立法者厘清民法、经济法和行政法之间的关系的界限，民法通则的制定也对经济法的制定奠定了基础。故在民法通则颁布之后，经济法领域的学者要探讨某一问题是否属于经济法领域所讨论的，就无法避免涉及民法通则的内容，来确定经济法讨论的边界。其三，在最近的一个阶段，2009年至今，“民法通则”作为关键词的影响降低，这也与我国经济法发展逐渐趋于完善有关。我国的经济法的发展道路，是一个内涵与外延逐步清晰，具有渐进特性，与我国的经济体制变革具有同步性，不断地与相邻法律部门进行关系协调的发展模式。

我国经济法的发展的渐进性，不仅仅体现在上述内容，同时也体现在其与时代需求的同步性上。在我国经济法发展之初，有关竞争和垄断的问题并不是经济法讨论的热点，但随着时间的发展，尤其是中国的对外开放逐渐深化以及加入WTO，竞争与垄断逐渐成为我国经济法的核心问题，尤其在2009年至今这个阶段，已经成了我国经济法讨论的重点。

中国的经济法具有中国特点，应该适于中国土壤，符合中国经济社会的实际需求，解决中国经济所遇到的问题。正如张守文教授曾说“从国别差异看，经济法自产生以来，始终与各国的经济政策直接相关，由此使其不仅具有国际共通性，更具有突出的国别性。基于中国土壤生成的经济法，同样具备有别于他国经济法的诸多特殊性”。[①] 法律，尤其是经济法是与社会生产生活以及经济密不可分的，其发展应该符合实际的需求。罗斯特·庞德说过“特别在应付许多新问题和力图保障一个正在变化的经济秩序中许多新产生

① 参考张守文：《中国经济法理论的新发展》，载《政治与法律》2016年第12期。

的迫切利益方面，法律不符合人们对它的期望”。[①] 经济法作为一个与经济秩序有密切关系的法律部门，它更需要解决新产生的迫切利益方面，经济法不应也不能与时代脱节、跟不上时代的脚步，甚至应该略超前于经济秩序的发展。我国经济法领域相关的学者，紧跟时代热点，关注市场经济秩序所切实面对的问题，这符合经济法的要求。

四、反思

本文中，虽对文献所发表的期刊有所选择，但是由于本文研究的是经济法的影响力与其研究热点，故仅局限于11本具有较高影响力的期刊进行分析是合理的，如若把影响力较低的期刊也统计进来，对整体的加权影响因子并不大，故本文的期刊选取范围是较为合理与客观的。

本文中，并未对基于数据分析而提出的问题进行详细的探讨，这应在以后的研究中再进行挖掘。此次分析，只基于发表在期刊上的文章，未对硕博论文以及发表在报纸上的文章进行分析，很有可能不能完全展现我国经济法的影响力及研究热点，在之后的研究也应该将此部分补充，以作对比，能够有更为全面的分析与认知。

① 罗斯科·庞德：《通过法律的社会控制》，商务印书馆2010年版。

征收交通拥堵费的法经济学分析

周敏柠*

【摘要】城市的不断发展进步必然导致汽车数量的剧增。交通拥堵问题愈演愈烈，成为一种让人头痛的“城市病”。本文从法经济学的视角出发，结合法经济学的基本原理对在大城市征收交通拥堵费制度进行了可行性分析。征收交通拥堵费制度的构建框架如下：明确交通拥堵费的相关立法；完善城市公共交通系统；公众参与。

【关键词】交通拥堵费　交通拥堵费立法　公众参与　法经济学

随着经济社会的发展以及城市居民生活质量的提高，城市内的机动车保有量①剧增。道路交通拥堵已经成为大城市的一个普遍的问题。交通拥堵让市民出行幸福感降低，出行成本提高，同时带来诸如大气污染、噪声污染等一系列环境问题。在交通拥堵问题愈演愈烈的今天，政府有责任采取相应的措施，如征收交通拥堵费来缓解该问题。同时公众也应承担一定的社会责任，在政府的引导之下自觉缴纳费用或者通过改变出行方式等途经参与到政策实施中来。那么，征收交通拥堵费有什么基本理论支撑？如何构建征收交通拥堵费的制度框架？笔者将从法经济学的角度来分析征收交通拥堵费制度。

---

* 周敏柠，首都经济贸易大学硕士研究生，经济法研究方向。

① 机动车保有量：内燃机车（包含摩托车、汽车、货车，不包含电动车）在某地区的登记总量。

一、法经济学理论视角之下征收交通拥堵费的必要性

（一）公共道路的外部性理论

本文讨论的“道路”限于公路、城市道路，而不包括小区内或者校园内等的产权性质明确的道路。交通拥堵也称交通拥挤，是指在公共道路上车多拥挤并车速较慢的现象，高发区域分布在城市中心商业区，高发时间段分布在上下班高峰期以及节假日。

1. 外部性的内涵

外部性是一种典型的经济现象，是最先在经济学界被研究的理论。庇古曾用外部性理论论述“交通拥堵”的问题，即道路使用者仅考虑自己的出行成本而不考虑道路的成本，选择质优的道路通行最终造成交通拥堵。科斯发表的论文《社会成本问题》弥补庇古理论的缺陷，即不能如庇古所言脱离产权而讨论交易成本。在他看来，若能够将稀缺资源进行产权界定，就可以克服外部性问题从而进一步讨论交易成本与产权的关系。

所谓的外部性理论是指某个个体的行为活动给其他的社会成员造成了一定的影响，但他们不承担影响带来的负外部性或者正外部性。负外部性是指个体活动让其他个体受损，自己没有负担相应的成本，正外部性是指个体活动让其他个体获益，自己却没有享受相应的补偿。

2. 外部性对公共道路的研究

按照经济学的一般理论，产品以是否具有排他性、竞争性划分为公共产品和私人产品。若要讨论外部性对公共道路的影响，则需明确公共道路的产权属性。一般仅有公共产品的属性的物品才具有外部性理论研究的价值。政府基于责任为居民提供便利的交通基础设施同时承担道路维护费用。在我国，城市道路是一种由政府提供的免费的公共产品，可以运用外部性理论解释并解决交通拥堵问题。

私人出行前一般会计算出行的内部成本即时间汽油成本，若内部收益大于内部成本，则此出行方式可以考虑，而不会考虑此次出行带来的外部成本

即道路的拥堵给其他出行者带来的不便。道路的免费提供刺激了私人自驾出行。由于公共道路有一定的载客量，在越来越多的人选择自驾出行之时，道路的载客量超过了它的最大限度从而引起了交通拥堵。正是由于个人出行仅支付内部成本而没有支付外部成本，导致了道路资源的配置失灵。

通过分析外部性理论分析公共道路的使用可知，政府征收交通拥堵的费用是解决交通拥堵的良好措施。征收道路使用者费用这一价格手段使外部成本内部化，让社会成本包含在私人出行成本之中。个人边际成本与社会边际成本相当，这样对道路交通拥堵有一定缓解作用。

（二）市场缺陷之下的政府介入

1. 公共产品的不良使用导致的市场失灵

公共道路具有公共产品的属性，它的消费群体的非排他性特征是造成交通拥堵、交通资源配置不均这一市场失灵的决定性原因。奥普尔斯以“公地悲剧”理论说明，使用者对于公共产品的使用是不会考虑给该产品带来负担以及是否会损害他人的利益，个体都对阻止事态的发生无能为力，而且抱着占便宜的心态“参一腿”。

2. 政府介入市场的必要性

市场失灵需要政府的作为，强有力的政府能调节市场失灵引起的资源配置失衡。仅仅靠“看不见的手”不能实现资源合理有效的配置，此时就要依靠政府“看得见的手”。政府的经济行为是“看得见的手”的宏观表现形式。政府实现资源的最优配置是建立在信息准确、监督到位、高度理性的前提之下，它凭借强大的财力物力和权威实现对经济的有效干预。

根据法经济学的一般理论，政府的经济行为是否有效，政府是否应当介入经济生活之中取决于政策的效益——成本分析。就是说，征收交通拥堵费是否是一种高效益低成本而别无其他的可替代措施的最优手段。解决交通拥堵的问题无非有两种方法：其一，增加公共道路的供给量。其二，通过征收交通拥堵费增加居民出行外部成本，促成其考虑另一种出行方式。随着汽车保有量的不断增长以及城市用地资源的紧缺，公共道路的供给量难以在一时间满足需求。几乎每个城市都在不断增加公共道路的供给，但是随着人口的不断增长，人均道路的面积在下降。同时，修建道路所需的时间成本和金钱成本远远高于征收交通拥堵费的政策成本。

在政府管制理论中有一条著名的定律——当斯定律：若政府对城市交通不能进行有效的控制和管制，交通供给总是低于交通需求。也就是说，当市民的收入达到一定的程度，价格已不再是抑制家庭汽车的消费因素时，交通需求与公共道路的供给一定会产生矛盾，若政府没有尽职，则必定会出现交通拥堵的后果。因此，仅有当政府进行有效的管制之时，才会实现公共道路资源的优化配置，解决交通拥堵的问题。

（三）征收交通拥堵费政策符合公众的成本——效益理念

1. 经济人假设在法学中的应用

古典经济学中有一种经济人假说：社会生活中的个体总是只能站在自己的立场上，基于自身的需求的判断实现自身利益最大化。法经济学家认为：人们为权利而斗争是为了实现各自的利益。个体在法律运行的各个环节都在计算成本收益，法律的收益越大，人们就越有动力认真履行法律义务从而积极享有权利。法经济学理论中将市场价格体系下的经济人类比成法律规则体系下的行为人，假设他们有相同的行为方式，即他们都根据既定的“价格体系”进行成本收益分析①。在一个法律规则体系之下，行为人对法律的遵守、抵制或者规避，取决于这种法定与其自身利益的诉求之间的差距，遵守者几乎都是确信他们的守法收益会超出他们的违法成本。

2. 公众的成本—效益分析

对于一个理性的行为人，在接受征收交通拥堵费政策并认真配合该政策之前，他们会进行一个成本收益分析。仅当他们认为缴纳交通拥堵费的成本少于收益之时，才会能动配合政策的实施。城市交通拥堵情况有愈演愈烈的趋势，城市居民可以感觉到，随着城市化进程的加快，交通拥堵情况有越来越严重的趋势，降低了经济社会生活质量，城市生存环境逐渐恶化。交通拥挤导致最直接的后果是市民出行时间成本的增加。路上耗费了太多的时间成

① 冯玉军：《法经济学》中国人民大学出版社2013年版，第76页。

本必然影响正常生活作息规律，同时也降低了工作效率。另外，交通拥挤也是引起交通事故的重要因素之一，交通事故让本来不通畅的道路更加拥堵。交通拥堵也破坏了城市环境。根据有关报告显示，汽车尾气是导致城市空气环境恶化的主要原因，交通拥挤让汽车缓慢行驶，这使汽油不充分燃烧从而排除大量尾气，增加空气污染和噪声污染。再次，每天超限度的客载量加重了道路的负担，减损了道路的寿命，这对道路供不应求的状况来说无疑是雪上加霜。

一个合理的公众缴纳交通拥堵费制度所获得的收益远远大于成本。征收交通拥堵费本质上为一种调节交通需求的经济手段，利用价格手段降低拥堵地区的交通流量，将交通拥堵的外部成本内部化。征收交通拥堵费能够减少汽车流量，提升空气质量，部分居民会考虑使用替代的出行方式。因而居民出行的时间成本大大降低，城市的空气质量也会有所提升。在衡量两害之时，居民缴纳交通拥堵费更符合成本—效益理念。

3. 公众实现“财富最大化”目标的内在要求

公众参与到政策的实施中来是公众实现财富最大化目标的内在要求。在经济学中，财富是指那些有助于个体有效率地获取才能、习惯和精力等内在的东西①。在法经济学理论中，财富是指在市场交易中能被价格衡量的或是社会上一切能够被价格估算的有形无形的物体的总和。也就是说，财富是社会上有形的物品和无形的财富的总和②。笔者认为，今天财富的概念比以往要更宽泛。财富除了物质层面的含义之外，还包括精神、健康、名誉等外延含义。随着经济社会的发展，居民的物质生活日益得到满足，居民的生活追求逐渐转向精神的满足。一个愉快的出行，一个良好的城市生活环境会给城市居民的精神带来极大的满足。公众配合实施交通拥堵费用的征收制度其实是抱着一种财富最大化的投机心态，表面上是增加了自身的出行成本，实际上这也是居民追求一个愉悦出行以及良好生活环境的意愿。公众参与实施费用的征收若给自己带来利益，他们就能主动参与以追求财富的最大化。

---

① 郑文兵：《关于“财富”的再认识与概念辨析》，载《湛江师范学院学报》2011 年第 5 期。

② 高桂林、陈云俊：《大气污染防治公众参与的法经济学分析》，载《广西社会科学》2014 年第 11 期。

二、征收交通拥堵费的制度构建设想

以上运用了法经济学的相关理论论述了征收交通拥堵费必要性。根据相关报道，北京市试推交通拥堵费的征收试点。交通拥堵费是指利用价格杠杆的调节作用，在特定的区域内，政府对在一定的时间段进入该区域的车辆征收一定的费用，从而达到缓解交通拥堵的目标。一个制度能否顺利推行关乎它的理论基础，还关乎制度的设置的合法性和科学性。制度的合法性在于系统的法律规则作为它实施的依据，制度的合理性在于它科学的程序设置。公众的配合参与也是制度能顺利实施的重要保障。对于构建一个征收交通拥堵费的制度，笔者有如下建议。

（一）明确征收交通拥堵费的相关立法

交通拥堵问题阻碍了城市发展的进程，因而必须大力治理交通拥堵问题。在依法治国的今天，制度的实施必须有法律的支撑，用完善的法律制度处理我们在改革的道路上遇到的种种问题。同理，征收交通拥堵费制度的背后也需要有一整套法律规则的支撑。根据我国特殊的交通状况，我们要有更具操作性的具体规定。对于此，我们可以有选择地参考国外的相关经验。

1. 征收性质

征收拥堵费是一种经济手段而非行政手段。只要求对在特定时段进入特定路段的汽车收费。本质上跟利用税收杠杆去调节经济活动没有根本的区别。征收交通拥堵费并非会给全体小汽车用户无差别地增加成本，例如“限购”“限号”“限行”之三限措施。同时，它和传统意义上的道路收费也不相同，拥堵费的征收是以缓解交通压力为主要目的，而不是以项目的经济效益为目标。

收取拥堵费涉及对公民财产的征收，这是一种行政执法行为，一定要坚持有法可依，立法先行的原则。根据2004年国务院颁布的《全面推进依法行政实施纲要》的基本精神，合法行政是建设法治政府的基本要求。若在某个城市征收交通拥堵费，必须有相关的法律作为支撑。该法律文本必须是市人大及其常委会制定的地方性法规或者是市人民政府制定的地方政府规章，而不包括其他效力等级较低的规范性文件。伦敦市是世界上最早开始研究征收拥堵费的城市之一，直到1999年伦敦市议会才最终通过《大伦敦权利法案》，从中授权市长实行征收交通拥堵费的政策。[①] 因而在征收拥堵费之前，必须进行长期的调研活动同时对法案有长期的论证过程。征收法案里需要包括具体的操作手段：征收拥堵费的具体模式和征收拥堵费的具体程序。

对于征收交通拥堵的立法。笔者的建议是：（1）立法要明确征收的主体。城市的交通局是主管全市公路、水路和地方铁路交通行业管理的市政府工作机构，因而它应当依法征收有关费用。（2）立法要明确费用的支出；费用收入不能成为单位的敛财手段，应当取之于“拥堵”，用之于“缓堵”。收费过程要透明，便于公众的监督。（3）立法要明确征收的对象。征收的对象应当为一定时间段、一定区域内使用了公共该道路资源的机动车。但对于出租车、公交车等属于城市公共交通系统的车型应当免于征收费用。（4）立法明确违反征收措施的相关惩罚方式。（5）立法之前的研究工作须做足。在城市实行征收试点之前，相关人员应对城市的道路交通运输网要有一个长期的研究，掌握该城市道路的运输载客情况。而后法律工作者再讨论法案中涉及的征收模式、程序问题。由于征收涉及群众的财产权，因而法案草案需要及时公布，听取大众的意见之后才可最终颁布实施。

2. 征收方法

在讨论了征收费用的合法性问题之后就要讨论征收方法的合理性问题。若征收方法得当，征收拥堵费是能够对症下药。法律应当明确具体的征收方法，一个科学的程序设置有利于保障制度的公平良好运行。对于科学的征收方法，笔者的建议是：

（1）采用电子收费方式。较之人工收费方式，电子收费方式更加快捷。一般来说，人工收费需要停车执行，这给交通舒畅度不高的道路带来了更大的压力。人工收费的劳动力成本更高。采取交通拥堵费政策的国家如新加坡、瑞典斯德哥尔摩、英国伦敦等都已经淘汰人工收费方式进而采取电子收

---

① 阮英俊：《胡志明市道路交通拥挤收费研究》，华南理工大学2014年博士学位论文。

费方式。采用的车牌识别方式，保证系统的先进性。市民可采用定期充值、信用卡结算或者定点缴费的方式进行结算。

（2）科学划定征收区域以及征收时间段。需要针对性地将收费措施用在服务供给比较稀缺的环节即交通拥堵的高发路段，而豁免其他相对不太紧张的环节即交通拥堵鲜少发生的路段，经济杠杆才会发生相应的作用。科学地划分征收拥堵费用的路段、时间段对于能否成功实现引导、分流是非常关键的。如果不加区分对大片城区进行整体的收费的后果可能是政府多收钱，但是车流量的分布没有发生实质性改变，那会导致很严重的结果。在划分收费区域之前需要准确分析调研交通流量来确定拥堵的高发路段，从而准确划分收费区域。而时间的高峰期一般分布在上下班的时间段内。我们还可以参考国外成功的技术经验，根据实时的车流量，每几分钟就调整一次拥堵的收费额，收费的多少根据实时车流量确定，多车多收，少车少收，这样会比政府制定的恒定定价更有效果。

（二）完善城市公共交通系统

较之于伦敦、新加坡等国际化大都市，中国城市小汽车出行率非常高。因而降低小汽车的出行率是治理拥堵的重中之重。城市内可以替代自驾出行的公共交通工具主要有地铁、出租车以及公交车。在实行交通拥堵费政策之后，部分公众在计算出行成本之后会选择替代性的出行方式——借助城市的公共交通工具出行。现实情况却是无论是公交或是地铁资源都是异常紧张。根据有关调查显示，城市居民不愿意乘坐公交车出行的原因有线路设置不合理、车内拥挤、候车时间太长。这都是导致公共交通工具不受欢迎的重要因素。

实施交通拥堵费政策的国家和地区有：英国的伦敦、瑞典的斯德哥尔摩、新加坡，这些国家和地区公共交通系统都十分发达。以地面交通网络为主导，以轨道交通系统为骨架的公共交通系统让城市居民能够有动力选择除了自驾出行之外的出行方式。我国的公共交通系统的不完善是大多数城市居民购买使用自驾车的重要因素。对于不完善的公共交通系统，笔者的建议是，设置合理的公交线路，适当增加公交的班次，延后公交车的末班车时间；延长地铁线路；通过合理规划公共交通线路之后，缩短从居民区到公交地铁站的距离，缩短居民等待公交地铁的时间。为了让居民正常出行不受征收费用的影响，完善公共交通非常必要。

（三）公众参与

在市场失灵的情况发生之后，一般认为只有具有强大公权力的政府才有力量通过制度的设置和实施，解决资源配置不公平的问题。交通拥堵问题的发生正是公共产品导致的市场失灵，此时仅靠“政府主导”的效果往往不甚理想。公众的参与有助于推行制度的顺利实施。公众不仅应参与到政策出台前的讨论，更应参与到政策实施的全过程。交通拥堵费的征收制度与公众的生活息息相关，公众的参与权应当得到相应的保障。

1. 征收拥堵费政策实施之前

首先，在决定实行征收拥堵费政策之前，有关部门应当进行充分的社会调查，制作一定数量的社会调查表，按照区域人口的比例分派调查表给公众填写。公众应当认真填写有关问题，调查表能直接反映民意。对于拟定实施的征收方案，有关部门应当召开公众听证会，让公众对于具体的措施提出自己的意见，有关部门对公众提出的意见应当重视并推敲。经过听证的征收方案才可能更广泛地体现民意，更真实地反映民众的需求。对于征收费用的具体情况，有关的行政部门应当通过网站、报纸、广播、电视等途径通报于社会，保证公众基本的知情权，同时让公众有机会质询。

2. 征收拥堵费政策实施之时

建立公众参与征收拥堵费政策过程的参与制，是公众参与的关键，是公众对拥堵费政策实施过程的监督。在政策实施过程中应当有公众参与并要发挥公众的监督作用。公众对拥堵费征收的过程监督是其内在的利益的驱动。在法经济学理论中，人作为理性的经济人，其采取的行动都是其内在对利益的追求行动。有偿举报机制可以激励公众积极举报征收过程中的违法行为。征收主管行政机关应当开通相关的网站，随时解答公众对征收费用过程的疑惑，同时及时接受公众的相关意见改进工作。征收费用的区域、时间段应当根据道路运载量的变化及时更新。对于路况的变化，公众是最有发言权的。

此时公众应当及时向征收行政主管部门反映情况，便于有关部门及时调整收费政策。

综上所述，征收交通拥堵费的措施涉及了法律、经济、环境等多重问题，而并非仅仅是一个调节经济的价格杠杆手段。笔者认为，该政策的实施有坚实的法经济学理论基础，政策的顺利推行有赖于完善的法律制度以及良好的公众参与；应当利用成本收益、资源配置、市场机制等原理指导政策的实施，以发挥政策的最大效用。

环境公益

我国野生动物所有权制度分析

黄　山*

【摘要】环境压力日益严峻，野生动物保护逐渐受到各国的普遍关注，明晰野生动物的归属问题是更好的保护野生动物的先决条件，因此确定野生动物所有权归属具有必要性和紧迫性。野生动物作为自然生态系统的重要组成部分，对维护生物多样性和生态平衡起着至关重要的作用。本文在明确野生动物概念的前提下，深刻探讨了野生动物的所有权归属于国家的必要性和合理性，进而从我国实际出发，探讨野生动物所有权制度面临的现实问题，分析了我国现行立法存在的问题。同时通过对比、借鉴了解国外野生动物所有权制度的先进立法，为我国野生动物的保护提出了更加完善的建议和意见。期望能够有助于我国野生动物所有权制度的发展，更好保护我国野生动物，实现保护野生动物和发展经济的协调统一，从而达到人与野生动物的和谐相处。

【关键词】野生动物　野生动物资源　所有权　生物多样性

一、野生动物所有权归属问题分析

（一）野生动物与野生动物资源的概念区分

在我国关于野生动物保护的规范性法律文件中所有权指向都是“野生动物资源”而不是“野生动物”。因此，要正确界定野生动物所有权的归属问

*　黄山，首都经济贸易大学硕士研究生，经济法研究方向。

题首先要明确野生动物和野生动物资源的概念。

目前，我国法律在《中华人民共和国野生动物保护法》第二条第二款中规定“本法规定保护的野生动物，是指珍贵、濒危的陆生、水生野生动物和有重要生态、科学、社会价值的陆生野生动物。”① 该法条用“野生动物”来定义“野生动物”概念本身就具有循环解释的错误。在实践生活中也出现过动物园的野生动物是否为野生动物的执法问题。同时我国野生动物保护法指出：“本法规定属于国家所有的野生动植物资源，属于国家所有。”②由此看出，我国只是规定了对野生动物资源的所有权归属问题，并没有从法律上对野生动物进行具体而明确的定义。由此可见，我国立法对野生动物的定义并不是很科学，在具体的法律事件中对野生动物概念的模糊也使得具体问题的解决存在很大争议。

笔者认为野生动物即指生活在自然状态下无所拘束，非人工驯养的具有野生性的各种动物。“野生动物仅仅指活着的生物群体，是一个微观的、动态的概念；而野生动物资源包括一切活着及死亡的野生动物，在以野生性为前提条件下，由群体和个体动物及其产品所组成，是一个宏观的、静态的、广义的法律概念，由此可见，野生动物和野生动物资源是完全不同的两个概念，在范围上野生动物资源包括野生动物，但不限于野生动物，二者具有不同的内涵和外延。”③ 明确区分二者含义对我们正确认定野生动物的所有权归属具有积极的推动作用。

（二）野生动物所有权的性质

1. 国家所有权的性质

野生动物领域中野生动物的所有权问题是其法律制度的基础和核心。我国物权法中所有权具有四项积极权能即占有、使用、收益、处分。从本质上

① 《中华人民共和国野生动物保护法》第二条第二款：“本法规定保护的野生动物，是指珍贵、濒危的陆生、水生野生动物和有重要生态、科学、社会价值的陆生野生动物。”

② 《中华人民共和国物权法》第四十九条：“法律规定属于国家所有的野生动植物资源，属于国家所有。”

③ 刘宏明：《浅议野生动物所有权》，载《绿色中国》2005 年第 10 版。

看，所有权是物的所有权人对其全面支配并排除他人干涉的权利，是实现其对所有物的独占利益，是一种绝对的对世权。野生动物所有权制度的不同使主客体之间发生的关系也不相同，这直接决定着各种法律关系主体的积极性和创造性，直接决定着野生动物资源的配置效益、开发利用等关键问题。

所有权从来就不只是一个法律概念，① 在法律上也并不必然是纯粹的私法概念。② 国家所有权和私人所有权是当代中国所有权的两种基本类型，但它们相互之间并不处于完全平等的地位。宪法第九条规定，"自然资源，都属于国家所有，即全民所有"。此法条规定的客体并不是传统物权法所涵盖的范围，其主体"国家所有，即全民所有"，表明资源的所有者是与"全民"意义上等同的"国家"。而"全民"是不断生老病死着的一国人民之整体，这种抽象的整体性概念，显然无法成为民法所有权的主体。③ 而这种意义上的国家所有权是也所有权的一种，并且属于绝对权的一种，它为实现公共利益或国家利益而存在，代表人民行使权力，而非与普通民事主体地位平等的"民事国家"。国家利益当然高于私人利益，是一种各方面都具有显而易见的"公"色彩的事物，因此我们必须要有超越私法的视域，把国家所有权看作出于公法领域的公权力。

私人所有权即处于私法领域中的物权法所规定的私权利，是实现私人利益的法律手段。而如果将国家所有权定性为"私权的一种"，其在权利设定变动以及权利行使等诸方面即应与私人所有权适用相同的法律准则，但整部物权法所规定的有关物权设定变动以及物权行使的基本规则，几乎均不适用于国家所有权，此足以表明国家所有权应属公权。

2\. 野生动物的国家所有权

国家所有权乃是国家对国有财产所享有的占有、使用、收益和处分的权

---

① 经济学、社会学尤其是政治学领域都有自己的"所有权"概念。从本质上讲，国家所有权实际上是把政治性概念不加"翻译"地生搬硬套到法律中的结果。

② 比如，西方早期的土地所有权即承载着浓厚的公权力，直到近代才逐渐演变为纯粹私权。参见李凤章：《法律移植，移植什么？———以土地所有权的中国命运为中心》，载《法律科学》2009年第6期。

③ "所有权的主体、客体都必须是具体的；抽象的主体无法形成民法意义上的所有权主体。"孙宪忠：《"统一唯一国家所有权"理论的悖谬及改革切入点分析》，载《法律科学》2013年第3期。

利，是全民所有制在法律上的表现。① 而对野生动物的保护是为了维护我国的生态平衡和生物的多样性，是为了更好地实现公共利益，而不是为了保护某个人的个人利益，由此可见野生动物的所有权应归属于国家。

（1）野生动物属于国家所有的资产

国有资产的概念重在资产，是法律上确定为国家所有并能为国家提供经济和社会效益的各种经济资源的总和，是指国家控制的以及归国家所有的资产，并预期会给国家带来经济效益。国有资产的最大特点是其具有增值性，而野生动物并不具有增值性，对野生动物的保护是为了维持生态平衡与生物多样性，而不是为了达到某种预期的经济效益，因此野生动物并不属于国家所有的资产。

（2）野生动物属于国家所有的资源

野生动物是人类生存和生态环境的重要组成部分，他们具有重要的经济、科学、文化价值，同时在保护生物多样性、保护自然、维持生态平衡中具有重要生态价值，是人类的宝贵财富，更是一种重要的自然资源。自然资源，“是客观存在于自然界中一切能够为人类所利用，作为生产资料和生活资料来源的自然界生成因素的统称”。② 在自然资源领域，水流、矿藏、野生动物，都大量处于特定性不明的盖然状态，不能被人类所掌握和控制，具有单一性、独立性、其价值大小难以判断，而野生动物之所以称为“野生”，是指动物不在人力支配范围之内，自由无拘束的一种自然状态，因此它区别于饲养动物和猎获物。由此可见，野生动物具有资源性，属于国家资源而不属于国有资产。

野生动物保护法中对野生动物有这样一条规定：“本法规定属于国家所有的野生动植物资源，属于国家所有。”③ 根据上文中对野生动物和野生动物资源概念及其性质的区分，我认为本法律条文的规定并不科学，野生动物资

① 王利明：《物权法论》，中国政法大学出版社 2003 年版，第 272 页；马俊驹、余延满：《民法原论》，法律出版社 2007 年版，第 320 页。

② 江伟钰、陈方林主编：《资源环境法词典》，中国法制出版社 2005 年版，第 637 页。

③ 《中华人民共和国物权法》第四十九条：“法律规定属于国家所有的野生动植物资源，属于国家所有。”

源包括活着的以及死亡的野生动物，国家保护野生动物是为了维护生物多样性，具有一定公益性，但野生动物制品并不具有资源所应具备的高度公益性，同时其也不处于原始的自然状态，而是大量处于人力控制权属明确的一种状态。例如，我国野生动物资源中经过人工驯养繁殖的动物，只有放归野生环境，才是真正意义上的野生动物，只有这样才具有生态意义。而人工饲养的动物在野生环境下已经不具备必要的生存能力，由此可见它们已经丧失了野生动物作为"野生"的一些特性，而是具备了一些家养动物的特征，[①]如果人工饲养动物一旦放归野生，私人所有权便很难得以实现，因为这种单纯为了公共利益的投资很难吸引私人参与。显然，驯养人对驯养动物进行了实际上的保护，其所有权归国家的理由大量减弱，而为私人所有提供了合理的必要条件。驯养繁殖的野生动物资源权属明确归私人所有，不仅可以提高驯养人对驯养动物保护的积极性，而且有利于发展野生动物驯养繁殖事业，在合理有效地保护我国野生动物资源的同时，满足人类需求促进经济发展，从而实现野生动物资源的可持续发展。因此，确立人工驯养动物的私人所有权制度是可行的，但确立野生动物的私人所有权制度是行不通的。由此笔者认为野生动物资源中除纯粹的野生动物外应当实行私人所有权制度。

我国纯粹的野生动物只能实行国家所有权，这不仅仅是因为野生动物的野外移动性很难实行私人所有权，更主要的是因为野生动物的重要的生态意义所决定的。周缘求认为将野生动植物资源所有权主体限定为国家，能够推动我国所有权法律体系的健全。[②] 野生动物的保护具有高度的公益性，而只有归国家所有才能最大限度地实现其公益性目的，保护我国的生态平衡和生物多样性实现长远发展的利益，进而维持资源的可持续发展。若野生动物所有权归私人所有，他们更多考虑的是如何将资源的利用实现个人的利益最大化，而很少考虑到这种资源所具有的生态功能及对他人和社会的生态效益。保护野生动物主要目的是维持生态平衡保护生物多样性，而不是去利用野生动物为人类创造利益。因此，为了加强对野生动物的保护，我们必须保证野

---

① 杨源：《论野生动物权属》，载《中国环境管理》2002 年第 5 期。

② 周缘求：《同义重复的废话——评〈物权法〉第四十九条》，http：//2008red. com/member－pic－9/files/zhangwujijiji/html/articl－12262－1. html.

生动物的国家所有权。

二、我国野生动物所有权制度分析

（一）立法现状

宪法作为我国的根本大法，并没有像保护其他自然资源一样，对野生动物资源的保护作出明确规定，而仅对珍贵动物有所提及。然而，以规范森林资源为主要内容的森林法实施细则以及森林法实施办法中间接地提到了我国野生动物的所有权问题，在实施细则中明确指出野生的植物和动物属于森林资源。[①] 森林法实施条例中也明确规定森林资源的所有权主体为国家或集体。[②] 这也仅仅是对野生动物的所有权问题做出了法律规定，但并没有对野生动物保护作出专门的规定。在我国森林法第二十四条规定国家在不同自然地带的典型森林生态地区、珍贵动物和植物生长繁殖的林区、天然热带雨林区和具有特殊保护价值的其他天然林区，划定自然保护区，严禁采伐。[③] 由此可见，森林是动物的主要生活场所，国家对林区的保护间接体现了对野生动物栖息地的保护。

为了完善我国的野生动物保护制度，在完善国内立法的同时，我国签订了一系列相关的国际公约和协定。例如 1992 年 6 月 11 日，原国务院总理李鹏代表我国在里约热内卢签署了《生物多样性公约》，并于 1993 年 12 月 29 日正式在我国生效，旨在保护濒临灭绝的植物和动物，最大限度地保护地球上多种多样的生物资源。中国早在 1969 年就已经存在有关野生动物保护的全国性法规。此外，在 20 世纪 80 年代，国务院还下发了一些鼓励野生动物保

① 《中华人民共和国森林法实施细则》第二条第一款："森林资源，包括林地以及林区内野生的植物和动物。"

② 《中华人民共和国森林法实施条例》第二条第一款："森林资源，包括森林、林木、林地以及依托森林、林木、林地生存的野生动物、植物和微生物。"

③ 《中华人民共和国森林法》第二十四条第一款："国务院林业主管部门和省、自治区、直辖市人民政府，应当在不同自然地带的典型森林生态地区、珍贵动物和植物生长繁殖的林区、天然热带雨林区和具有特殊保护价值的其他天然林区，划定自然保护区，加强保护管理。"

护的函和通知。[①] 直到1988年我国的《中华人民共和国野生动物保护法》才正式通过，1989年正式实施该法，中国才真正把注意力转到野生动物的依法保护问题上来。这部法律被视为支撑中国野生动物保护体系的“顶梁柱”。

（二）我国野生动物国家所有权存在的问题

1. 立法目的存在缺陷

我国野生动物保护法规定“本法规定保护的野生动物，是指珍贵、濒危的陆生、水生野生动物和有益的或者有重要经济、科学研究价值的陆生野生动物”。[②] 由此可见，我国法律所保护的野生动物并不是所有的野生动物，而是部分“珍贵、濒危、有益、有重要经济价值”的野生动物，无论是从立法执法角度，还是从保护生物多样性角度来看，其保护范围都过于狭窄。对人类无益的，没有经济价值的野生动物就不需要保护吗？答案是否定的。我国保护野生动物并不是为了给人类带来经济利益，而是为了保护生物多样性，维持生态平衡。没有经济价值的野生动物同样是维持生态平衡不可或缺的组成部分，若我们忽视对人类无益的野生动物的保护，同样会给我们的生态平衡带来巨大损害，因此我们并不能疏于对它们在法律上的保护。

2. 执法存在的不足

根据上文提到的我国野生动物所有权归属于国家，我国林业局代表国家管理陆生野生动物，但这么有限的工作人员对应庞大的野生动物体系难以进行实际的监护，同样也很难起到资源主体的代表作用，这样一来，野生动物所有权形同虚设，国有资源实际成了无主物，没有人对其进行有效管理。这样便激起了违法分子对野生动物无偿使用的欲望，从而进行疯狂的掠夺式开发。不仅如此，在执法实践中，野生动物案件查处难度逐渐增大，森林公安

① 参考Xu和Giles（1995）。按照东北林业大学教授马逸清先生的说法，二十世纪七八十年代颁布的各种相关法令，反映了1988年颁布的野生动物保护法的一个长期酝酿过程，这部法律早在1974年开始筹备。在这部法律出台之前，大多数身份都有自己的“打猎办法”——他们没有被称作法甚至是条例，这些办法主要是对打猎进行季节性限制，并对打猎的手段进行了限定。1989年3月，这些省一级的管理办法被新实施的国家野生动物保护法所取代。

② 《中华人民共和国野生动物保护法》第二条第二款：“本法规定保护的野生动物，是指珍贵、濒危的陆生、水生野生动物和有重要生态、科学、社会价值的陆生野生动物。”

机关成为保护野生动物的主力军。但是在野生动物保护法中只有林业、渔业和工商部门具有行政执法权，森林公安机关只是以林业部门的名义查处行政处罚案件，至今没有明确的执法地位，国家对破坏野生动物违法犯罪行为的打击并没有得到有力的保障。

此外，人员编制混杂、无独立执法机构是森林公安机关中一直存在的问题，这在很大程度上制约了森林公安有关职能的发挥。现行法律下的行政执法中，职能交叉不清是最典型的问题，行政执法人员缺乏对环境现状的正确认识，应有的工作积极性和自觉性不足，法律意识和责任感不强。这就使得在保护野生动物的过程中，各个国家机关相互推诿，怠于对野生动物的保护。这就严重损害了国家对野生动物保护执法的严肃性，滋长了不法之徒任意破坏野生动物资源的气焰。

3. 行政补偿的缺陷

由于野生动物所有权归属于国家，对于野生动物致人损害的问题，国家作为赔偿主体在执法领域中可操作性并不强。受害人事后得到相应补偿制度的保护难以实现，在具体补偿程序上我国法律采取“授权性法律规范”的立法形式，但地方政府为了减轻财政支出，并没有制定相应的补偿办法，我国目前仅有云南和陕西两个省出台了补偿办法。我国陆生野生动物保护实施条例第十条规定：“因保护国家和地方重点保护野生动物受到损失的，可以向当地人民政府的保护野生动物行政主管部门提出补偿要求。经调查属实并确定需要补偿的，由当地人民政府按照省、自治区、直辖市人民政府的有关规定给予补偿。”但由于许多地方政府并没有制定相应的具体补偿办法，导致在实践过程中无法可依，实施过程中也相当困难，而当地政府的财力也受到一定的限制，因此只能对受害人进行象征性地补偿甚至是没有补偿。

在野生动物保护法中，并没有提及对受害人的补偿标准、政府的经费来源等实质性问题，但地方政府却承担着野生动物造成损害的具体补偿工作的立法和实施的重要责任。这样野生动物资源的丰富便成了地方财政的负担，同时也降低了地方政府对野生动物保护的积极性。并且，法律没有明确规定到底是由省级、市级、县级还是乡镇政府负责赔偿。由于“当地政府”的界限不清，从而导致实际操作过程中补偿义务主体不明，使得各级政府互相推诿。

我国经济比较落后的中西部地区往往是野生动物资源比较丰富的地区。我国中西部地区有着丰富的自然资源，如林材、水利、矿产等资源，但为了保护野生动物大部分都设立了自然保护区，当地政府也就失去了这些主要的财政收入，加重了地方财政负担。但这些省份野生动物资源丰富又需要政府大量增加财政开支。在这种情况下，政府对受害者的补偿很难到位。①

三、野生动物所有权制度的域外视野

（一）美国

美国是英美法系国家，但在普通法中将野生动物视为财产而适用先占制度，充分体现了野生动物的财产属性。想在美国实现对野生动物的占有首先要满足三个原则："第一，追逐中的野生动物仍属于自然状态：第二，土地所有者有优先占有权；第三，政府有优先占有权。"② 这三个原则明确了占有野生动物的状态，野生动物与不动产土地的关系，同时为政府实行公法保护提供了理论上的依据。

（二）德国

德国是对野生动物保护较为先进的国家。德国民法中明确规定："动物不是物，它们由特别法加以保护，但动物不是民法上的一般物。"③ 由此我们可以看出，德国民法把动物排除在民法一般物的概念之外认为动物不是物，《德国民法典》第九百六十条规定："处于野生状态的野兽、动物园中的野兽、池塘或者其他封闭的私人水域中的鱼类，不是无主物；而野兽在被捕获后又逃回野外，在所有人没有立即追捕或者放弃追捕的情况下，该野兽恢复

① 骆元卡：《野生动物致害的国家补偿及其法制完善》，载《广西右江民族师专学报》2006年第2期。

② 李进之、王久华：《美国财产法》，法律出版社1999年版，第25~28页。

③ 郑冲、贾红梅：《德国民法典》，法律出版社2001年版，第235页。

野生状态，为无主物；在撤销回归应回的出处的驯服的野兽，为无主物。”①德国法律对无主物实施先占制度。对先占的原则，《德国民法典》第九百五十八条规定：“自主占有无主动产的人，取得该动产的所有权，对法律禁止或者若实施占有则损害他人利益的无主物不适用先占制度，先占人不取得所有权。”② 从上述法律条文可以看出，在德国，野生动物所有权的客体可以是封闭领域中的野生动物，它们的所有权主体可以是国家、单位或者个人。除此之外，德国适用无主物先占制度。

（三）俄罗斯

《俄罗斯联邦动物界法》第四条规定：“俄罗斯领土范围内的动物界是国家的财产——对动物界的占有、使用和处分属于俄联邦和俄联邦各主体共同管辖。”③ 据俄联邦现行立法的规定，目前动物界客体只能属于俄联邦国家所有而不能成为自然资源私人所有和地方所有。俄罗斯实行单一制的野生动物所有权制度主要原因是野生动物具有重要的生态价值。

国家的野生动物所有权制度应与该国的国情、文化及其立法背景密不可分，不同国家的制度也存在设计上的不同，不可一概而论。各国对野生动物保护的法律制度相同之处在于他们均适用动产法律制度，这与野生动物具有移动性的属性是相统一的，但与其他动产不同的是，野生动物具有“瞬间即逝”的特性，这也是导致野生动物所有权的取得制度颇受争议的重要原因。

四、探寻我国野生动物所有权制度的完善

（一）转变立法观念

我国保护野生动物是为了维护生态平衡和生物多样性，为避免野生动物保护的片面性，我国法律制度不能再以珍贵稀有的野生动物为仅有的保护对

---

① 郑冲、贾红梅：《德国民法典》，法律出版社2001年版，第235页。

② 郑冲、贾红梅：《德国民法典》，法律出版社2001年版，第235页。

③ 王树义：《俄罗斯生态法》，武汉大学出版社2001年版。

象，我们要扩大野生动物的保护范围，把那些没有积极价值的野生动物也列入保护范围，每一种野生动物都有其生态地位，我们不能忽视每一种野生动物在生态平衡中所起到的重要作用。同时，应当充分尊重野生动物的生存权利及自身价值，全面保护野生动物及其多样性，发展野生动物资源，节制野生动物资源的利用，维护生态平衡。

（二）提高执法的可行度

要加强野生动物的管理，首先应明确执法主体，为加大对违法犯罪行为的打击提供必要的法律依据。同时国家应对主管野生动物保护的行政执法机关给予人力和物力上的支持。目前我国林业部门是主管野生动物的管理机关，各地的林业部门的资金和人员由地方政府负责，而地方政府往往更重视经济的发展，而疏于对经济效益低的野生动物的重点保护，因此野生动物的保护便很难得到实质性的保障。由此，我们可以借鉴俄罗斯联邦林业局的做法，由林业局直接领导和监督各个林业管理机关，各主体的林业管理机关，均为独立法人，它们在银行设有独立的预算账户和银行账号，所需费用从俄罗斯联邦预算资金和俄罗斯联邦立法规定的其他财政来源列支。这样国家对野生动物的保护具有较高的权威性，具体人员和资金都有立法上的保护，可以大幅提高对野生动物的保护程度。

与此同时，我国应加强对野生动物保护的法律宣传，强化野生动物在人们心中的生态意义，使更多的人认识到野生动物对维护生态平衡的重要性，从而自觉遵守法律，保护野生动物。

（三）行政补偿制度的完善

在野生动物保护过程中，野生动物侵害到人们的合法权益时，如何解决野生动物与人的合法权益冲突的问题日益凸显。

1. 对野生动物的管理

随着国家对野生动物保护力度的逐渐加强，我们同时也要加强对野生动物的管理，尤其是预防控制野生动物对人畜安全和农林生产的影响。科学保护野生动物应做到以下三点：第一，要有组织、有计划、分期限的对野生动物进行猎捕，合理调控种群数量，维护生态平衡。第二，对野生动物的保护不仅是国家的事情，更是全社会的事情，需要我们全人类共同承担起维护生物多样性的重要责任。在政府努力的同时，也要动员全社会力量，筹集资金，为野生动物的保护提供必要的保障。第三，为了更好地保障动物致人损害案件中受害人的利益，我国应当设立“野生动物致害责任保险制度”，政府可以购买野生动物致害责任险，当野生动物对人民的人身和财产造成损害时，由保险公司予以理赔。①

2. 野生动物致害的利益补偿问题

野生动物保护法第十九条规定：“本法规定保护的野生动物，造成人员伤亡、农作物或者其他财产损失的，由当地政府给予补偿。”由于野生动物的所有权主体为国家，因此由野生动物造成的损失应由政府承担，损害赔偿应主要由中央财政支出为主，地方财政支付为辅，同时广泛吸纳社会各项资金。与此同时，我国应确立赔偿的司法救济途径，通过法律的形式对行政补偿不适用法律的规定予以改变，确立司法救济这一最终途径。如果相对人的请求遭到政府拒绝或部分拒绝，双方不能就赔偿数额或赔偿方式达成协议，或相对人不服政府裁决的，相对人应当有权向人民法院提起诉讼。

① 曹树青：《野生动物保护中的几个法律问题》，载《河北法学》2004年第7期。

中国高校环境法制教育的困境与对策分析

黄诗卉*

【摘要】环境法制教育水平体现着社会文明的前进步伐。大学生作为21世纪各国未来生态环境建设的中坚力量，环境法制教育是对大学生环境保护意识和环境保护行为进行规范的主要途径。文章从高等学校环境法制教育的内在出发，通过统计分析法、归纳总结法分析了目前中国环境法制课程设置不合理、资金匮乏、人才流失严重等高校环境法制教育现状，并针对这些现状，提出了提高环境法在中国司法考试中的比例、加大资金投入、完善课程设置等一系列可行措施。

【关键词】中国高校　环境法制教育　对策

一、高校环境法制教育的内涵及特点

环境法制教育兼顾了环境学和法学，加强对此方面的教育能让大学生具备环境法律常识，提高环境保护意识，在日后的学习和工作中用法律手段保护国家、社会和个人的环境权利。让水常绿、树常青，完善中国生态环境建设，使国家走上健康发展的道路。

（一）高校环境法制教育工作反映中国法制教育的时代特征

从1985年全国“一五”普法开始，国家教育委员会就决定在高校开设法制教育科目，高校法制教育是随着全国普法工作的开展而不断推进的。[①]

* 黄诗卉，首都经济贸易大学硕士研究生，经济法研究方向。

① 才惠莲：《论高校环境法制教育的特点》，载《黑龙江高教研究》2008年第35期。

结合中国环境发展的现状，2016 年的“七五”普法规划中规定，自“七五”普法规划实施以来，全国已有将近 200 所高等学校、中等专业学校及职业高中开设了环境法科目；环境法制教育是“七五”普法的关键，环境法制教育是中国法制教育的重要内容。

（二）中国大学生环境法制教育顺应了法律的修改进程

2017 年新颁布的民法总则在第一章“基本原则”中明确规定，“民事主体从事民事活动，应当保护环境、节约资源，促进人与自然和谐发展”。其重要作用之一要求民事主体本着有利于节省资源、保护生态环境的理念从事民事活动，树立可持续发展的观念。重视大学生的环境法制教育工作，使大学生在步入社会之后，遵守环境保护的法律，使新一代社会的建设者在工作中贯彻了“绿色原则”。

同时，2015 年新修改的环境保护法被称为史上最严格的环保法。中国在一系列环境立法和规划、行动计划等规范性文件中，为公民进行环境法制教育绘制蓝图。法律订立与修改对法律学习者产生重要的指引性作用，促使大学在开展法制教育工作时，及时将环境法制建设的新进展、新成果，纳入高校法制教育，把环境法制教育作为一项重要内容来抓。

（三）环境法制教育工作侧面反映高等教育的目标

教育的目标必须与当代社会最前沿的问题对接。双一流大学的考察标准之一，是考察其能否紧扣时代最前沿的论题，并将其纳入教学计划和学校建设之中，不只看发展的快慢。当教育解决或解释了时代紧扣的问题时，是我们肯定这所大学水准的重要标杆。在环境污染事件频发、全人类的生存和发展受到严重威胁的今天，环境污染问题就成了时代前沿的问题，强化环境法制教育建设是建设“双一流”大学的必由之路。

环境法制教育的起点和终点在于促进可持续发展目标的实现，以及不断提高人们解决生态环境困境的能力。环境法制教育对培养当代大学生环境保护知识方面做出了突出贡献，在我国高等法制教育的历程中也画上了浓墨重彩的一笔。确立环境法制教育在中国大学生教育中的关键地位，能够将传统的教育理念和创新的教育思想结合起来。

二、中国大学生环境法制教育存在的困境

（一）环境法制教育课程设置不合理

中国至今没建立起一套系统的从小学到大学，从理论学习到实践应用的环境教育系统，缺少系统性的规划和专业的指导。学生们在中学或小学阶段开始接触少量环境教育的相关课程，但是内容较为简单，一般以环保知识介绍为主，并不涉及环境法知识，[①] 中小学时期正是孩子活泼好动的时期，这样的课堂教学对于他们来说较为乏味。中国的应试教育模式，使学生们的注意力大多放在升学考试上，他们不愿意也没时间把精力分散到其他地方，这就导致课程结束时学生们很可能并不记得具体学习了哪些环保知识，也没有起到提高环保意识的作用。

由于初中和高中阶段没有系统学习过环境保护知识，到大学阶段，学生们就会对环境法感到陌生。大学生们都拥有了自己的专业，除了高校中的法学院环境法学专业和选修环境法相关选修课的学生，其他专业学生很少触及环境法制知识。

2017 年 9 月 21 日，教育部、财政部、国家发展和改革委员会联合发布《关于公布世界一流大学和一流学科建设高校及建设学科名单的通知》，世界一流大学和一流学科建设高校及建设学科名单正式确认公布，首批世界一流大学建设高校共计 42 所（其中 A 类 36 所，B 类 6 所）[②]。笔者对 2017 年公布的“双一流”大学中法学院的设置、环境法专业的开设，以及环境法选修课设置三个问题，进行了统计（见表 1），这 42 所大学是中国顶尖大学的代表，在这样优质的大学里，环境法制教育仍没有得到普及，仅有 61.9% 的

① 杨昕：《发达国家环境教育的经验及对中国的启示》，DOI：10.14026/j.cnki.0253－9705.2017.07.015.

② 参见“双一流”建设高校和学科名单，中华人民共和国教育部政府门户网站 http：//www.moe.gov.cn/jyb_xwfb/s5147/201709/t20170922_315006.html.

"双一流"大学开设了环境法专业，开设环境法选修课的高校仅占 42.8%。一流大学尚且如此，更不用谈普通大学环境法制教育状况之差了。

对于与环境法制相关选修课，同学们选择意愿并不强烈，由于选课人数过少，有时候还面临着无法开课的窘境。

表 1

	已设置"法学院"	已设置"环境法"专业	已开设"环境法制"相关选修课
"双一流"A 类	31 所	25 所	18 所
"双一流"B 类	5 所	1 所	0 所

数据来源：根据各"双一流"大学学校网站统计。

（二）环境法制教育建设的资金匮乏

投出和产出往往是成正比的，在环境法制教育上投入的资金不足，那么环境法制教育事业自然也很难发展起来。环境法制教育在财政部的公共支出中，没有作为一项专项支出，仅仅在环境保护支出中由环境保护宣传这一项，数额也有限。

在环保部公布的 2017 年预算草案中，有一项环境保护公共行政事务管理大约支出 22088.42 万元，主要用于四个方面：一是公共管理事务；二是环境宣传教育；三是环保人才队伍建设；四是国际环保合作、交流及履约。①

总体上看，用于环境建设的资金并不多，下分到环境宣传这一部分的资金更是少之又少。导致开展环境法制教育工作的资金难以满足统筹全国环境法制教育的需要。环境法制教育工作的开展，在学生教材的编撰上需要资金；基于科技发展日新月异，在课堂中教学仪器也需要更换和增添；最重要的是，由于没有足够的资金，导致无法吸引优秀的专业人才从事环境法制教育工作。环境法制工作的开展犹如一列开动的火车，火车的任何一部分零件损坏，都会导致火车整体运行出现故障。

① 参见 2017 年环保部支出预算 69 亿元首次公开重点项目 http://www.sohu.com/a/136011828_568454，最后访问日期：2017 年 10 月 5 日。

（三）高校环境法制教育人才缺失

环境法制教育这门学科，本身就融合了环境学和法学两类学科的特点，因此法学专业的博士生，尤其是环境法方向的博士生，是高校环境法制教育中最关键的师资力量。笔者对北京大学、清华大学、中国人民大学、中国政法大学中的博士生和正在准备考博的50名法学专业同学进行了问卷调查（见表2）。他们当中大部分同学，博士毕业后有意愿从事法学教育工作，但仅仅有6人对从事“环境法制教育”工作感兴趣。有志于从事环境法制教育的高素质人才严重不足，导致教育的质量下降。

表2

	愿意从事“法学教育”工作	愿意从事环境法制教育工作
人数	37	6
占百分比	74%	12%

目前承担高校环境法制教学工作的很多教师并不是法学专业背景出身，高校对于师资的投入不够，无论是专业教师的数量和培训力度都跟不上学生的要求，尤其是随着高校的扩招，学生数量激增，专业教师承担不了学生们的环境法律课教学任务，就由部分兼职教师共同承担，而这些教师并没有很完整的环境法专业教育背景，就这限制了教师在教学过程中无论是对环境法制教育理论的把握还是对于相关案例的分析指导水平都不够游刃有余，任何事物都是普遍联系的，师资力量薄弱直接关系到接受教育的大学生的理论水平和实践能力，两者的关系密不可分。

三、中国大学生环境法制教育的优化路径

（一）保证资金投入与发展需要相适应

环境法制教育必须获得与其发展需要相匹配的资金，才能使环境法制教育工作不断进步，保证人力、物资的投入，与环境法制教育的重要程度相平

衡。中央和地方各级政府应当将环境法制教育专门列支，并保持与当地财政收入正相关。中央和地方政府可以在大学中设立环境法制奖励专项。对于认真开展环境法制教育的大学，给予鼓励和支持。尤其是偏远地区环境问题相对比较突出，偏远地区的大学发展水平较为落后，政府更应该加大帮扶力度，使大学的环境法制教育水平全面提高。

在大学中，可以面向老师和学生，增设环境法制专项科学研究经费，让校园中对环境法制教育的热情重新燃起，积极申报有关“环境法制”的课题，也利于提高广大师生对“环境法制教育”工作的重视。老师和大学生们从事相关科学研究后，能对环境问题形成较为整体的把握，并提高了老师和学生面对环境问题的能力。

（二）完善环境法制课程设置

完善环境法制教育课程设置的第一步，就是要转变传统的教学模式。在上一部分我们已经提到了当前中国环境法制教育主要有三种，第一种是面向环境法学专业开设的必修课，第一种是面向全校开设的选修课，第三种是在“思想品德与道德修养”课程中简单涵盖的环境法制教育的内容。

课程本身的内容和教学形式要足够吸引同学们。兴趣是最好的老师，同学们只要对学习环境法制知识提起兴趣，他们听课的效率也会大幅度地提高。因此本课程的老师在教学中，应多参考环境法制建设中取得的最新成果，将相关内容增加到教案中。在课堂上可以小电影、师生互动讨论和分组研究等方式、进行教学。在课堂之外充分利用信息网络的便利，展开微信课堂、运营校园环境法制宣传公众号，方便同学及时了解环境法制方面的最新动态。

（三）注重师资培养工作

大多数教授环境法制课程的老师还是认为自己环境法制知识掌握不够到位，仍有待提高。我们应对教师们提出要求，要求教师立足于中国经济发展的现状、国情，结合世界各国的立法经验全面学习环境法律法规。首先，对教师展开定期环境法制教育培训工作，提高教师的环保意识和法律知识；其次，设立就业优惠政策吸引环境法专业博士毕业生进入环境法教育领域，引进海归人才、跨学科专业人才，扩充教师队伍，聘请外国大学的教授作为学校兼职教授，定期来华开办环境法制系列讲座，开辟环境法制教育工作的新方向；最后，开展校际合作，各高等院校可以建立校际合作的平台，促进各高校之间教学资源共享和教师教学、学术研究经验的交流。各高校之间形成合力共同推进高校环境法制教育的发展。

（四）倡导大学生自觉学习环境法制知识

大学社团活动，是大学生活必不可少的部分，对同学们有强大的号召力，有利于提高学生综合素质。那么建立一个将宣传环境法制知识、践行环境保护志愿活动为要旨的社团，加强大学生环境法制教育和校园环保文明建设，是促进大学生自觉学习环境法制知识的关键途径。将同学们进行社团志愿活动的具体情况，纳入大学生奖学金评价体系，对参与社团志愿服务的同学予以适当加分。

（五）提高环境法在司法考试中的比重

笔者倡议，应该提高环境法在司法考试中的比重。司法考试的出题范围对于法科生的学习具有引导性，环境法在司法考试中比重加大，能大力促进考生学习环境法，消解长期以来由于疏忽环境法教育导致的负面影响。2018年司法考试改革之际，笔者建议在两卷中分别加入环境法相关内容，以此全面考察学生对环境法的理解。

四、结语

当今世界高速发展，但环境也在日益恶化。从当前民法典的修改和高等教育所追求的目标来看，高等教育要实现的可持续发展的绿色教育理念离不开对环境法制教育工作的推动。环境法制教育近几年来已取得较大进步，但我们仍处于环境法制教育发展的摸索阶段，仍有许多不足等待我们去完善，提高大学生环境法制意识，关系到祖国未来的绿色发展。随着高校教育工作者和大学生们共同努力，中国的环境法制教育必将走向规范化。

浅析“一带一路”背景下的生态补偿法律机制构建

张　宁*

【摘要】 中国“一带一路”倡议的提出推动了国际经济合作，同时，也形成了环境共享、资源共享的经济合作发展模式。“一带一路”倡议下，沿线国家、加入国的环境保护与生态修复问题也备受关注，解决环境问题与发展经济应当同时进行，齐头并进，二者互为前提、互为基础。本文通过对我国国内生态补偿制度的内涵、理论基础的讨论及法律制度现状的分析，探讨了在“一带一路”倡议下生态补偿制度的法律构建问题，并提出合理的建议，以促进“一带一路”制度下生态补偿法律制度的完善。

【关键词】 一带一路　生态补偿　法律机制

习近平总书记在十九大报告中为我们的生态发展指明了新的道路：要坚持人与自然和谐共生。绿水青山就是金山银山的理念一定要坚决地秉承和践行，为建设美丽中国，全球生态安全作贡献。①

习近平总书记为我国生态环境保护问题定立了新基调，将生态环境保护提到了一个新高度。生态环境保护问题一直是关乎国计民生、关乎国家发展的重大问题。随着社会经济的发展，人们对自然资源的掠夺、对环境的破坏也日益加重。我们要时刻紧绷保护生态环境的这根弦，牢记保护环境的使命和责任。

---

*　张宁，首都经济贸易大学硕士研究生，经济法研究方向。

①　《十九大报告》。

总书记在报告中不仅强调要把中国打造成一个美丽的中国，更强调要“为全球生态安全作出贡献”，这是对“一带一路”倡议的延续。为了缓解全球经济增长缓慢的问题，我国适时提出了“一带一路”的发展战略，以促进中国周边国家的经济发展。当然，在推动国际经济合作、共同建设的同时，也形成了环境共享、资源共享的经济合作发展模式。在“一带一路”倡议下，沿线国家、加入国的生态修复与环境保护问题也备受关注，解决环境问题与发展经济应当同时进行，齐头并进，二者互为前提、互为基础。

为了解决好这个前提性、基础性问题，保证“一带一路”倡议能够绿色、高效建设与发展，生态补偿保护机制被包括我国在内的多数国家所采用。一项政策的发展与实施必定不能以牺牲生态环境为代价，如果“一带一路”倡议的发展与实施是以牺牲沿途国家的生态环境和自然资源为代价，那这项政策必定会受到其他国家的批评和排斥，这将与美好的愿景背道而驰。但是，“一带一路”倡议下的实施、工程的建设必定会给生态环境带来相应的压力，造成一定的威胁，那与之相配套，我们就应当建立相应的生态补偿机制。从经济学角度讲，生态补偿机制是一种生态环境保护与经济学相结合的机制，不单单能够科学地、有效地改善生态环境，还能利用经济学原理来使各方利益达到一个相对公正的状态，使得人们能够谨记保护环境，拥有修复环境的意识。从法律人角度讲，生态补偿机制有一定的威慑力，具有惩罚的性质，要求环境污染者、破坏者承担相应的责任，并且要为补偿生态支付费用。

要对生态补偿制度进行法律上的规制，建立完善生态补偿法律保护机制。目前，我国对于生态补偿法律制度的制定还在初级阶段，法律的制定还很不完善，本文将对“一带一路”倡议下的生态补偿机制存在的问题进行分析，并提出合理的建议，以促进生态补偿法律制度的完善。

一、生态补偿制度的内涵

生态补偿制度本身具有复杂的生态学内涵和经济学含义。最初生态补偿只是传统生态学的一个概念，是指在生态受到破坏后的一种主动调节、自我修复的功能。生态经济学在21世纪以后将“生态补偿”这一概念引入其中，以期从经济学角度对生态补偿进行一个理解和定义，自此生态补偿制度涌现出不同的经济学概念，这虽然是生态补偿制度的发展与进步，但至今也未形成一个统一、明确、具体、清晰、说服各方学者的概念。

（一）狭义—广义说

吕忠梅教授将生态环境损害赔偿制度从内容包含的范围上，进行了广义和狭义之分。狭义的生态补偿只是指对生态环境和资源遭到破坏或掠夺后的人类的补偿和修复等一系列活动。而广义的生态补偿不仅是破坏环境后的修补，还包括为了保护环境而活动等行为受到限制的补偿或给予的优惠。这将大大提高人们保护环境的积极性，并且在生态环境损害赔偿制度的促使下，人们会更加自觉维护环境不受污染和破坏。①

这一定义的优点是将生态补偿活动进行区分，分为直接破坏后的补偿和间接保护后的补偿，并且对于不同的保护程度给予不同的补偿措施和补偿费用，以鼓励人们减少破坏，加强保护。

（二）约定说

以杜群教授为首的一派认为对于生态补偿的定义应当遵循“约定说”。他坚定地认为，这是一种国家或社会主体之间的约定，如果环境开发利用主体破坏了环境，就向他征收费用；如果相对人保护了环境或者为保护环境做出了贡献，就给他提供一个利益补偿性措施。并且对于征收的费用和补偿性的措施，通过约定的某种形式来补偿因资源环境开发或保护环境而自身利益受损的主体，以此来达到保护环境的目的。这一定义是将生态补偿定义为一种国家和社会主体之间的约定，正是这种“约定”，二者才产生法律上的权利和义务的约束。

（三）增益—损益说

李爱年教授提出，生态补偿是一种保持“调节性生态功能的持续供给和

① 黄锡生、潘璟：《流域生态补偿制度浅析》，载《环境保护法》2010年版。

社会公平"。国家对致使调节性生态功能减损的自然资源进行开发利用、造成破坏行为进行收费；同时对调节性生态功能的有益提供者和做出牺牲者进行回报和弥补的行为。①

这种学说意在强调生态补偿制度的"调节性"，同时也区分了"增益性"和"抑损性"的补偿方式。增益性是指"国家对调节性功能的有意提供者给予经济或非经济形成的弥补和补偿"。抑损性是对特定国家资源的开发、利用者要向国家支付一定费用。"增益性—抑损性"的提出更好地调节并维持了生态系统的持续供给，维护了社会公平。②

对于生态补偿制度尚且没有一个准确的定义，更不可以在"一带一路"制度下为其下一个准确的定义。但这些学说对于"一带一路"倡议下的生态补偿制度进行定义都具有借鉴意义；无论哪种定义，都是可以被"一带一路"下的生态补偿制度所采纳的。

二、构建"一带一路"生态补偿法律制度的理论基础

（一）生态价值理论

生态价值有着与劳动价值不同的价值系统，生态价值包括自然资源价值和生态环境价值两种。如果按照传统经济学理论，由于对马克思主义的误读，该理论得出的结论是生态价值仅有使用价值，而没有其价值性。这一理论是片面的，事实上，无论是生态环境还是自然资源都有其自身的价值，它应当与商品一样进入生态经济系统运行过程。它不是免费的午餐，让人们可以无限制地消耗与索取，如果要消费它，就要支付一定的代价。人类要想与其生存的环境维持一种协调平衡，维持生态环境的可持续发展，就要遵守这种秩序。生态补偿制度就是对生态环境与自然消耗所支付的对价。

"一带一路"的建设要经过许多生态脆弱的地方，比如路上丝绸之路要

---

① 黄锡生、潘璟：《流域生态补偿制度浅析》，载《环境保护法》2010 年版。
② 李爱年、刘旭芳：《生态补偿法律含义再认识》，载《环境保护》2006 年第 19 期。

经过青藏高原、帕米尔高原。这些地区生态一旦破坏就很难得到恢复。因此在开发这些地区时必须要制定配套的生态补偿法律保障措施。

（二）公平理论

公平是法律追求的价值和最高的精神。但是具体到部门法中，不同的部门法具有不同的实现公平的制度和方式。对于公平的观点，体现在事物发展的三个阶段，要求起点、过程和结果的公平。[①] 笔者认为，在环境法中，公平理论分为两层含义：第一层含义是行为主体无论是生态保护者还是生态破坏者，他们与我们赖以生存的环境都是一个公平交换的过程；第二层含义是生态保护者与生态受益者之间要寻求一种公平的利益分配。这两层含义下的公平都更偏向于一种结果的公平，如果你履行了保护环境的义务，你就能获得回馈与补偿；如果你破坏了环境，你就要承担相应的责任。生态补偿制度在公平理念的基础上形成了共享收益、共担风险、公平承担相应的责任、公平地履行相应的义务，以达到公平地共享资源，共摊社会利益的目的。

（三）公共物品理论

在经济学领域中，物品有公共物品和私人物品之分。公共物品就是指一种产品，即使每个人对它的消费都不会导致别人对该产品消费的减少。[②] 作为公共产品中的生态产品，其典型的非竞争性往往给生态环境带来过度的使用和资源的浩劫，不可避免地造成“公共的悲剧”。同时，也难免有人“搭便车”，一旦有人为改善环境而埋单就会有人产生坐享其成的心态，只享受

---

① 李志英：《我国生态补偿制度的法律构建》，中国法学会环境资源法学研究会（China Law Society Association of Environment and Resources Law，CLS－AERL）、昆明理工大学．生态文明与环境资源法——2009年全国环境资源法学研讨会（年会）论文集，中国法学会环境资源法学研究会（China Law Society Association of Environment and Resources Law，CLS－AERL）、昆明理工大学2009年第4期。

② 李志英：《我国生态补偿制度的法律构建》，中国法学会环境资源法学研究会（China Law Society Association of Environment and Resources Law，CLS－AERL）、昆明理工大学．生态文明与环境资源法——2009年全国环境资源法学研讨会（年会）论文集，中国法学会环境资源法学研究会（China Law Society Association of Environment and Resources Law，CLS－AERL）、昆明理工大学2009年第4期。

改善好的环境，却不愿为改善环境做出贡献。长此以往，人们就会产生投机的心理，既不想为保护环境做出投资，又想享受最好的生态环境，以至于最后投资的人越来越少，必定会导致资源枯竭、生态恶化。因此，要将生态补偿制度进行立法，从法律层面对其进行规制，从根源上遏制“搭便车”行为和“公共的悲剧”或对这些行为进行处罚。

三、“一带一路”倡议下的生态补偿法律制度的现状

“一带一路”倡议中的陆上丝绸之路经过的主要是中国与欧洲大陆，这一地区的生态环境极其脆弱，是全球生态环境问题最突出的地区之一，一旦破坏不可逆转。如果在实施“一带一路”倡议中，对周边的环境产生影响、造成威胁，那将得不偿失。如与中国西北地区相连的中亚地区，沙漠和草原的地貌使得在此处发展经济可能会带来生物多样性遭到破坏问题、工业污染问题、土地沙漠化等问题。欲速则不达，若一味追求高速发展的经济，这些问题的产生是必然的，并且不妥善处理这些问题，必然会导致生态的空前破坏，这些问题也将成为该地区发展的重要障碍。不仅如此，“一带一路”倡议经过中欧等不同的国家，这些国家有着自己的宗教信仰、政治背景、文化底蕴，有着自己经济发展的战略；所以，“一带一路”倡议下的生态环境问题还要受到不同地区政治、经济、文化等因素的制约和影响。

当然，我国政府在提出“一带一路”倡议的同时，高度重视沿途的生态环境保护问题。自“一带一路”倡议实施以来，多次发布“一带一路”倡议下各国合作发展的生态环境发展战略并多次召开关于生态环境发展问题论坛。

（一）“一带一路”倡议下生态问题的发展战略

1. 国内的发展战略

2015 年 3 月，国家发展和改革委员会、外交部、商务部在经国务院授权后联合发布了“推动一带一路发展的愿景”（以下简称“愿景”），“愿景”是将古丝绸之路重新实现它的价值，重新为它赋予新内涵，让其在新时代下

重新联合亚欧非各国，开辟一条共同发展、共同进步之路。“愿景”中虽没有对“生态文明建设”浓墨重彩的描述，但是“生态文明”的理念贯穿到了对产业的投资、资源的开发、贸易的合作、项目的研发、海上贸易往来等领域的方方面面，可以说“生态文明的建设”是一个指导思想。[①]

2017 年 5 月，原国家环保部（生态环境部）将“一带一路”生态合作规划（以下简称规划）进行颁布、实施。规划指出了生态环保合作的重要意义。并重点强调了六方面的工作要求，分别是强调生态文明理念，加强各国生态环保相关法律法规、各国环保政策的制定和沟通，促进可持续生产和发展，开展生态环境保护的项目。

2017“一带一路”绿色产业发展论坛举行，论坛从绿色发展的视角来讨论关于“一带一路”倡议下的一系列关于生态环境保护问题，如生态文明、政策发展、环境保护、能源建设等问题，并且签订了《柳州市环境保护战略合作框架协议》《战略合作备忘录》。

2. 多边、双边条约的签订

为了促进“一带一路”绿色、和谐地发展，中国与沿线国家也签订了多份促进环境合作的多边、双边协定。但是，早期签订的多边、双边条约中很少有对环境保护问题的具体规定，一是涉及环境的内容本身就少，二是即使有涉及环境内容，也仅限于在序言部分对环境保护问题的笼统介绍，没有对生态补偿制度的规定。例如，在与乌兹别克斯坦、日韩、加拿大、坦桑尼亚等国家签订的双边投资协议中都将环境问题列入其中，但都没有对其作出具体的规定。然而，这是一个很好的开始，环境条款的列入让协议的签署方对于环境问题的重视程度明显提高，促进了环保条款在多边协议、双边协议中的发展和完善。

（二）我国生态补偿制度的法制化

2014 年新的环境保护法公布，对于环境保护法的修订是为了突出生态文

---

① 张振中：《一带一路与生态文明》，http：//blog. sina. com. cn/s/blog_ 631123b90102vqh5. html. 最后访问日期：2017 年 12 月 17 日。

明建设的重要性，以体现我国建设生态文明的新理念和新要求。

在新环境保护法中将生态补偿制度加入其中，实现了生态补偿制度的单一化、零散化向系统化和体系化的转变。在旧环境保护法中并没有对生态补偿制度进行规定，只是在一些单行法，如森林法、土地管理法，在相应的领域对生态补偿制度进行规定。这种立法显然是不够的，法律需要对生态补偿制度进行系统化、体系化的立法。

但是，新环境保护法有其自身的局限性。新环境保护法中对于生态补偿制度的规定，只是在基本原则和基本制度的制定层面。虽然明确了我国在解决生态补偿问题时应遵循的基本原则，但是可操作性较低，因为新环境保护法并没有对解决生态补偿制度进行详细的规定。

值得一提的是，在论文写作过程中，我看到了《生态环境损害赔偿制度改革方案》的颁布。2017 年 12 月 17 日，国务院颁布印发了《生态环境损害赔偿制度改革方案》（以下简称《方案》），该方案意在进一步在全国范围内加快构建生态环境损害赔偿制度。该方案明确了生态环境损害赔偿的范围、责任、索赔主体以及损害赔偿解决途径等，逐步建立起一套比较完善的生态环境损害修复、补偿机制。该方案还详细规定了生态环境损害赔偿制度的工作原则、适用范围、工作内容、保障措施等内容，是我国目前对于生态环境损害赔偿制度规定最为详细的制度，使得生态环境损害赔偿制度能够落地实施。

（三）“一带一路”下的生态补偿法律制度存在的问题

上文中对于国内的发展战略和多边、双边条约的列举虽然没有穷尽，但也具有典型性和代表性。从文中对国内“一带一路”倡议的列举，“一带一路”倡议中签订的多边条约的介绍，以及我国对于生态补偿制度的规定可以看出，生态补偿法律制度在“一带一路”倡议中存在较多的问题。

从国内“一带一路”倡议的制定到“一带一路”过程中签订众多条约，都没有对生态补偿制度进行详细的约定。但是，国内的生态环境损害赔偿制度较为完善和先进，尤其是《生态环境损害赔偿制度改革方案》对生态环境损害赔偿制度进行了系统化、体系化的构建。这对于在“一带一路”发展倡议下环境问题条款制度以及生态环境损害赔偿制度的制定起到很好的指引和启发作用。

从双边、多边协议签署的角度来看，越来越多的国家在签订双边、多边协议时都将环境问题作为一个重要的条款写入其中，但是对于环境条款的规定都太过于粗线条，更不会细致到对于生态补偿制度的规定上。因此，在“一带一路”倡议中有关环境问题的法律法规要完善、有关生态补偿制度的法律法规也亟待完善。

四、构建“一带一路”生态补偿法律体制的思考

（一）制定“一带一路”生态补偿公约

“一带一路”倡议在促进沿途国家经济发展的同时也给沿线国家的环境问题带来了巨大的挑战。亚欧大陆作为亚欧板块的主体，“一带一路”倡议更增加了亚欧大陆的紧密度，面临的环境问题也趋于相似或相同。所以，加入“一带一路”倡议的国家应当针对环境问题制定统一的生态补偿法律制度，实现国与国之间生态补偿的公平与公正。虽然现在各个国家在签订合作协议时，越来越重视环境协议的签署，中国已经与德国、印度等30多个国家签订了双边合作协定，但是这些协定大多停留在原则层面，不具有可操作性，“一带一路”倡议下生态补偿制度并没有形成法律体系。

所以，针对“一带一路”发展中的特殊生态文明建设，应当制定相应的“一带一路”生态补偿公约，凡是加入“一带一路”倡议的国家都应当加入公约中。公约不仅要制定生态补偿制度的原则，更应当制定跨国的生态补偿的具体的实施方式，比如，制定利益主体国家、责任承担国家，补偿的标准、方式、救济措施，等等，将“一带一路”的生态补偿制度更加系统化、体系化、具有可操作性。谁开发、谁补偿，谁破坏，谁承担。这样，“一带一路”的沿线国家都可以成为该制度的得利者、受益者。同时，不仅成功地避免了“搭便车”行为和“公共悲剧”的产生，也实现了“一带一路”沿线国家资源共享，利益均分的美好愿景，真正实现了“环境命运的共同体”。

（二）积极加入环境保护多边条约

“一带一路”沿线各国应当积极加入既有的环境保护多边条约，主动承担起环境保护的责任和义务。中国在国际贸易交往中一直是一个负责任的大国形象，在环境保护问题上也应以一个负责任的大国的形象树立一方，更应当积极主动地承担责任，履行保护环境的义务。

例如，多个“一带一路”沿线国家加入了《能源宪章条约》，而中国至今未加入其中，其原因是多方面的。但是，随着“一带一路”倡议的深度发展，要想与其他国家在能源问题上有一个较好的解决办法，《能源宪章条约》的加入也是必不可少的。

此外积极加入多边条约也可以使各国在源头上对环境保护问题进行解决，将生态破坏、环境污染问题扼杀在源头，而不是在环境问题已经出现后再进行生态补偿。

（三）完善国内立法

《生态环境损害赔偿制度改革方案》颁布，这证明了我国对生态环境损害赔偿问题的认识已经提到了一个新的高度。但是，对于生态环境损害赔偿问题的立法还没有止步，这是生态环境损害赔偿法的“前奏”和“试路石”，如果时机成熟、条件合适，生态环境损害赔偿法律的制定是水到渠成的事情。生态环境损害赔偿制度相关法律完善的同时，也应当加快配套单行法中对于生态环境损害赔偿问题的制定和研究，使得生态环境损害赔偿制度渗透到其他各领域，并且都能够顺利实施。

（四）建立“一带一路”生态环境国际交流与合作专门机构

“一带一路”沿途经过的国家比较多，各国的社会制度不同，法律制度不同，环境保护能力差异悬殊。但是，各国都面临了生态环境方面的挑战。因此，应当建立“一带一路”生态环境国际交流与合作问题处理专门机构，统一处理跨国环境保护问题，包括跨国之间的生态补偿问题，都一律由该机构来处理。例如，可以建立一个“一带一路环境保护国家合作基金”组织，在该组织下将各国之间的生态成本和生态补偿费用进行合理、公正的交换。

五、结语

资源与环境政策研究所谷树忠副所长就曾对“一带一路”进行定义，将其定义为环境发展友好的“绿色丝路”，绝对不让这条“路”变成“脏路”，这条“带”变成“脏带”。这需要“一带一路”沿线各国、参与国共同努力。一方面从环境问题的源头对污染环境、浪费资源的行为进行规制；另一方面，也要完善生态补偿法律保障制度，为人类对生态环境造成的破坏“埋单”、完成善后工作，或者对为保护环境做贡献的主体进行补偿。由此可见，生态补偿法律制度的构建在环境保护法律体系中占据重要的地位。只有完善生态补偿法律制度，“一带一路”倡议才能更好地实施和发展，才能更好地建设我们共同的生态家园。

财税国际

论税收法定原则及其中国实现路径

黄 晨*

【摘要】作为税法领域的基本原则之一，税收法定原则无论从运用的范围之广还是其本身对法治建设的重要意义，都使其成为中西方国家研究的基础问题之一。但是由于税收法定原则在我国引入时间较晚，相关的立法实践仍旧未能摆脱税法所具备的浓重的行政化意味，导致新税种的开征缺乏法律依据、公民的纳税积极性受到影响等问题，这些都与税收法定原则未能在我国真正意义上的推行有关。因此本文通过分析税收法定原则在中国实行过程中遭遇的问题提出相适应的实现路径。

【关键词】税收法定原则　困境　实现路径

一、税收法定原则概述

关于税收法定原则的概念，学术界表述有所差异，但是基本表述相同，即征税机关须依法向纳税人征税，纳税人应依法向征税机关交税，且只能依法律规定。此定义最核心的主旨是将国家征税权限定在法律允许的范围内，避免随意扩大征税权而引起对纳税人个人财产更加严重的侵犯。税收法定原则表现出了高度的民主法治所应当维护的理念即保护公民的权利，公民是国家权力的唯一来源。在现代法治发展相当成熟的国家里，都将税收法定原则作为基本原则写进宪法并通过各项法律的配合形成了符合本国地域特色的税收法律体系。而我国将税收法定作为一项重要的税法原则在当今矛盾交错、

* 黄晨，首都经济贸易大学硕士研究生，经济法研究方向。

机遇与挑战交织的改革深水期，提出“落实”的重要思想，这是法治理念的转变，意味着我国在深层次问题出现后反思了以往对税收法定原则的忽视所导致的一系列问题，在改革迫在眉睫又需要循序渐进的情况下，确立税收法定原则的重要地位具有重大的理论和实践意义。

关于税收法定原则的具体内涵，通说认为包含三个方面，即课税要素法定原则、课税要素明确原则、税收程序法定原则。①这三个原则从不同的角度诠释税收法定原则，共同构成了对税收法定原则的完整表述。以下具体说明三个原则的内容。

一是课税要素法定原则。这个原则是指课税要素包括税种、税率、税收优惠、税收救济等都必须由法律规定，此处的法律仅指狭义上的法律，即由议会或我国的最高权力机关全国人大制定的法律，而不能是低一级的行政法规或其他规章等。课税要素法定原则主要凸显税收法定原则中的“法定”二字，将税收相关事项的立法权牢牢掌握在人民代表组成的最高权力机关。税收作为侵权性行为，国家征税是从公民个人财产中分割一部分用来提供公共服务，为了体现取之于民用之于民的目的，当然应当由人民来决定分割出自己的多少财产可以满足其所需的公共之用。课税法定原则使得税收法定原则作为与罪刑法定原则并驾齐驱的民主法治国家所体现的基本理念，在实体税法制定的过程中应当坚持。

二是课税要素明确原则。这个原则是指法律应当用非常明白准确的语言描述各项课税要素的概念以及征税程序等规范事项，防止产生任何歧义和误解，影响法律的适用，导致行政机关由于有争议的法律规定做出不合理的解释，甚至用解释取代法律规定，造成行政机关借机扩大自由裁量权，造成税收法定原则无法落到实处的实行。目前我国就是由于税法规定过于原则化，缺乏具体操作性，使得法条缺乏明确的指引作用，使得行政机关在解释法律时为了部门利益或者地方政绩随意曲解法律规定的含义，甚至以规章、条例代替法律规定起实际的控制作用，这严重地损害了法律的权威性与稳定性，破坏了税收法定原则的精神实质，使得税收法定原则空有其表而无法实实在

---

① 鲁卫星：《税收法定主义在中国的困境与出路探析》，武汉工程大学2012年硕士论文。

在的在征税活动中起到保护公民个人财产安全的作用。

三是税收程序法定原则。这个原则是指税法的颁布和执行都必须严格按照法定程序完成，税收法律关系的主体实现其权利义务所需经历的程序也需要明确的法律规定。程序的重要性随着国家经济的发展，民主观念逐渐深入社会生活后，实体法律为了更好地得以执行而对程序法产生的需要与日俱增，如今程序正义越来越为现代法治国家所重视，我国也在从过去的重实体轻程序的落后观念中逐渐走出来。为了配合税法以及相关法律法规的制定与执行，税收程序的法定性成为最重要的保障。国家公权力有着天然扩张的性质，如果仅仅依靠实体法的规定无法保证公权力始终处在法定范围内行使，作为圈住国家公权力的绳子，税收程序法定原则的严格遵守能够保证征税权限制在有限范围以免侵害公民的个人财产权，激发严重的社会矛盾，同时严格的程序保证可以让公民看到法律的权威性，使人民相信法律的正义性，有利于提高公民履行纳税义务的积极性，使税法在程序保障下成为真正的“善法”。

二、西方国家税收法定原则发展历程概述

英国是税收法定原则的发源地，其出现是由于作为新兴阶级的资产阶级为了与封建君主专制制度做斗争而产生的。在欧洲中世纪英国国王奉行的是皇室的一切开支均由国王负责承担，虽然国王拥有一定数量的土地以及进贡的财物等收入来源，但是由于经历战争以及皇室的奢靡之风盛行导致入不敷出，国王无法靠这些来满足皇室和政府的需要，因此出现了增加税负的现象，导致了议会的强烈不满并因此引发了一系列斗争。在 1215 年签订的《自由大宪章》中对国王权力做出了限制并凸显了议会的权力，其有权决定是否征税，这是一个里程碑事件。随后两个阶级经过了长时间的斗争，税收法定原则逐渐随着民主理念的兴起更加深入人心，最终在 1688 年光荣革命后通过《权利法案》正式确立，成为保护公民财产权的一项基础原则，也影响着世界上越来越多的国家关注并运用此原则，写进各国宪法。[①] 最典型的

① 倪文翔：《论税收法定主义》，中国海洋大学 2014 年硕士论文。

是美国通过独立战争以及法国通过法国大革命相继确立了独立宣言和人权宣言，将税收法定原则这一作为战争导火索的公民权利的守护神规定在宣言当中，表明了两国民主法治理念的不断深化和实践。通过西方国家税收法定原则的发展过程我们可以看到这项原则对民主法治国家发展的内在精神内涵做出的基础性贡献，因此我国也应当在宪法中明确的确立这项原则并实际上通过全国人民代表大会的立法来实践这项原则。

三、税收法定原则在我国的实践困境

税收法定原则在我国宪法中是否实际确立，理论界是有着两种不同观点的，一方认为从宪法第五十六条中规定的关于公民应当依据法律规定纳税的基本义务可以推出我国确定税收事项必须经过法律规定才具备合法性的税收法定原则。但另一方认为第五十六条并没有明确提出关于税收法定原则构成要件的全部组成，并且此条是在宪法的权力与义务一章中规定只能理解为单纯的规定公民的基本义务而无实质确立税收法定原则的意思。笔者支持后一种观点。虽然在宪法上未明确规定，但是在税收征管法与立法法中相继规定了关于严格依照法律执行征税权及税收事项应由全国人大通过法律形式确定，并限制了地方立法权。由此形成了包含税收法定原则的税收法律体制。但是在立法实践过程中，全国人大没有充分行使税收立法权，而是根据1985年规定的授权权力将实际的税收立法权下放到政府，从而出现大量暂行条例代替法律控制中国的税收整体环境，这不利于维护税法的稳定性和权威性。我国到目前为止以法律形式颁布的税法只有四部，分别是个人所得税法，企业所得税法、车船税法和税收征管法，从数量上来看根本无法与相关的行政法规相比。缺失了税收立法专属权导致人大无法发挥作为全民代表的国家权力，使得行政权侵蚀立法权，政府拥有很大的实权随意开征新税、减免税收等违背税收法定原则的情况出现，对公民的个人财产造成严重侵害。取而代之的后果就是违背税收法定的宪政理念，执法依据缺乏合法性，这与我国人民是国家主人的社会主义理念不符。这是税收法定原则在税收法律体系中实际上缺失的主要问题之一，还有其他两个问题需要说明。

（一）立法观念落后

宪法作为人民权力的终极保障，应当以维护民主政治为目标构建宪政价值观念，但是由于我国长期封建君主专制时期对人民的压迫，官本位思想严重，人民反抗意识单薄，认为官与民就应当是权利义务不对等的，这对今天已经是民主社会的中国来说仍然是顽固的封建残余。因此我国宪法虽然形式上是以保证公民权利为首要任务，但在具体表达中仍然对国家权力的限制缺乏尽可能多的明确态度，在税收相关事项就表现为宪法第五十六条只是明确了公民的基本义务，并没有提及征税机关的义务以及公民在税收法律关系中的基本权利应当保障的基本原则。最高层级立法中民主观念的缺乏直接会影响低级别法律法规对税后法定原则的重视。现代社会人民越来越重视自身权利的维护，缺乏权利保护的人们自然失去了履行义务的热情和自觉性。在现实社会中偷税、漏税、避税现象比比皆是，每年的税收完成率并不尽如人意。从宪法角度看就是税收法定原则并没有受到重视，立法理念未能偏向保护广大民众，则实际制定的具体法律法规就更加无法切合人民的实际情况，不合理的税负自然会激起人民的反抗和抵制。市场经济的发展致使国有经济不再适应时代的进步，国家运转更加需要税收来维系，改变立法观念是深层次的转变，也是迫在眉睫的转变。

（二）过分重视税收的宏观调控功能

税收的基本职能是为了国家发展集合财政资金，宏观调控是税收的次要职能或者只能在宏观调控过程中起到辅助作用。虽然税收政策的变化可以反映经济形势，但不是调整经济运行状态的主要手段。由于过分重视税收的这项职能，导致政府为了稳定或刺激经济发展经常性使用行政手段规定税收事项，这是对税法稳定性的极大伤害，也是政府对市场过分控制在立法领域的表现，这是对税收法定原则的不尊重，也不符合当今市场经济发展的规律。此外，中央税权与地方税权的不明确划分导致地方税收立法权实际上丧失，使税收缺乏灵活性，地方政府为了发展当地经济所需要的资金不能通过税后渠道获得，只能通过订立各种名目的费用来缓解经济压力。长此以往会导致中央与地方财政收入配比不合理，乱收费现象有损政府形象，容易激起严重的社会问题。除此之外还有忽视税收中公平正义原则的体现，导致形式正义而实质不正义的问题，很多地方上都认为有提高税率等问题存在，在事实上形成了权利义务的不对等。这些都是税收法定原则无法切实推行的原因，也是我国在推动深化改革过程中亟待解决的问题。

四、开拓税收法定原则落实的中国路径

我国目前虽然在法律层面规定了税收法定原则，但是实施的效果却不理想，如何将税收法定原则真正引入中国成为当前深化税制改革的一个基本问题。我认为关于开拓落实税收法定原则的中国本土路径主要从以下三个方面着手。

（一）将税收法定原则提升至宪法高度

目前我国宪法中并没有明确规定税收法定原则，只是规定了关于公民纳税的基本义务①，这不利于税收法定原则在宪法层面落实，并且这样模棱两可的表述所引发的分歧还会延缓修改宪法的时间，利益博弈的过程通常来说十分漫长。一方面，在宪法修改以目前的实际情况来看非常困难的情况下，可以采取全国人民代表大会做出立法解释来解释宪法第五十六条的内容，使之明确为税收法定原则的概念表述，在解释中应当强调限制国家征税权，保护公民私人财产权的重要性。除此之外可以选择一个适当的历史时机出台宪法修正案，将税收法定原则补充进去。另一方面，第五十六条只是强调了公民的纳税基本义务，并没有在宪法基本权利的位置加上公民有权拒绝交纳不符合法律规定的税种等基本权利，这样不对等的规定来源于中国长期受权力至上思想的影响，片面重视征税主体的权力。但这并不符合我国的社会主义国家性质，也不符合我国目前以及未来的经济发展状态，因此需要在立法解

---

① 李刚、周俊琪：《从法解释的角度看我国〈宪法〉第五十六条与税收法定主义——与刘剑文、熊伟二学者商榷》，载《税务研究》2006年第9期。

释的时候对公民享有的关于税收的基本权利也解释清楚。总之，税收法定原则效力层级的提升具有重大意义，只有在宪法层面规定税收法定原则，其才能具有最高的权威性和合法性，法律等较低效力级别的规范才能在制定具体规则时有所参照且不得违反，不会像现在这样乱象丛生。

（二）制定税收基本法

作为国家保证财政收入的重要权力，为避免国家权力侵蚀个人权利，应当对其做出严格的限制。在目前宪法缺少对征税权明确限制的情况下，法学界应当尽快推动税收基本法的制定。这是一部彰显人权保护的法律，公民作为国家权力的给予者，对其个人财产权的侵犯必须受到公民个人的同意，因此必须由我国的民意代表机关即全国人大组织，通过制定法律的形式行使同意权，这也是解决目前法律层面缺乏规范征税行为的纲领性法律，起到统领其他税收法律和各项法规、规章的作用。制定税收基本法是迫切需要，我们不能一味等待宪法做出修改去确定税收法定原则，必须适应现实需要以低一级的法律先行在税法体系中引导整体税收环境的深化改革。同时作为行政法系统的一个分支，税收基本法也必须符合行政法的原则，因此就会产生税收基本法是实体法还是程序法的争议。税收基本法理应规定税收基本原则、税种、税率等基本内容，但是作为税定收程序也是一个重要的内容必须规定其中，我个人认为税收基本法是一部包含实体规定和程序规定的基本法律，目前行政法本身也有实体法与程序法同时规定的趋势，因为一部规范想要取得良好的效果，这两者是不可或缺的，而且随着社会的不断发展，为了迎合其需要各种性质的法的融合程序也在不断加强①。

（三）提高税收立法层次

我国目前充斥着大量关于税收的暂行条例，严重影响了税法的稳定性与权威性，因此必须将已经成熟的暂行条例上升至法律高度，以实质取消行政机关不合理的税收立法权，将权力收归最高权力机关，这才符合《立法法》

---

① 申鹏：《我国税收基本法立法研究》，财政部财政科学研究所2014年博士论文。

的立法目的，及法律保留事项不得下放至行政机关。车船税就是作为一个良好的开端，其他主体税种包括增值税等也应当尽快制定单行税法以提升立法层次。当然并不是说立法机关是作为税收立法权的唯一行使者，由于现实生活的纷繁，税收相关法并不能涵盖所有现实问题，行政机关可以在严格的范围内行使关于税法的细则制定，体现税法的灵活性以适应现实需要。针对立法机关目前空白授权等问题突出，应当在税收基本法中明确立法机关授权的范围以及行政机关绝对不能染指的税收事项的立法权，必须使之明确，具有较强的操作性，避免空白授权等问题的出现。同时应当限制暂行条例的有效性，以此激励其成熟后尽快提上立法日程。并且在划分中央与地方税收立法权时，应当将关乎国家发展的关键税种征收权归于中央，地方可以根据中央的规定对本地具体情况，但不能违反中央的规定。一些极具地方特色的税种可以允许在中央制定主要内容后由地方具体协调税率等问题，这样就做到了集权与分权的协调统一。以上是对横向立法与纵向立法的简要分析，不管是横向还是纵向，都需要立法机关积极行使监督权才能有效保证其实行的效果。除此之外要保持立法过程的公开度，让公众参与的制度应当更加完善，才能起到对纳税人权利的维护。

结语

税收法定原则作为税法中非常重要的基础原则，甚至可以说是灵魂原则，代表着近现代民主理念的核心思想，即保护公民的合法权益的人民权利至上的思想，应当受到我国的高度关注。但是目前税收法定原则没有在我国真正意义上的推行，学界及高层应当大力推进税收法定原则在宪法层面的落实以推动整个税法环境的变革，力求充分保证纳税人的合法权益不受侵犯，使税收真正合理化。

增值税专用发票的证明力

刘小源*

【摘要】从法律关系的分析角度入手，增值税专用发票主要是以税法为中心、受行政法律法规调整的法律关系，然而作为反映纳税人在商事活动中的主要会计凭证，又体现了销售货物一方的纳税义务以及购买货物一方的进项税额，所以在民事诉讼中，增值税专用发票又经常被用作证据来证明当事人之间有关买卖、承揽合同的纠纷问题。司法实践中，关于增值税专用发票的证明力争议主要集中在买卖合同中，然而通过不同的判决可以看出，法院对这一问题的看法并不统一。本文拟从实践中的案例入手，归纳总结出有关增值税专用发票的实质性问题，通过证明标准和举证责任两个角度对增值税专用发票在诉讼中的证明力加以论证，以期对司法实践有所帮助。

【关键词】增值税专用发票　证明力　买卖合同

一、增值税专用发票证明力问题的提出

（一）案情介绍

案例一： A向B销售货物，但是在整个买卖过程中并未订立书面合同，因A向B销售的货物是经C装配加工的，所以A就两方是否存在买卖合同的关系向B提起了诉讼。A认为，在买卖过程中自己向B开具了多张增值税专用发票，并且B也已经进行了抵扣，同时分别将部分货款给了自己，所以两

---

*　刘小源，首都经济贸易大学硕士研究生，财税法研究方向。

个人是存在买卖合同关系的，B 应支付剩余货款。B 认为，A 已经承认是与 C 联系的采购事宜、确定的价格，所以与 A 发生买卖合同关系的应该是 C。C 认为，自己是向 A 购买的配件，然后将配件组装成成品，再将成品转售给 B，是为了交易方便，才让 A 直接给 B 开具发票，所以，与 A 发生买卖合同关系的应为 C，而不是 B。①

案例二：D 与 E 签订了购销协议书和供货合同，根据购销协议书的约定，D、E 应在产品供货合同中明确规定出结算的价格，然而合同中只规定了订货的指导价格，并没有明确产品的结算价格，在履行合同的过程中，双方也未确定结算价格，因此，双方就如何确定货物结算的价格进行诉讼。D 主张应以增值税发票上记载的数额为结算价格，C 认为增值税专用发票的认证和抵扣属于行政法律行为，是基于税收缴纳与认证时间要求的不得已的做法，并不能证明自己对票面数额的认可，将增值税发票的价格作为结算价格是不当的。②

（二）案例分析

案例一：实践中买卖双方未签订书面买卖合同，仅仅以口头方式进行交易的情况普遍存在，司法解释规定在当事人没有书面合同的时候，送货单、收货单、结算单、发票等都可以用来证明双方存在着买卖合同关系，只不过需要同时结合双方之间的交易习惯、交易方式以及其他的证据来综合考量认定。③ 在此案中，A 向 B 开具了增值税专用发票，B 也对增值税专用发票进行了税款的抵扣，同时，A 收到的货款也均是由 B 予以支付，C 虽然主张自己是买卖合同的当事人，但并没有提供充分的证据，所以综合双方的举证责任和证明标准，A 的主张是有高度的盖然性的，事实依据和法律依据更为充

---

① 浙江省温州市中级人民法院民事判决书（2016）浙 03 民终 4692 号，广州广丹仪表有限公司与乐清市永乐五金制品加工厂、浙江森泰仪器仪表有限公司买卖合同纠纷案。

② 中华人民共和国最高人民法院民事判决书（2013）民提字第 215 号，内蒙古包钢钢联股份有限公司与江苏刚正薄板科技有限公司买卖合同纠纷审判监督民事判决书。

③《最高人民法院关于审理买卖合同纠纷案件适用法律问题的解释》第一条第一款规定：当事人之间没有书面合同，一方以送货单、收货单、结算单、发票等主张存在买卖合同关系的，人民法院应当结合当事人之间的交易方式、交易习惯以及其他相关证据，对买卖合同是否成立作出认定。

分，因此应认定 A 和 B 存在买卖合同关系，A 以支付货物的剩余款项。

案例二：增值税专用发票有别于普通的发票，它不仅表明双方进行了商事活动，还是双方应该缴纳税款、怎样履行税收义务的依据。因实践中货款的结算和货物的交付与增值税专用发票的开具可能存在时间上的差异，交易习惯不同往往出现实际交易价格、数量等难以确定的问题，此时，能否以增值税发票票面记载的交易价格、数量、交易方式等来证明双方实际的交易情况便引发争议。针对本案，主要有下列三种看法：第一种观点认为，购销协议和买卖合同是双方真实的意思表示，所以理应是有效的，既然双方在合同中没有明确约定价格，那么依照合同法的规定，应当按照合同订立时合同履行地的市场价格来确定最终价格；第二种观点认为，从 C 与 D 的交易方式来看，双方是存在价格结算机制的，此时不应该推翻双方的价格结算机制，仅凭主观意愿为双方推定出一个价格，应以增值税发票作为结算价格；第三种观点认为，增值税发票的入账和抵扣虽然能反映双方的交易行为，但是作为一种行政法律行为，并不必然代表对另一方单独定价的认可，还应当将协议书和合同书中的约定联系起来，从商事活动中双方履行合同的实际情况来看，本案中 C 对增值税发票进行了认证，是基于《增值税专用发票使用规定》对入账抵扣时间的要求，是在发生纠纷时选择的通常的、能化解纠纷的办法，所以应该综合考虑，不能仅凭增值税发票就认定结算价格。个人认为第三种观点更全面、准确，可以形成完整的证据链条，而不是片面性地单一看问题。

二、增值税专用发票证明力问题的争议

（一）增值税专用发票证明力问题的实质

从前面分析的两个案件以及司法实践中围绕增值税专用发票证明力问题产生的争议，可以看出问题的实质在于：（1）增值税专用发票能否证明双方存在买卖合同关系；（2）增值税专用发票能否证明合同履行的相关事宜——如合同的交易数量、交易价格以及发送货物的多少和结算款项的数额等问

题。其中第（2）点又可细分为合同的主要内容和合同的履行情况两类。

1. 增值税专用发票能否作为认定合同关系的依据

增值税专用发票虽然只是交易双方的结算凭证，但这并不代表增值税专用发票不能证明合同关系的成立。① 实践中，买卖的当事人可能并未订立书面的合同，仅仅以口头形式确定买卖关系，因此一旦涉及民事诉讼，增值税专用发票作为公文书，经常被当作证据证明双方是否存在着合同关系。

2. 增值税专用发票认证、抵扣的效力

我国有关税收的行政法规和规章对如何开具增值税发票做了详细的规定，由于增值税发票是买方扣除增值税的重要凭证，其抵扣事项又需税务机关的认证，所以为保障国家的税收秩序，发票上所记载的有关商事活动相关的信息与交易方实际的商事活动往来信息相符合是对增值税专用发票基本和必要的要求。因此，在没有相反的证据证明增值税发票与实际交易不符的情况下，就应认定增值税专用发票是真实、具体的。然而因为在交易过程中“先款后票”或者“先票后款”这两种情况，有时票面事项可能与实际情况并不相符，这时就需要借助增值税发票予以证明。

3. 增值税专用发票能否证明合同履行的相关事宜

2012 年颁布的有关司法解释规定，出卖人如果仅以增值税专用发票或者税收抵扣的资料来证明已经交付了标的物的，如果另一方否认这一事实，出卖人还应该提供其他的证据才能证明已经交付了标的物。② 此司法解释虽然在原有法律规范的基础上，进一步对交付标的物做了专门规定，但是只规定了这一项，并不能满足司法实践的需要，反映出立法具有滞后性，司法实践中除了交付标的物还存在交易数量和金额的变化，交易款项结算等问题，应加以更加详细、具体的规定。

---

① 周凯、张志刚：《增值税专用发票的证明力》，载《人民司法》2010 年第 14 期。

② 《最高人民法院关于审理买卖合同纠纷案件适用法律问题的解释》第八条：出卖人仅以增值税专用发票及税款抵扣资料证明其已履行交付标的物义务，买受人不认可的，出卖人应当提供其他证据证明交付标的物的事实。合同约定或者当事人之间习惯以普通发票作为付款凭证，买受人以普通发票证明已经履行付款义务的，人民法院应予支持，但有相反证据足以推翻的除外。

（二）从民事诉讼的角度看增值税专用发票证明力问题

财税法作为公法，与私法存在着交叉是必然的，这其中就体现在合同法与税法、诉讼法与税法之中。讨论增值税专用发票的证明力问题时，有必要讨论民事诉讼中对证明标准的要求和对举证责任的分配问题。

1. 证明标准的要求

证明标准是一个程度问题，也是一个过程问题，需要根据法律的规定，由证明主体将待证的事实证明到案件所需的程度，对证据加以运用。① 和行使诉讼中对证明标准为排除合理怀疑的要求不同的是，最大盖然性标准为我国民事诉讼的证明标准。高度盖然性是指当人们对一件事物的认识达不到完全的逻辑认识、不能充分、确实地确定时，如果其中一方的证据能够证明此事件有高度的发生概率，并且对方没有相反的证据予以反驳，那么我们就认定此事件的发生，并以此作为依据进行判案依据。从证据的效力来看，可以直接证明要证事实的属于直接证据，不能直接证明要证事实、需要和其他证据相结合的证据为间接证据，增值税专用发票作为证明买卖合同中纠纷问题的证据，并不能直接达到证明目的，而是一种可能性，代表着此事件的发生具有可能性，而不是必然性，它代表着一种概率。所以，增值税专用发票在证据链条中，是有力的一环，和其他的证据相互映衬，才能形成一个较为完整的证据链条，达到高度盖然性的证明标准，如收货单、收款收据、入库单等。

2. 举证责任的分配

我国的民事诉讼中以“谁主张，谁举证”为基本的举证责任分配原则，在增值税专用发票证明力问题中，应格外注意持有增值税专用发票的一方当事人在已完成认证、扣缴时，对增值税专用发票上相同的信息不予认可的情况。由于税收具有严肃性，所以一旦完成认证和抵扣，又对票面的事项进行反驳的，必须拿出合理的理由，说明为什么。同时，当增值税专用发票用来证明双方存在买卖关系以及买卖合同的履行情况时，如果没有完整的证据链

---

① 高颖佳：《从证据法角度看发票的证明力问题》，载《理论前沿》2014 年第 9 期。

条加以佐证，那此时的增值税专用发票起到了转换举证责任的作用，即应由对方提出相反证据来否认买卖合同关系的存在等问题，增值税专用发票虽然不是直接证据，但是起到了辅助性的作用。

三、增值税专用发票证明力的认定

（一）增值税专用发票对认定合同关系的作用

根据司法解释的规定，当事人可以以发票来证明存在买卖合同关系，但是有相反的证据足以推翻的除外。① 可见，作为间接证据，我们不能一味肯定增值税专用发票就代表了双方存在合同关系，也不能单一地否定增值税专用发票的作用，而应该将其作为证据中的一部分，同双方的交易习惯、交易方式以及其他的证据材料联系起来，当达到高度盖然性的时候，如果另一方没有提出相反的证据或者提出相反的主张但并没有尽到举证责任，则应认为双方是存在买卖合同关系的。

（二）增值税专用发票认证、抵扣的效力

增值税专用发票的认证指的是接收货物或者劳务的一方将增值税专用发票送到当地的税务机关进行审核，确认增值税专用发票有效性的过程。② 认证作为抵扣的前提，是抵扣必须经历的阶段。国家税务总局在文件［国税发（2003）17 号］中对有关认定和抵扣的时间要求做了详细规定。③ 虽然增值

---

① 《最高人民法院关于审理买卖合同纠纷案件适用法律问题的解释》第一条规定，当事人之间没有书面合同，一方以送货单、收货单、结算单、发票等主张存在买卖合同关系的，人民法院应当结合当事人之间的交易方式、交易习惯以及其他相关证据，对买卖合同是否成立作出认定。对账确认函、债权确认书等函件、凭证没有记载债权人名称，买卖合同当事人一方以此证明存在买卖合同关系的，人民法院应予支持，但有相反证据足以推翻的除外。

② https：//baike. baidu. com/item/%E5%A2%9E%E5%80%BC%E7%A8%8E%E8%AE%A4%E8%AF%81/2169552

③《国家税务总局关于调整增值税凭证抵扣期限有关问题的通知（国税函［2009］617 号）第一条规定，一般纳税人必须自增值税发票开具之日起 90 日内到税务部门认证，否则不予抵扣进项税额。认证通过的增值税发票，应在认证通过的当月按照增值税有关规定核算当期进项税额并申报抵扣，否则不予抵扣进项税额。

税专用发票作为公文书证，相较于私文书证具有较强的证明力，但当商事活动中的交易事项与增值税专用发票记载内容不一致的时候，仍然不能单纯凭借增值税专用发票来作为最后的认定依据。原因在于：买卖合同关系中意思表示的相对人与增值税发票认证抵扣中意思表示的相对人是不一致的，不能将增值税发票相关事项的变更等同于买卖合同关系中交易事项的变更。当买卖合同当事人进行增值税专用发票的认证和抵扣时，其意思表示的相对人是税务机关，而买卖合同变更的相对人是在买卖主体之间，开票行为并不等同于买卖合同中的要约与承诺，所以，基于意思表示相对方的不同，不能将票面事项的变更单纯理解为买卖合同的变更。虽然实践中存在着代开、虚开增值税专用发票的行为，但并不能因此混淆两种法律行为，而是应该结合证明标准和举证责任，在高度盖然性的标准下，全面考察此类问题。

（三）增值税专用发票对合同履行事宜的证明作用

首先，司法解释仅对标的物的交付中增值税专用发票的证明力问题做了具体规定，体现出立法的滞后性，应在日后的立法工作中予以完善。其次，增值税专用发票对是否收到货款、结算款项等问题虽然没有专门规定，但结合商事交易中的其他书证，仍可用来证明诉讼主张。所以，在健全相关规定的时候，应对诉讼中的举证做出整体的考察，不应割裂联系。实践中，因虚开、代开发票的情况时有发生，所以当事人对增值税发票的证明力存在异议，然而国家税务部门已规定“作废”和红字专用发票，并不能因此就对增值税专用发票的作用予以抹杀。①

四、结论

虽然我国关于税收以及买卖合同等方面的法律法规较为具体，但是因为实践中商事活动复杂多变，不同案例中买卖双方的交易习惯和交易方式不同，增值税专用发票与普通发票相比较又有着独特性，所以司法实践中此类

---

① 陈艳：《增值税发票能否作为认定收货事实的依据》，载《人民司法》2008年第24期。

问题争议不断。回顾近几年司法实践，以2012年最高人民法院发布的关于审理买卖合同纠纷案件的司法解释为节点，形成了不同的判决。然而就算在同一时期内，不同法院对于增值税专用发票的证明力认可程度也不尽相同。有的案件中单一地凭借增值税专用发票作为定案依据，对交易习惯不加考察，有的案件在综合考量不同证据的时候对增值税专用发票的证明力予以否定。因此，需引起重视。

我们应肯定增值税发票在民事诉讼中的证明作用，结合举证责任的分配、商事活动的交易规则以及个例案件中的特殊性，力求形成完整的证据链条，从而最大限度还原案件的事实和真相，做出正确的判决。

税收法定原则比较研究

——分析宪法税收条款的角度

刘力菡*

【摘要】针对我国宪法是否体现税收法定原则这一争议问题，本文尝试运用比较研究方法，通过对比世界各国与我国的宪法税收条款，以释明我国宪法中税收法定原则存在缺失，并尝试对我国宪法中税收法定原则的完善提出一些建议。本文的创新之处在于采用比较研究的方法，对世界各国与我国的宪法税收条款在章节位置与内容上进行分析。

【关键词】税收法定原则　宪法税收条款　税收要素　税收征纳主体

税收法定原则，指征税主体仅依据法律规定征税，纳税主体仅依据法律规定纳税，其涉及的内容主要包括：（1）征纳主体法定，征税主体，纳税主体法定；（2）课税对象、标准和税率法定；（3）税收归属关系法定；（4）税收权利、义务的内容、范围等法定；（5）税收行政机关须严格按照法律征税，不得擅自变动法定内容及征收程序，不得擅自决定税收的开征，停征，减免退补等。我国宪法第五十六条规定："中华人民共和国公民有依照法律纳税的义务。"① 普遍认为该条款为我国宪法中的纳税义务条款，但也有学者认为该条款意味着我国宪法确立了税收法定原则；对该条款是否体现税收法定原则的探讨和研究一直持续不断。针对这一问题，本文的第一部分通过分

*　刘力菡，首都经济贸易大学硕士研究生，经济法研究方向。

① 《世界各国宪法》编辑委员会编译：《世界各国宪法——亚洲卷》，中国检察出版社2012年版，第1页。

析世界各国的宪法税收条款，以阐述税收法定原则的内涵；第二部分通过对比第一部分的内容，分析我国宪法税收条款，以论述我国宪法中税收法定原则的缺失；第三部分对上述缺失提出一些建议。

一、对世界各国宪法税收条款的分析[①]

本文依据2012年10月出版的由曹建明、许崇德等组成的《世界各国宪法》编辑委员会编译的《世界各国宪法》，对所涉及的亚洲、欧洲、美洲、大洋洲和非洲的193个国家的宪法条文进行考察。在193个国家的宪法中，包含税收条款的各国宪法有186个，约占96.4%。可见，在宪法中规定税收条款是世界绝大多数国家的共同做法。[②]

（一）对世界各国宪法税收条款位置的分析

笔者对《世界各国宪法》中193个国家宪法税收条款所在的章节位置进行总结分类，可以分为六类：第一类：公民的权利与义务；第二类：财政与经济；第三类：中央；第四类：地方；第五类：中央与地方的权力分配；第六类：其他。

其中，第二类财政与经济可以分为：（1）总则；（2）财政；（3）经济；（4）税收；（5）贸易。第三类中央可以分为：（1）国家权力机关的权力与职责；（2）权力机关行使权力的程序；（3）其他，包括其他国家机关，立法权与行政权之间的关系，公职人员。第四类地方可以分为：（1）地方权力机关；（2）地方行政机关；（3）地方其他机关；（4）地方财政与税收。第五类中央与地方的权力分配，包括中央与地方的财政税收收入的分配。第六类其他，包括总则（或序）、国家的基本原则、社会根本基础、过渡（或最后、附加、特别）条款、一般规定、附件（或附则）、教育与文化、社会福利、

① 本文文章结构及标题参考瞿继光：《税收法定原则比较研究——税收立宪的角度》，载《杭州师范学院学报（社会科学版）》2005年第2期。

② 毕金平、刘军：《年第论我国宪法中税收条款之构建——从宪法文本角度期》，载《安徽大学法律评论》2008年第2期。

法律和行政法规各自的领域。

在这六个分类中，宪法税收条款数量处于前三位的是分类三（1）国家权力机关的权力与职责；分类一、公民的权利与义务；分类二（2）财政。分类三（1）国家权力机关的权力与职责，包括75个国家的92个宪法税收条款，其国家数在拥有宪法税收条款的186个国家中占比约为40.32%。分类一、公民的权利与义务，包括75个国家的91个条款，其国家数在186个国家中占比约为40.32%；其中包括我国宪法税收条款第五十六条。分类二（2）财政包括55个国家中的92个条款，其国家数在186个国家中占比约为29.57%。

各国宪法中的税收法定原则体现在各国宪法税收条款中，据以上分析，各国宪法中的税收法定原则在各国宪法中占据重要位置。

（二）对世界各国宪法税收条款内容的分析

笔者对上述各分类中的法条内容进行具体分析，以总结世界各国宪法税收条款内容的共性。笔者主要对各国宪法税收条款章节位置分类中前五类中的法条内容进行分析。可以分为七类：（1）税收由法律规定；（2）税收的静态要素法定，税收的静态要素包括税收制度、税额相关要素、税种、税收程序、税收性质；（3）税收的动态要素法定，税收的动态要素包括税的设定，税收例外，税的征收、修改、调整，税收优惠，税收的减少、免除，税的取消等。（4）征税相关主体法定；（5）纳税主体法定；（6）税收的归属、分配、支出法定；（7）其他，包括税收的目的、原则，有关税收的法律，税收依据。

1. 税收由法律规定

税收由法律规定包括“法”“法定”“法定的对象”三个部分。“法”指有权规定税收的规范性法律文件，多为国内法，也包括经法律批准的国际条约和协定，对此摩纳哥宪法第七十条中有显示。“法定”指效力层次，对规范税收的权力来源进行分类，可以分为法律规定、法律授权、权力机关授权、行政机关权力范围四个“法定层次”；本分类中的“法定”包括“法律规定”一个效力层次，其内容分为两种模式：一是肯定式，税收由法律规定，如文莱宪法第五十六条。二是否定式，税收非经法律规定不得确立。如卢森堡宪法第九十九条。“法定的对象”，指明确由法律规定的事项，其中不仅包括税收，还包括其他预算、费用等；如爱沙尼亚宪法第一百一十三条规定了国家的税收罚款等由法律规定。

2. 税收的静态要素法定

笔者把具有较强稳定性的税收相关要素概括为税收的静态要素。本分类包括税收制度、税额相关要素、税种、税收程序、税收性质、税收的目的与原则，税收依据七个分类。

税收制度中明确规定税收制度由法律确定。

税额相关要素包括“法定”、税额、税率、计税标准、税收来源五个方面。其中“法定”层次包括法律规定、法律授权、行政法令三个层次；多哥宪法第八十四条明确税基、税率制度由法律规定，希腊宪法第七十八条规定了在税率等方面限制法律授权，秘鲁宪法第七十四条第一款规定关税和税率由行政命令确定。“税额”中存在最高额与最低额，税额抵销以及税的起征点的具体规定。巴西宪法第一百五十五条第二款第（一）至第（八）项，12（9）项对计税标准有详细的规定。突尼斯宪法第三十四条具体规定了税收来源。

税种包括“法定”、中央征收税种、地方征收税种、对税种三个方面的限制。第一方面“法定”为法律规定，比利时宪法第一百七十条第一款规定了税收及纳税的例外。第二方面，中央征收税种与地方征收税种，规定了中央与地方的专属税种，如瑞士宪法第一百三十一条第一款规定了专属联邦的商品特殊消费税。第三方面，税种限制包括对地方征税税种的限制，如巴西宪法第一百五十三条第三款、第四款、第二款、第三款、第四款的规定。

税收程序包括税收程序由权力机关制定，税收的设定、修改等（减少税收除外）程序两类。税收程序由权力机关制定体现在南非宪法第七十七条。税收的设定、修改等（减少税收除外）程序中包括四个方面：（1）程序类型；（2）议案表决程序；（3）议案的效力；（4）限制。程序类型包括两类：行政机关（政府、内阁、总统）提议，经权力机关（议会）表决，形成法律议案，立法机关内部参众两院提出并形成法律议案。比如赞比亚宪法第八十一条规定总统提出并经副总统或一位部长副署的建议，经国民议会审议通过税收议案，菲律宾宪法第二十四条规定众议院提案参议院提出修正案或修正后通过议案。议案表决程序包括税收的设定通过人数比例、免税通过人数比例两个方面。设定通过人数比例包括简单多数通过与绝对多数通过，这体现在塞浦路斯宪法第七十八条第二款，乌拉圭宪法第八十七条。议案的效力。议案公布之时或之后，法案中的相关条款在法案正式成为法律前，具有等同于法律的效力，但须符合议会规定的条件，如塞舌尔宪法第一百五十七条。限制包括时间限制、提出议案限制、征收修改程序（减税除外）限制三个方面；例如，伯利兹宪法第七十八条、格林纳达宪法第四十六条、安提瓜和巴布达第五十三条第二款。税收性质体现在尼加拉瓜宪法第一百一十四条第二款的规定中。

税收目的包括国家、地方顺利行使权限的需要，国家公共利益的需要，促进社会经济发展的需要等；其体现在塞尔维亚宪法第九十一条，罗马尼亚宪法第一百三十九条。税收原则包括合法、公开、公正、公平、平等、均衡原则，适应国家经济能力、保障纳税主体权益的原则以及不可逆、累进制、普遍性、通用、高效原则等。例如，南苏丹宪法第一百六十九条，约旦宪法第一百一十一条。

税收依据体现在乍得宪法第五十三条中，该条款以公民收入和财产等经济因素为税收依据。

3. 税收的动态要素法定

笔者把与税由“生”到“死”的整个过程相关的要素概括为税收的动态要素。其中包括税的设定，税收例外，税的征收、修改、调整，税收优惠，税收的减少、免除，税的取消，税的归属、分配和支出。此分类包括“法定”、税的征收、税的变动三个方面（税的归属、分配和支出因涉及征税相关主体的内容，将在接下来的内容中独立阐述）。

“法定”包括法律规定、法律授权、权力机关立法授权三个层次。法律规定中包括多要素、征收、免税三个方面。贝宁宪法第九十八条规定税率、税的设立和征收方式由法律明确规定，坦桑尼亚宪法第一百三十八条规定非依法律、法定程序不得征税，利比亚宪法第十七条规定免税情形。法律授权包括税的征收和修改两方面，如匈牙利宪法第三十六条。权力机关立法授权包括税的征收和修改两个方面，如乌干达宪法第一百五十二条第一款和秘鲁宪法第七十四条第一款及第四款。

税的征收。其中包括征收对象、征税的计算方法，征收细则，征税基础、征收方式。例如，巴西宪法第一百五十五条第二款、12（9）项规定了不重复征税，一行为只征税一次。

税的变动。笔者把税的修改，增加、减少、免税，税的取消，税收优惠、补贴和赊欠概括为税的变动。如秘鲁宪法第五十六条规定了税的设立、修改和取消，墨西哥宪法第一百一十五条规定了免税对象，巴西宪法第一百五十条第六款规定了税收赊欠的相关内容。

4. 征税主体法定

征税主体包括征税决定（或批准）主体，征税实施主体，这涉及中央和地方的机关与权力。此分类中包括中央机关、权力与限制、地方机关、权力与限制、中央与地方之间的关系 7 个方面。

中央机关中包括"法定"、国家权力机关、行政机关、其他征税相关主体。"法定"，包括法律规定与法律授权两个方面。玻利维亚宪法第三百二十三条第三款规定国家权力机关多民族立法大会具有法律规定的税收权力；以色列宪法第一条第二款规定，法律未明确规定时由权力机关批准税收。国家权力机关，一般指国民议会，其权限包括税收的设定、征收、批准、修改、废止以及分配等，如越南宪法第八十四条、列支敦士登宪法第六十八条。行政机关，包括行政机关的专属职权、优先权、权力限制三个方面。玻利维亚宪法第二百八十九条规定税收制度，巴布新几内亚第二百一十条第一款规定国家元首的优先权，巴西宪法第一百五十三条第一款、第二款、第四款、第五款，第一款规定的限制条件：遵守法律设定的条件和限制。其他征税相关主体包括税的征收主体，如由法律设立的全国统一的征收机构；审查主体，如宪法法院；解决纠纷主体，如税收法庭。

中央权力包括：中央专属权力；授权、管理地方税收；协调中央与地方税收权与分配；战时暂时征税。其中，中央专属权力包括专属税种、专属立法权、绝对保留权力三个方面，如佛得角宪法第一百一十六条、西班牙宪法

第一百三十三条第一款、巴西宪法第一百四十六条。

对中央的限制。权力机关必须经法律议案规定税收的动态要素，这体现在希腊宪法第七十八条第一款。

地方机关包括地方权力机关与行政机关。地方权力机关（如地方议会、委员会、公共团体）确定税收静态及动态要素；包括地方政府在内的地方行政机关有权征税，如巴拿马宪法第二百四十八条规定市政府只能通过市政协议来征税。

地方权力涵盖了地方税收专属权，税种、税收等级，管辖范围、税的征收和管理。如德意志宪法第一百零五条第2a款、哥伦比亚宪法第三百六十二条。

对地方的限制包括：地方征税税种的限制、对地方机关的限制两个方面。地方征税税种的限制，包括墨西哥宪法第一百一十七条第和第一百一十八条中规定的不得征收的税种，印度宪法第二百八十七条规定的免税税种。对地方机关的限制包括宪法和法律规定的范围以及地方机关的管辖范围，如玻利维亚宪法第三百二十三条、马尔代夫宪法第九十七条。

中央与地方之间的关系。包括中央、地方政府之间的税收权力分配，中央、地方的财政关系两个方面，中央、地方政府之间的权力分配包括中央与地方之间共同的税收权力以及各自的专属权力，如意大利宪法第一百一十七条规定了中央与地方共同的立法领域、荷兰宪法第一百三十二条第六款规定了中央与地方的财政关系。

5. 纳税主体法定

纳税主体包括特定的主体、纳税替代以及纳税义务。

特定主体包括外国人、法官、公职人员等，体现在几内亚共和国宪法第六十四条、爱尔兰宪法第三十五条以及冈比亚宪法第二百二十五条。巴西宪法第一百五十五条第二款第十一项十二（一）（二）（三）项规定纳税替代。

纳税义务包括肯定式与否定式两种形式。肯定式：纳税主体应当依法纳税，如我国宪法第五十六条。否定式：包括纳税主体无义务缴纳不依法律、法律程序征收的税和纳税主体不被强迫纳两个方面，如葡萄牙宪法第一百零三条，佛得角宪法第九十三条。格鲁吉亚宪法第九十四条规定纳税主体依法定数量和形式纳税。

6. 税收的归属、分配、支出法定

税收的归属、分配、支出包括三个方面：税的归属去向，中央与地方的税收分配，税的支出和用途。

税的归属去向包括：公共资金；根据宪法或法律建立的账户；国家设立的统一基金或为实现特定目的而设立的其他基金；各级政府部门为应对支出而做出的保留。例如，马绍尔群岛宪法第九条。

中央与地方税收的分配包括：（1）分配标准，如法律明确规定中央与地方的征税或免税比例或数额等，如巴西宪法第162条；（2）中央应该移交地方的税收，体现在巴西宪法第一百五十九条第一款第一、二、三项；（3）地方税收收益比例，如瑞士第一百三十一条第三款。税的支出和用途，瑞典议会法第四章第十二条之一规定政府支出归入税收、关税与执行①。

7. 其他

该分类包括有关税收的法律。规定了税收的法律的有效期限以及相关法律不溯及既往，体现在卢森堡宪法第一百条、莫桑比克宪法第一百二十七条。

（三）对世界各国宪法税收条款税收法定原则内涵的总结

根据上述对于世界各国宪法税收条款的分析，笔者尝试对税收法定原则的内涵进行总结。

1. 对“税收”的界定

“税收”指宪法税收条款规范的对象，即“定”的对象。据上述分析，“税收”有狭义与广义之分。狭义的“税收”仅指税，广义上的“税收”包括税、预算、其他费用等。

2. 对“法”的界定

“法”指有权规范“税收”的规范性法律文件。一般指国家最高立法机

① 《世界各国宪法》编辑委员会编译：《世界各国宪法——欧洲卷》，中国检察出版社2012年版，第417页。

关颁布的法律，也包括行政法规和经法律批准的国际条约和协定。行政法规与法律批准的国际条约和协定须受到法律的规范、授权或限制，其作用一般在于细化和补充法律关于税收的规定。

3. 对“定”的对象的界定

把“定”的对象限制在狭义的“税收”层面，那么“定”的对象范围广泛，涉及税收的静态要素、税收的动态要素、税收征纳主体等。据前面的分析，税收的静态要素包括税收制度、税额相关要素、税种、税收程序、税收性质、税收的目的与原则、税收的依据；税收的动态要素包括税的设定，税收例外，税的征收、修改、调整，税收优惠，税收的减少、免除，税的取消，税收的归属、分配和支出。税收征纳主体主要包括中央、地方征税主体的权力范围与限制，纳税主体的义务。还有税收相关的法律。

4. 对“定”的程度的界定

“定”的程度与规范税收权力来源的效力层次有关：效力层次越高，“定”的程度越严格。根据效力层次，“定”的程度可分为法律规定、法律授权、权力机关（立法机关）授权、行政机关权力范围。但是，权力机关（立法机关）授权，行政机关权力范围必须有法律的规范和限制。

二、我国宪法税收条款税收法定原则的缺失

我国的宪法税收条款为宪法第五十六条。其内容是我国公民有依照法律纳税的义务。该条款处于我国宪法第二章公民的基本权利和义务中，是我国宪法中唯一涉及税收的条款，可以称为纳税义务条款；其内容涉及我国纳税主体、纳税主体的法律义务以及纳税依据：我国纳税主体为我国公民，纳税主体的法律义务是依法纳税，纳税依据为法律。

（一）缺失分析：对比世界各国宪法税收条款的章节位置

根据前面的分析，分类三（1）国家权力机关的权力与职责，包括 75 个国家的 92 个宪法税收条款；分类一、公民的权利与义务，包括 75 个国家的 91 个条款；分类二（2）财政，包括 55 个国家中的 92 个条款。以法律条款

的数量为依据，排在首位的应当是国家权力机关的权力与职责以及财政两个分类的内容。该两个分类的内容主要包括：（1）中央，包括中央机关，中央权力，对中央的限制；（2）税收的静态要素与动态要素；（3）纳税义务。在此两分类的 184 个条款中关于纳税义务的条款只有 14 条，只占据其中的 7.6%。由此可见，世界各国宪法税收条款主要集中于国家权力机关的权力与职责与财政两个分类中的中央与税收要素方面。

我国宪法第五十六条只涉及纳税义务相关内容，并未涉及关于征税相关主体、税收要素方面的内容；对比世界各国宪法税收条款的规定，存在一定的缺失。

（二）缺失分析：对比世界各国宪法税收条款的内容

在第一部分世界各国宪法税收条款的内容中，笔者以条款规定的内容为依据进行总结分析；在本节中笔者决定以国家为依据进行进一步分析。并且，以经济发展状况为依据，笔者选择 2016 年① GDP 排名前 10 位的国家（美国、中国、日本、德国、英国、法国、印度、意大利、巴西、加拿大）的宪法税收条款作为研究对象，进行比较分析。

美国宪法中，在序言部分规定了两个税收条款，其内容包括：国家权力机关规定、征收的税种，以及税收分配；税收程序，权力机关参众两院提出、修改议案的权力。日本宪法于第三章国民的权利与义务纳税义务中规定了两个税收条款，其内容包括纳税义务，国家权力机关征收、变更税收。德国在财政制度章节中的一个税收条款规定了国家立法机关具有制定税收法律的立法权，以及税收专属权，税收分配权以及地方立法权，税种专属权。

---

① 因只查询到 2017 年世界各国 GDP 排名预测信息，所以选择了 2016 年的信息。信息来源于搜狐网。https：//sh. qihoo. com/ctranscode? title = 2016% E5% 85% A8% E7% 90% 83% E5% 90% 84% E5% 9B% BDGDP% E5% 87% BA% E7% 82% 89% 21% E4% B8% AD% E5% 9B% BD% E6% 8E% 92% E5% 90% 8D% E7% AC% AC% E4% BA% 8C% 20% E6% 90% 9C% E7% 8B% 90% E8% B4% A2% E7% BB% 8F% 20% E6% 90% 9C% E7% 8B% 90% E7% BD% 91&userid = 118cda04047ab70446b7cbc75470212d&&360sodetail = 1&u = http% 3A% 2F% 2Fwww. sohu. com% 2Fa% 2F127330829_ 551041&m = 43229b89edd3595c5fb4fde69f255aaa7b5b3033&q = 2016% E4% B8% 96% E7% 95% 8C% E5% 90% 84% E5% 9B% BDgdp% E6% 8E% 92% E5% 90% 8D&t = news&sid = 92a92f6161936085e4a860d05462d20e&tc_ mode = news_ recom.

英国宪法的税收条款规定在自由大宪章、权利法案、人权法三个法律文件里，因其通过时间较早，距今较为久远，故笔者不在此分析。

法国宪法在议会与政府的关系章节中规定了一个条款，阐述税收的基准、税率和征收方式由法律确定。

在这10个国家中，印度宪法是规定了35项税收条款以及3个清单，是宪法税收条款数量最多的宪法。其内容包括（1）对有关税收的“法律”的界定；（2）税种法定，税收计算，税收程序（包括财政法案及一些特殊程序），税的征收税、归属和分配；（3）税收管理机关的税收征收管理权限，地方行政机关关于税收的权力极限值；（4）税收目的、原则：税收为社会公共目的，不得设定歧视性税收等。

意大利6个宪法税收条款规定了否定式的纳税义务，国家税收专属权力以及地方权力及限制。

巴西宪法中运用一个章节共18个条款以及散见于其他章节的3个条款来详细规范税收。其内容包括（1）法律规定税收，税收制度、税收征收、归属和分配；（2）中央与地方权限划分：共同权力与权力分配，中央专属税种，地方专属税种，（3）对征税权的限制；（4）纳税主体对征税机关的监督：纳税主体有权质疑行政机关财政账目合法性的权力。

加拿大宪法中的4个税收条款规定了权力机关依法变更税收，地方专属税种，地方之间的税收协调以及免税的对象四个方面的内容。

通过总结这9个国家宪法税收条款的内容，笔者发现该9国宪法税收条款内容，集中于税种，税的征收及其方式，中央与地方征税机关的权力分配与限制，税收的归属几个方面。就我国宪法第五十六条仅规定了纳税主体的法定纳税义务来说，我国的宪法税收条款确实存在缺失。

（三）缺失分析：我国宪法税收条款中税收法定原则

根据对世界各国宪法税收条款中税收法定原则内涵的总结这一章节的内容来分析我国宪法第五十六条。其税收法定的内容包括：（1）“税收”仅涉及税这一层面；（2）“法”指法律；（3）“定”的对象包括我国公民作为纳税主体，纳税义务为缴纳税款；（4）“定”的程度为法律规定。可以看出，该条款的缺失主要在于“定”的对象，本条规定只涉及纳税主体方面，未涉及征税主体、税收要素等方面。

鉴于税收无偿性、强制性的特点，若无法定规制，征税相关主体在税收方面享有的权力尤其是征税权，极易成为侵犯纳税主体合法财产权的工具。我国宪法税收条款不存在征税相关主体方面的规定，为此，笔者认为我国宪法第五十六条所体现的税收法定原则存在缺失。

三、我国宪法税收法定原则的完善

针对上述关于我国宪法税收法定原则缺失的分析，笔者尝试提出一些建议。

（一）对“税收”的完善

明确税收广义与狭义的界定，以此确定法律规定的具体对象。若将“税收”界定为狭义的税，则税由法律明确规定，其他费用则可由法律或效力层次低于法律的其他规范性文件规定；若将“税收”的范围界定为广义，则包括税在内的国家强制征收的其他费用等都应当由法律规范。

（二）对“法”的完善

依据立法法第八条第六款，税种的设立、税率的确定和税征收管理等税收基本制度只能由法律规定。① 鉴于我国目前关于税收的法律较少，行政法规等规范性文件较多的情况，笔者认为，应当加大立法力度，尤其是关于税的确定、征收等税收基本制度方面的立法。对于不适宜行政法规等规范性文件规定的内容，应予以修改。

---

① 厚大图书研发中心编：《司考法典》，中国政法大学出版社2017年版，第A—14页。

②《世界各国宪法》编辑委员会编译：《世界各国宪法——亚洲卷》，中国检察出版社2012年版，第1页。

（三）对“定”的对象的完善

我国宪法税收法定原则的缺失主要集中于这一方面。针对税收要素的缺失，宪法或法律应当明确具体的规定。明确了税收要素才能使征纳主体尤其是纳税主体明确应缴税种以及税额，这是实现税收原则，保障纳税人合法利益的前提。

征税的实施主体多是法定的行政机关，如税务机关；鉴于行政机关行政权具有无限扩张且侵犯公民合法权益的倾向性，宪法或法律对征税主体进行明确具体的规定非常重要。其中包括征税主体的确定、权利范围、权利限制；宪法或法律尤其须注重对征税机关的权力限制以及税收的归属和支出权力范围划分的规范。由此，在法律层面上避免征税侵犯纳税主体合法权益尤其是财产权，并确保“税收取之于民，用之于民”目标的顺利实现。

（四）对“定”的程度的完善

可以说“定”的程度多反映在税收法定的层次和严格程度。一般来说，税收法定程度越严格越能够较好地遵守税收的原则，实现税收的目的。为此，将“定”的对象规定在最严格的宪法或法律这一层次最为适宜。对于法律授权，权力机关授权，需要明确规定允许授权的具体事项，授权的限制条件，接受权力的机关及其权限范围等。对于行政机关权力范围，法律应当明确允许行政法规、地方性法规规范税收的相关内容（如可以允许行政法规对税收征收进行具体的细化和补充）以及行政机关及其权力范围和限制等。

综上所述，我国宪法税收条款中税收法定原则的内容存在税收要素和征税主体方面的缺失。我国宪法或法律应当加强对此方面的明确具体的规定，并注重关于法律或权力机关授权，行政法规、地方性法规等有关税收授权与限制规定的具体化；如此定能完善我国宪法中的税收法定原则。

附录 A　文中引用法条总结

宪法条款	内　容
中国 第 56 条	中华人民共和国公民有依照法律纳税的义务
摩纳哥 第 70 条	国家议会对预算案进行投票表决。 任何直接或者间接的税赋只有经法律规定方可设立。 所有具有设立税赋效果的国际条约或者协定只有根据法律方可批准。
文莱 第 56 条	税收法定：国家和地方的税收由法律规定。
卢森堡 第 99 条	……非经特别法不得确立任何加重国家预算的赋税。——非经市镇会议的同意不得确立任何市镇赋税。——法律确定依经验显示为市镇赋税所需的例外情况。
卢森堡 第 100 条	每年表决通过有利于国家的赋税。——确立上述赋税的法律的有效期仅为 1 年。
爱沙尼亚 第 113 条	国家的税收、差役、关税、罚款和强制保险金，均由法律予以规定。
多哥 第 84 条	所有公民均有义务在法律规定的条件下承担公共开支。
希腊 第 78 条	1. 对征税对象、收入、财产的类型、费用、交易以及按何种税类处理等事项，议会未制定法案予以规定的，不得课征任何税费。 2. 不得依缴税开始之前的财政年度以前生效的具有追溯效力的法案征收税款或任何其他财政收费。 4. 征税的对象、税率、税款的折抵和免除，以及给予补贴，不可成为授权立法的主题。 这一禁令不排斥由法律确认国家或一般意义的公共机构在与公用建筑建设地点相邻的私有不动产价值的自动增加中所占份额的评估方式。
秘鲁 第 56 条	若涉及下列事项，条约在被共和国总统正式批准之前须经国会同意：国家的财政义务。 设立、修改或取消税收的条约，需要修改或取消任何法律的条约，需要通过立法的方式实施的条约同样要事先经国会同意。

续表

宪法条款	内 容
秘鲁 第74条	捐税的设立、修改、取消或免除只能根据法律或立法机关的授权命令规定。但关税和税率可由行政法令规定。 地区和地方政府可在管辖范围内与法律规定的界限内设立、修改和取消税收和税率，免除税收等。在行使税收权力时，国家应尊重法律保留的原则、平等的原则、保障公民基本权利的原则。所有税收不能带有没收的性质。 预算法和应急命令不得包含税收条款。有关年度税收的法律在获得正式通过后，于每年1月1日开始生效。 一切违背此条规定的税收条款无效。
佛得角 第93条	2. 租税应按照法律征收，法律规定了税基、税率、财政收益和纳税人担保。 3. 如果宪法或法律没有规定，任何人不能被迫纳税。 5. 允许收取市政税。 6. 财政法，除非更有利于纳税者外，不溯及既往。
佛得角 第176条	立法权绝对保留国会对下列事项具有通过法律立法的绝对权力：（r）税收和金融制度；（g）税率事项。
比利时 第170条	1. 设立使国家受益的税种，只能通过法律进行。
瑞士 第131条	联邦得对以下商品特殊消费征税：a. 天然烟草和烟草产品；b. 蒸馏酒；c. 啤酒；d. 汽车及其零部件；e. 石油、其他矿物油、天然气及其精炼产品和碳氢燃料。 联邦得对碳氢燃料消费征收附加税。 （3）各州可得到对蒸馏酒征收净收益10%的税，此笔资金将用以防止成瘾物质的滥用及其影响。
南非 第77条	拨款、征税、捐税、关税的法案是财政法案。 除了附属于拨款、征税、捐税、关税的事项外，财政法案不得讨论其他事项。 所有财政法案必须依照第75条所建立的程序审议。 国民议会应当制定修改财政法案的程序。
赞比亚 第81条	除非经总统提出并经副总统或一位部长副署的建议，国民议会不应：（a）根据主持人的建议，审议任何草案（包括对草案的修正），制定涉及如下内容的条款：（i）征收税款或加以更改，减少税款征收除外。
菲律宾 第24条	一切有关拨款、岁入和征税的法案，授权增加公债的法案，地方性法案和私人法案，一律由众议院提出，但参议院提出修正案或修正后同意。

续表

宪法条款	内容
塞浦路斯第 78 条	2. 任何对选举法的修正，市政相关法律或课征关税和税收法律的批准，须以参加投票的由希腊族和土耳其族分别选举产生的议员分别以简单多数通过。
乌拉圭第 87 条	批准税收须由国会两院各全体议员的绝对多数通过。
塞舌尔第 157 条	（一）在遵守本条的前提下，除非经由或根据法律不得征税或改变税收。 （二）法律可规定授权总统或部长针对应提交国民议会审议以规定征税或改变税收且需要总统批准的法案，在法案公布之时或之后制定命令，在命令中具体规定法案的内容，在法案成为法律以前，按照法律所确定的期限和条件具有法律的效力。 （三）根据第（二）款发出的命令除其后被撤销外，在具有下列任一情形即终止效力： 1. 如果与该命令相关的法案在国民议会自一读之日起算在法律规定的期间内未获得通过； 2. 如果与该命令相关的法案提交国民议会后，国民议会解散； 3. 自命令开始实施之日起算 4 个月届满，或者，在与该命令相关的法案被提交国民议会后，国民议会通过决议规定的更长的期限届满。
伯利兹第 78 条	1. 如果在国民议会休会前 1 个月，众议院通过了一项财税法案并提交到参议院，但参议院在收到该法案后 1 个月内既未通过，也未提出任何修订建议，除非众议院另外通过决议，该法案可直接被提交总督同意，尽管其未获参议院同意。 2. 每一项提交参议院表决，或依据本条第一款之规定提交总督同意的财税法案，均须由众议长亲笔签署证明乃财税法案，且相关规定已得到遵守。
格林纳达第 46 条	(1) 财税法案之外的议案可由两议院之任一议院提出。财税法案不得在法律案中提出。 (2) 非经总督建议，并由一名部长签署，任何议院不得 a. 审议任何依会议主持人意见为下述任何目的而制定之议案（包括任何议案修正案）i. 规定税收或者除减税外的税收改动。

续表

宪法条款	内容
安提瓜和巴布达第 53 条	2 款 除非经过内阁特别授权之国务大臣的同意，任何议院不得 第 1 项　基于主持人之意见，审议任何旨在规范如下目的的法案（包括针对该法案的所有修正案）： 第 1 目　为了进行征税或除减税外的其他税制修改； 第 2 目　为了对安提瓜和巴布达的由税收拨付的公共债务利息基金或其他公共基金征收费用或者对征费进行削减之外的其他修改； 第 3 目　为了从安提瓜和巴布达的由税收拨付的公共债务利息基金或其他公共基金中支取、发放或取回非征费之钱款，或者增加上述支取、发放或取回的数额。
尼加拉瓜第 114 条	2. 禁止没收性质的税收。
塞尔维亚第 91 条	以拨款使塞尔维亚共和国、自治省以及地方自治单位能够行使权限为目的而使用的资源应由税收和其他财政收入提供的，由法律规定。缴纳税款和其他赋税的义务应是普遍的并应以纳税人经济能力为基础。
罗马尼亚第 139 条	（1）税、费或其他国家预算、国家社会保障预算的收入应由法律确定。 （2）地方税费应由地方或郡议事会在法律规定的权限范围内确立。 （3）为特定资金需要而确定的财政贡赋，根据法律，只能被用于其预设之目的。
南苏丹第 169 条	（9）本宪法所规定的所有赋税和义务都应当由法律规定，以确保协调一致、公平、平等、公开透明，以及避免对公民、私营企业和投资者造成过度税收负担和造成纳税事件。
约旦第 111 条	非依据法律，不得征收赋税。赋税中不得包括国库根据政府部门为公众提供服务而征收的费用，也不包括国家产业的收益。政府应当根据递进原则征收赋税以实现社会的平等和公正，不得超过纳税者的能力范围和国家的财政需要。
乍得第 53 条	每个公民根据其收入和财产缴纳公共税费。
贝宁第 98 条	关于下列事项的规则属于法律领域——任何税种的设立、税率和征收方式。
坦桑尼亚第 138 条	（1）不符合议会制定的法律，不遵守法定程序的，不得征收任何赋税。 （2）本条第（1）款规定并不妨碍桑给巴尔众议院行使权力并根据其职权征收赋税。

续表

宪法条款	内　容
利比亚第 17 条	只有按照法律的规定，才可对税费进行征收、修改或取消，以及对个人进行免税。同样，只有在法律规定的限度内才可对个人征费。
匈牙利第 36 条	（3）国会通过国家预算法律授权政府征收税款，按照预算规定支出。
乌干达第 152 条	（1）未经国会立法授权不得征税。
墨西哥第 115 条	（4）市议会应自由管理其财产和资产，该财产和资产包括其财产产生的收益，以及税收和州立法机构授权的其他收益。市议会的资产应包括： （a）财产税和财产分散、分割、合并、改进和转让的税，以及任何其他不动产价值改变产生的税；市议会可以与州制作和签署协议授权州政府负责有关地税收管理的一些职能； （b）州立法机构每年授权的联邦献金，并详细规定其条件、数额和期限； （c）公共服务产生的收益。 联邦法律不得限制州立法机构确定（a）和（c）规定的公共服务的税收和价格的权力。联邦法律不得授权税务豁免。州法律不得授权税务豁免或任何人或机构利益的津贴。 仅属于联邦、州和地方政府的财产可以免除税收，前提是该等财产不是被半公开或私人实体为不同于公共用途的目的使用。 市议会应向州立法机构提交其征税、费用、费率、税收和财产价值明细的建议，作为确定财产税收的基础。 州立法机构应批准市议会税法和审查其政府账目。费用预算应有市议会以使用的税收为基础批准。费用预算应由本宪法第一百二十七条的规定，包括地方公务员薪水的详细信息。 构成市财库的资源应有市议会或其根据法律规定授权的机构直接申请。
墨西哥第 117 条	117 条在任何情况下，州不得： （4）征收路过其区域的人或货物的公路税。 （5）直接或间接阻碍外国商品的进口或出口，或对其征税。 （6）征收国内外产品流通和消费税，根据当地习惯征收税或费，或检查或登记包装，或要求其附有文件。 （7）制定或维持现行财政法规中对于国内外产品的税收和标准不一样的规定，无论该等不存在于相似的当地产品或不同来源的相似产品。
墨西哥第 118 条	无联邦国会的同意，各州不得：（1）建立吨位税或任何其他港口税，或征收进口或出口税。

续表

宪法条款	**内　容**
玻利维亚第298条	中央政府的特有职权：（19）创建国家税收、定价和中央级别税收领域特别捐税；2. 以下是中央政府的专属职权：（23）税收制度。
玻利维亚第323条	财政政策遵循符合经济能力、公平、累进、比例性、透明性、普遍性、控制、简单管理和收入能力原则。 属于国家管辖下的税收应由多民族立法大会通过。属于自治区或自治市专有的过税收应由其议会或大会在执行机构建议下通过、修改或删除。各自治区和地区的税收领域包括各自的自治区税和特别捐税。 多民族立法大会通过法律分类和定义属于国家税收领域、自治区税或市级税的各个税种。 4. 在自治政府权力支配下创建、修改或撤销税收受到以下限制：（1）不得创建与国家、自治区或市级已存在税收应纳税内容相似的税种，无论隶属于哪个税收领域。（2）不得创建管辖范围以外的对财产、收入活动和地方化遗产的征税，除非其公民或公司在国外得到该收入。该项禁令适用于费用、税收证书和特别捐税。（3）不得创建影响其领土管辖范围内人力、物力、活动或服务的建立与自由流通的税种。该项禁令适用于费用、税收证书和特别捐税。（4）不得征收带有歧视性的特权税。该项禁令适用于费用、税收证书和特殊捐税。
以色列第1条	2. 若法律未明确规定任何应向财政部支付的税金、强制性借贷及其他强制性付款或者费用的数额，亦未规定其数额可由法规确定，则应经国会或者国会相关委员会批准；经授权由法规确定的数额，应提前或者在法律规定的期限内，经国会或者国会就此授权的委员会批准。
越南第84条	国会（4）决定国家金融和货币政策，决定国家财政预算和中央预算分配，批准国家财政决算；决定、修改和取消各种税收。
列支敦士登第68条	未经议会同意，不得规定或征收任何名义的直接税、间接税，或者其他一般捐税或费用。必须在核定税款通知书中明确说明该项赋税已获得议会批准。 税收和费用的分配方式以及征收方式必须获得议会批准。 一般情况下，应批准一个行政年度的税收和费用。
巴布亚新几内亚第210条	议会不应规定征税，提高贷款或巴布亚新几内亚公共款项开支，除非国家元首按照国家行政委员的意见而做出建议。
西班牙第133条	1. 征税的权力第一款　征税的原始权力专属于国家，并通过法律行使。

续表

宪法条款	内　容
巴拿马 第 248 条	国家不能免除市政税费。市政府只能通过市政协议来征收税费。
德国 第 105 条	2a. 地区消费税和奢侈物品税不与联邦法律规定属同类的，各州享有立法权。各州享有规定土地购置税税率的权限。
哥伦比亚 第 362 条	对来源于领土实体的税收和其他垄断开发的资源所形成的资产和收入，属于该地区的独有财产，并享有与私人收入和财产同等的保障。 各部门和地区税收享有宪法保护权，法律不得将其转移给国家，但为抵御对外战争而暂时使用的除外。
马尔代夫 第 97 条	行政机关不得课征任何税款，但根据人民议会制定的法律除外。
意大利 第 117 条	国家在以下领域内享有专属立法权：……国家税收和会计体系。 以下内容为共同立法领域：……公共财政和税务体系的一致。
几内亚共和国 第 64 条	人民议会的职能如下： （c）批准国家财政预算法案、国家收支和投资预算。国家通过税收法，根据平等、普遍和进步的基本原则，规定税收、税赋和财政上缴以及与税收有关的特殊情况。
爱尔兰 第 35 条	五、(二) 依向一般人或属于特定阶层的人征税的法律规定，法官的薪酬应征收税款或其他费用。
冈比亚 第 225 条	公职人员应当及时缴纳应缴税款，并且应当应要求提供相关纳税证明。
葡萄牙 第 103 条	1. 财政制度的目标是满足国家和其他公共组织的财政需要，以及确保收入和财富的合理分配。 2. 税收由法律创设，并由法律规定税收的征收对象、税率、优惠和对纳税人的保障。 3. 任何人无须缴纳没有宪法依据的税收，税收无溯及力，任何人亦无须缴纳不依照法律规定的方式进行结算和征收的税种。
格鲁吉亚 第 94 条	一、所有人都有义务按照法律规定的数量和形式缴纳税款和收费。 二、税款和收费的征收机构和征收形式只能由法律规定。 三、只有按照法律方可免予缴纳税款以及由国家代为支付税款。
几内亚共和国 第 64 条	人民议会的职能如下： （c）批准国家财政预算法案、国家收支和投资预算。国家通过税收法，根据平等、普遍和进步的基本原则，规定税收、税赋和财政上缴以及与税收有关的特殊情况。

续表

宪法条款	内容
马绍尔群岛第9条	1. 除非依法授权，不应征收任何税和提高其他财政收益，不应扩大任何公共基金。 2. 马绍尔群岛共和国获得的所有财政收入应当入公共资金或根据本宪法或法令建立的账户。
莫桑比克第127条	1. 税收制度应具有良好的制度结构，以满足国家和其他公共机构的资金需求，实现国家的经济政策目标，并保证收入和财富的公平分配。 2. 税收应依照法律来设立和修改，法律应明确规定税目、税率以及向纳税人提供财政利益和保证。 3. 任何人不得被迫缴纳与宪法不符且未经法律确认之税。 4. 在同一财政年度内，税种和税率的起点不得提高。 5. 除非有益于纳税人，否则税法不溯及既往。
荷兰第132条	（6）省、市行政机关征收的地方税以及省、市行政机关与中央政府的财政关系均由议会法令规定。
美国第1条	7. 所有征税议案首先由众议院提出；但参议院可以如同对待其他议案一样，提出修正案或对修正案表示赞同。 8. 国会应有下列权力： 规定和征收直接税、间接税、进口税与货物税，以偿付国债、提供合众国共同防御与公共福利，但所有间接税、进口税与货物税应全国统一；
美国修正案第16条	国会有权对任何来源的收入规定并征收所得税，所得税收入不必按比例分配于各州，也不必考虑任何人口普查或统计。
法国第34条	下列事项由法律予以规定：各种税收的基准、税率和征收方式。
加拿大第122条	根据本法的规定，每一省的关税和消费税应该继续有效，直到被加拿大议会改变为止。
加拿大第123条	在联邦中，当在任意两省之间针对任意货物、商品关税时，这些货物、商品在联邦成立之时或之后，在证实支付了本省出口的商品关税的基础上，并且支付了本省的进口商品关税（如果有的话），可以从一省进口到另外一省。
加拿大第124条	本法的规定不应该影响新布伦瑞克征收木材税的权利，该权利是由新布伦瑞克修订章程第三编第十五章规定的，或者是在联邦之前或之后修订这个法的任何法规定的，本法的规定并且不能增加木材税的。
加拿大第125条	属于加拿大或任何省的土地或财产不用缴税。

续表

宪法条款	内　容
日本 第 30 条	国民有按照法律纳税的义务。
巴西	第二章第 24 条 第四章第 31 条 第四编第一章第 48 条 第六编第一章第 145 ~ 162 条
印度	第 13 条 第三编 反剥削的权利：第 23 条 第三编 基本权　宗教自由权：第 27 条 第三编 文化和教育权：第 30 条 第五编立法程序：第 110 条 第五编财政事项程序：第 112 条，第 117 条 第六编邦第三章邦立法机关立法程序：第 198 条，第 199 条，第 207 条 第九编盘查亚：第 243—8 条，第 243—9 条 第九编之一市政府：第 243—24 条 第十编：第 244 条，第 244—1 条 第十二编第一章财政 第 265 条，第 266 条，第 268 条，第 268—1 条，第 269 条，第 270 条，第 271 条，第 273 条，第 274 条，第 276 条，第 279 条，第 285 条，第 286 条，第 287 条，第 288 条，第 289 条 第十四编：第 323—2 条 第十九编：第 366 条 附件六：第 244 条第 2 款 8 条
	附件七：第 246 条 清单 1 联邦清单 清单 2 邦清单 清单 3 共享清单
注：印度、巴西的宪法税收条款较多，故未列出法条具体内容。	

“税收依据明显偏低且无正当理由”的界定标准与落实

妥　茜*

【摘要】基于税赋公平原则与国家税收利益的考量，反避税制度的存在有了必要。我国税收征管法第三十五条作为一般反避税条款被视为我国税收核定制度的萌芽，但其中规定的“计税依据明显偏低且无正当理由”在适用上的模糊性使税务机关具有较大的自由裁量权，税务机关动辄适用反避税条款会导致对税收法律程序的架空与对市场竞争机制的破坏，本文对核定征收制度的完善提出以下建议：首先在立法上明确“明显偏低”的参考标准与“无正当理由”的界定；同时建立高效税收信息搜集与分析机制，提升反避税执法人员进行反避税工作的相关意识。

【关键词】避税　市场竞争　明显偏低　正当理由　核定征收

一、案情简介与问题提出

（一）案情简介

我国最高人民法院于2017年4月宣判的“德发案”引起了学界与社会对税务机关核定征收权力的广泛讨论。① 该案中，广州市地方税务局第一稽查局依据税收征管法第三十五条第一款第六项对广州房地产公司的一项拍卖

* 妥茜，首都经济贸易大学硕士研究生，经济法研究方向。

① 最高法税务行政诉讼第一案——广州德发房产建设有限公司与广东省广州市地方税务局第一稽查局再审行政判决书（2015）的行提字第13号［EB/OL］.

行为进行核定征税，认为其行为相较于市场正常交易价格过低，申报的计税依据“明显偏低且无正当理由”，因此要求德发公司补缴税费并追缴滞纳金；德发公司则主张第一稽查局的行为超越其职权，且是对市场自由竞争行为的不当干预。最高人民法院在再审判决中撤销了稽查一局加收滞纳金的决定，驳回了德发公司其他诉讼请求。

（二）问题提出

“市场经济的内在矛盾在于市场体系自身包含着反市场的力量——政府”，[①] 被视为最具权势的政府机构之一的税务机关如何将其对经济交易行为的干预控制在一定限度内不至于对市场竞争机制造成破坏是大多数国家需要考虑的问题，我国亦然。此次最高人民法院公布的“德发”案的争议之一便是税务机关是否有权以及如何对拍卖行为行使核定征收权，最高人民法院在最终判决中认定拍卖行为的有效性并不能否定税务机关对此享有核定征收权。该判决引起学界广泛的讨论，其中便有对税务机关行使核定征收权是否会影响到市场内部竞争秩序的质疑。实际上，除“德发案”外，韶关市盈锦置业案、新疆瑞成房地产案、苏州工业园区的周建青案等税务行政诉讼案件都与税务机关核定征收权有关，而“税收依据明显偏低且缺乏正当理由”的界定标准极为模糊则是该类诉讼被频繁提起的重要原因。

“税收支付服务成本的政府运行机制掩盖了经济学的一个基本原理：天下没有免费的午餐”，[②] 民众要求政府提供服务，政府在提供更多服务的过程中权力寻租的空间也越来越大，核定征税由于具有反避税的一般意义，其通常针对中大型企业，涉及高额经济利益，因此存在税务机关过度干预市场竞争的可能性。同时，避税问题也将会随着现代税制的复杂化愈加严重，税收作为经济活动中最需要考虑和最重要的议题之一，社会主义市场经济的改革与发展要求我国亟须从立法上明确核定征税权的行使条件与参考标准，提升税务机关进行核定征税的效率，从而保证既不损害国库利益又不破坏市场自

---

① 张维迎：《市场与政府》，载《第一财经日报》2014年11月14日，B05。
② 张维迎：《市场与政府》，载《第一财经日报》2014年11月14日，B05。

由竞争。

二、"避税"的界定

反避税问题之所以棘手就是因为对"避税"行为的界定不够清晰与明确，因此在探讨税务机关核定征收权之前对"避税"作出合理、合法的界定十分必要。避税现象的出现和扩散由原始需求与滋养土壤两大因素促成，原始需求即公民对税收的天然抵制，滋养土壤即促成避税文化的诸多因素，依靠税收制度实施补贴、进行经济刺激、推进社会政策的国家立法者被认为滋养了并持续滋养着避税文化。[①] 避税与节税、逃税均存在一定的关联性与相似度，在某种意义上都是对纳税义务的一种回避，但在形式上区分为合法与违法。

一方面，避税与节税的区别不够明确，主要的界限在于是否形式上合法而实质上不被认可。更多情况下避税更强调选择的交易安排的非正常性，虽然并非被视为绝对条件，但一般要求纳税人提出选择该种安排的有效经济理由；而节税一般是纳税人在国家提供了不同的税收优惠政策的经济活动之间进行选择，自身往往也存在一定牺牲，并不必然需要有效经济理由的存在。总之，避税的特征可以总结为"以谋求税收利益为主要目的"。[②] 另一方面，避税与逃税的区别则较为明确，主要的界限在于是否违反了法律。避税表现为形式合法但利用法律漏洞、滥用民事交易行为以达到对纳税义务一定程度上的规避，而逃税则是直接不履行纳税义务并且还要受到相关行政或民事处罚。综上，避税的概念可以总结为：形式上合法，但通过人为操作规避一部分纳税义务，纳税人选择的交易行为缺乏合理商业目的而与实质经济产生不相匹配的行为，需要税务机关按照实质依据进行核定征收。

---

① 翁武耀：《避税概念的法律分析》，载《中外法学》2015 年第 27 期。

② 翁武耀：《避税概念的法律分析》，载《中外法学》2015 年第 27 期。

三、“明显偏低”与“无正当理由”的界定

税法学的价值之一即在于科学地发现和把握征纳主体间的利益平衡，在遵循公平正义理念的前提下使国家税收秩序归于稳定与和谐。① 随着我国市场经济的发展，市场经营者可以按照自身与市场的情况进行自我定价，也就是大多数商品和服务都已经形成了市场调节价，而市场的天然属性以及我国市场经济不够成熟又决定了行政机关需要适时进行干预。“不过，政府并不一定是市场的万能‘救世主’，政治行为主体的动机、政治权力的寻租以及缺少竞争等也会导致政府‘失灵’。”② 故而税务机关与纳税人由于经济利益的冲突也对“计税依据明显偏低且无正当理由”这一条款的理解存在分歧，如果这一问题长期得不到解决无疑会影响到税收秩序的稳定与和谐，因此在立法上明确相关标准十分必要。

（一）“明显偏低”的判断标准

在“德发案”中，认为税务机关不应对公司拍卖行为进行税收核定的理由之一即损害了有效的市场竞价，但在多重因素的影响下市场竞价并非必然完美，不能完全排除纳税人的交易行为有“以合法形式掩盖非法目的”的可能性，如税务机关一味尊重市场竞价，有可能导致竞价不充分给国家税收利益带来的损失。但为了防止税务机关的自由裁量权不受限制，“明显”是较何为明显？“偏低”是偏多少为低？应对这两个概念进行合理和清晰的界定。

目前，我国对“明显偏低”较为完善的规定体现在个人所得税中对股权转让业务的六种“股权转让收入明显偏低”之情形的规定。③ 另外，《契税

① 刘剑文主编：《民主视野下的财政法治》，北京大学出版社2006年版，总序。

② 李维安：《政府与市场关系改革的突破口：完善官员治理》，载《南开管理评论》2013年第16期。

③ 《股权转让所得个人所得税管理办法（试行）》（国家税务总局公告2014年第67号）第十二条规定：“符合下列情形之一视为股权转让收入明显偏低：（一）申报的股权转让收入低于股权对应的净资产份额的；（二）申报的股权转让收入低于初始投资成本或低于取得该股权所支付的价款及相关税费的；（三）申报的股权转让收入低于相同或类似条件下同一企业同一股东或其他股东股权转让收入的；（四）申报的股权转让收入低于相同或类似条件下同类行业的企业股权转让收入的；（五）不具合理性的无偿让渡股权或股份；（六）主管税务机关认定的其他情形。”

暂行条例》规定征税机关对交易价格的参照标准是市场价格，《土地增值税暂行条例》第九条规定的参照标准为房地产评估价格，这两条虽然对参照标准为何有明文规定，但相较于对股权转让收入的规定依然略显粗浅。在税务实践中，税务机关通常以通过市场价格和资产评估等形式表现出来的"公允价值"作为参照标准，如《企业所得税法实施条例》第十三条规定企业非货币形式收入额以公允价值确定。在资产评估学科的理论研究中，公允价值又可进一步分为市场价值和非市场价值两种类型，这里的市场价值一般便被视为会计准则中的公允价值。① 因此，税务机关核定征收权的参照标准可规定为"公允价值"，也即按照市场价格确定的价值。

影响市场交易价格的包括服务或商品质量、时间地点、交易条件以及交易主体自身的特殊情形等多重因素，因此参照公允价值无法做到完全精确但应确定在一个合理的范围内，即上文提到的"偏低"的幅度。国家税务总局的《白酒消费税最低计税价格核定管理办法（试行）》（以下简称《管理办法》）将"市场价格的70%"作为白酒消费税领域计税依据明显偏低的标准，② 因此有观点认为核定征税权的应参考关于白酒消费税的规定，对于计税依据低于市场价格的幅度在30%以内时税务机关不应该行使核定征收权。③ 但此种观点忽略了该《管理办法》对白酒消费税的规定具有较强的针对性，由于各个个性化的特点，因此不应将30%标准简单地适用于所有领域。本文认为，对不同税种的计税依据参照标准应当依据各自特点做出相对准确的评估和确定，在此基础上，再依据"正当理由"进行综合判断。

（二）"无正当理由"之界定与举证

在发现纳税人计税依据的确明显偏低后，便需要考量其选择该种交易安排是否具有正当理由。在讨论纳税人选择的交易行为是否具有正当理由时，

① 朱长胜：《"计税依据明显偏低，又无正当理由"在实践中的应用》，载《税务研究》2017年第9期。

② 白酒消费税最低计税价格核定管理办法（试行）第二条　白酒生产企业销售给销售单位的白酒，生产企业消费税计税价格低于销售单位对外销售价格（不含增值税，下同）70%以下的，税务机关应核定消费税最低计税价格。

③ 翟继光：《论"计税依据明显偏低又无正当理由"的判断标准》，载《税务研究》2016年第8期。

应当首先将影响价格的客观因素排除在外，考虑纳税主体的主观目的。① 前文已述，避税的最终认定以纳税人“是否以谋求税收利益为主要目的”，《财政部国家税务总局关于全面推开营业税改征增值税试点实施办法》（财税〔2016〕36号）第四十四条也规定避税的含义可以解释为以谋取税收利益为主要目的，通过人为安排，减少、免除、推迟缴纳税款，或者增加退还税款。② 因此“无正当理由”可以界定为：不具有合理商业目的，通过人为的手段选择或安排交易行为以达到谋求税收利益的主要目的。

对于是否具有“正当理由”的举证责任的分配，多数观点认为“具有正当理由”的举证主体为纳税人，③ 同时，在一般反避税调查过程中，调查企业收到《税务检查通知书》后，如果认为其安排不属于《办法》所称避税安排的，应自收到之日起60日内提供资料证明其安排具有合理的商业目的，如果逾期未提供有关资料证明其合理商业目的，税务机关可根据已掌握的信息实施纳税调整。④ 由此可以看出企业在收到《税务检查通知书》时，主要举证责任便从税务机关转移到了纳税企业。综上，笔者认为由于市场交易环境的复杂性，税务机关难以在考量时面面俱到，而且“正当理由”具有较强的主观性，因此纳税企业应承担主要举证责任通过充分的证据支持其具有“合理商业目的”的主张。

---

① 翟继光：《论“计税依据明显偏低又无正当理由”的判断标准》，载《税务研究》2016年第8期。

② 《财政部国家税务总局关于全面推开营业税改征增值税试点实施办法》第四十四条规定：“不具有合理商业目的是指以谋取税收利益为王要目的通过人为安排减少、免除、推迟缴纳增值税税款或者增加退还增值税税款。”

③ 袁森庚：《最高人民法院提审的德发公司案分析》，载《税务研究》2017年第6期；翟继光：《论“计税依据明显偏低又无正当理由”的判断标准》，载《税务研究》2016年第8期；钱俊文：《境内反避税规范执法研究——兼论〈税收征管法〉一般反避税条款的增设》，载《税务研究》2017年第5期。

④ 《一般反避税管理办法（试行）》第十二条　企业拒绝提供资料的，主管税务机关可以按照税收征管法第三十五条的规定进行核定。第十三条　主管税务机关实施一般反避税调查时，可以要求为企业筹划安排的单位或者个人（以下简称筹划方）提供有关资料及证明材料。第十四条　一般反避税调查涉及向筹划方、关联方以及与关联业务调查有关的其他企业调查取证的，主管税务机关应 当送达《税务事项通知书》。

四、条款的落实

在立法上对核定征收制度进行明确与细化十分重要，但在互联网经济的影响下，市场经济的发展模式日新月异，避税花样也不断翻新，而法律的稳定性、权威性决定了其具有一定滞后性，无法要求其对市场各类交易行为进行全面且及时的规范。在税收领域便需要税务执法人员提升风险意识以及对商业行为的认识，此外利用大数据建立高效的税收信息收集和分析机制是提升税务机关核定征收效率的重要保障。

（一）提升反避税执法人员相关意识

在各种涉税活动中，由于各种难以预料或忽视控制的主动性，纳税人或征税机关可能会蒙受"不确定性"及"可能带来的损失"，此即"风险"的两大基本要素。从税收执法角度来讲，执法主体的作为或不作为会引发税款流失风险、税收执法风险等，① 因此市场经济的迅速发展要求税务机关必须具备良好的风险评估能力。对此，我们可以从风险战略管理理论寻找解决问题的思路，即为了使稀缺资源的分配达到优化税收服从战略的效果，使有限的税收管理资源最优地发挥作用，必须提升反避税执法人员的风险管理意识和确认能力。②

另外，随着经济的发展，追求税后收益最大化成为了市场主体的主要目标，税务机关行使核定征收权需要考虑纳税人构建交易安排的商业环境，理解不充分不仅会导致核定征收成本过高，还会造成对市场主体自由竞争机制的过度干预，故而税法的复杂性要求税务机关执法人员不仅要了解税法，更要具有较为专业的会计知识和相应的商业意识，唯有如此才能保证在对纳税主体交易行为所涉及的"正当理由"进行判断的相对准确性。

---

① 曾国祥主编：《税务执法风险分析与防控》，中国税务出版社2014年版，第2~3页。

② 易波：《发展中国家反避税执法能力建设及我国的对策》，载《法学杂志》2016年第37期。

（二）建立高效的税收信息搜集分析机制

税务机关实行核定征收是按照“实质重于形式”的原则对企业交易安排的形式和实质、订立的时间和执行期间、实现的方式、各个步骤或组成部分之间的联系、涉及各方财务状况的变化、税收结果等多重因素进行审查以判断其是否以“谋求税收利益为主要目的”，[①] 该过程涉及多方面的信息，而数据的可得性和数据的质量对探测和惩罚违反税法者具有重要作用，同时信息占有的缺失或不足也是发展中国家在反避税执法中无法有效挽回税收流失的主要原因之一，[②] 税务机关在搜集到的信息不够全面与准确时势必会影响到核定征收的效率。

目前，针对国际避税行为各国正在加快建立国际税收涉税信息交换机制，我国可借鉴这一思路，将国内的税收征管执法与税收信息化建设结合起来。[③] 利用大数据分析等现代化方法推进税收信息平台的建设，建立高效的税收搜集和分析的机制，为税务机关进行风险预警和核定征税提供坚实的信息保障，既能提高核定征税的效率，信息的全面收集也有助于税务机关对市场经济交易行为的准确判断实时跟踪税收数据质量管理系统及税收执法管理信息系统，对产生的过错及时处理，不至于因过度干预民事交易行为而对市场自由竞争机制造成破坏。

五、结论

从经济学的角度理解市场与政府的关系可以为我国完善税务机关核定征收制度提供思路。税务机关行使核定征收权作为一把双刃剑，一方面可以防范不当的企业经营安排给国家税收利益带来损失、规范市场经营主体行为，另一方面又可能会干扰到市场的自由竞争，出现税务机关滥用自由裁量权的

① 关涟：《一般反避税管理与其他特别纳税调整比较》，载《中国税务》2015 年第 3 期。

② Stephen Phua Lye Huat：《消除税收流失：切断避税的生命线》，王宗涛、龚协伟译，载熊伟主编：《税法解释与判例评注（第 4 卷）》，法律出版社 2013 年版，第 80 页。

③ 庞凤喜、贺鹏皓：《基于反避税要求的税制改革国际视野》，载《税务研究》2015 年第 7 期。

现象。由于欠缺法律依据易导致对税收法定原则的架空，因此有必要借助税收征管法修订的契机完善核定征收制度，从立法层面明确“计税依据明显偏低且无正当理由”的参考标准与幅度界定，从执法层面提升税务机关执法人员风险意识与商业意识，同时利用大数据等现代化方法推进税收信息收集与分析机制的建立，从而保证税务机关在税务执法中更合理合法地行使核定征收权，既能保证国家利益不受侵犯，又能促进市场竞争机制有效运行。

图书在版编目（CIP）数据

首经贸法学评论．第二辑／张益铭主编．—北京：中国法制出版社，2018.12

ISBN 978－7－5093－9823－4

Ⅰ．①首…　Ⅱ．①张…　Ⅲ．①法学－文集　Ⅳ．①D90－53

中国版本图书馆CIP数据核字（2018）第232482号

责任编辑　马金凤（editormjf@163.com）　　封面设计　杨泽江

首经贸法学评论（第二辑）

SHOUJINGMAO FAXUE PINGLUN（DIERJI）

主编/张益铭

经销/新华书店

印刷/北京京华虎彩印刷有限公司

开本/710毫米×1000毫米　16开　　印张/17.25　字数/212千

版次/2018年12月第1版　　2018年12月第1次印刷

中国法制出版社出版

书号 ISBN 978－7－5093－9823－4　　定价：65.00元

北京西单横二条2号

邮政编码100031　　传真：010－66031119

网址：http：//www.zgfzs.com　　**编辑部电话：010－66070046**

市场营销部电话：010－66033393　　**邮购部电话：010－66033288**

（如有印装质量问题，请与本社印务部联系调换。电话：010－66032926）